男孩父母最该掌握的100个穷养秘诀

男孩教育最佳读物

最新权威版

邢恩和 ◎ 著

穷养男孩

全书

商务印书馆国际有限公司

图书在版编目（CIP）数据

穷养男孩全书 / 邢恩和著．-- 北京：商务印书馆国际有限公司，2011.9（2013.7重印）

ISBN 978-7-80103-794-7

Ⅰ．①穷… Ⅱ．①邢… Ⅲ．①男性—家庭教育—通俗读物 Ⅳ．① G78-49

中国版本图书馆 CIP 数据核字 (2011) 第 129127 号

穷养男孩全书

著　　者　邢恩和

责任编辑　高　冉

出版发行　商务印书馆国际有限公司

地　　址　北京市东城区史家胡同甲 24 号（100010）

电　　话　010 — 65592876（总编室）　010 — 65227580（编辑部）
　　　　　　010 — 65598498（市场营销部）

网　　址　www.cpi1993.com

经　　销　全国新华书店

印　　刷　北京市通州鑫欣印刷厂

开　　本　710mm × 1000mm　1/16

字　　数　310 千字

印　　张　22.5

版　　次　2013 年 7 月第 1 版第 2 次印刷

书　　号　ISBN 978-7-80103-794-7

定　　价　35.00 元

序言 Preface

好男儿一定是“穷”养出来的

“穷养男孩富养女”是中国父母养儿育女的金科玉律。对于成长中的男孩，先哲曾讲过要“苦其心志，劳其筋骨，饿其体肤，空乏其身”，历经磨难，方可勇敢无畏，从而担当大任。

然而，在如今吃穿不愁的年代，很多家长“穷养男孩”的意识还停留在“让男孩懂得勤俭节约”“自己的事情自己干”这类事情上。事实上，时代变了，物质丰裕了，社会竞争加剧了，“穷养男孩”也有了更深刻、更崭新、更全面的内涵。男孩父母至少要从以下几个方面对男孩进行科学的穷养教育：

穷养，就是让男孩在物质方面受受穷，懂得理性消费，并提升他的财商。

优裕的物质享受对男孩是一大害。如今的社会，经济条件渐好，大部分男孩都是独生子，孩子在家中如众星捧月。有些男孩拿着数额不菲的压岁钱、零用钱到处请客、送礼、聚会、K 歌……阔气地让人惊讶，丝毫不体谅父母的辛苦。针对这样的男孩，家长应及时给予正确的教育，让他在物质方面适当地受受穷。比如带男孩去超市购物，不能男孩要求什么都顺着买给他，孩子要“十分”，家长给个“六七分”就好。当然，“穷”不是让男孩饿着冻着，不是让他吃糠咽菜，承受不必要的折磨和痛苦，而是要教他学会克制和适度消费，培养管理金钱的能力，提高他的财商，以便在未来的生活中衣食无忧、财脉旺盛。

穷养，就是让男孩经受得住挫折，在困境面前不放弃、不抛弃。

就业困难，工作不理想，生活压力大，这是当前不少年轻人都可能遇到的境况，甚至有一些高学历的研究生、博士生，因略受挫折和失败就选择了逃避现实、自暴自弃，甚至是跳楼自杀等过激行为。他们自暴自弃的原因之一是家长没有从小对他们进行有效的挫折教育。温室里的花朵是承受不了狂风暴雨侵袭的，“含在嘴里怕化了，捧在手里怕摔了”的爱子观导致男孩心理承受力差，稍遇不顺利或坎坷就走极端。为了儿子能乐观、坚强地对待生活，家长们应随时关注男孩的异常心态和行为，在男孩遭遇坎坷时要及时给予积极的鼓励和支持，让他学会在战胜挫折中品尝胜利的喜悦和成长的快乐，最终成为人生路上不断前行的勇者。

穷养，就是让男孩从小学会自理自立，长大后才能撑起自己的一片天。

不少家长总是抱怨儿子懒、做事拖沓，其实很多时候是因为父母过分勤快了：男孩到了自己学吃饭的年龄，家长见不得满桌的狼藉，便忍不住伸手喂饭；男孩的玩具东扔西扔，家长看着一地凌乱，又忍不住帮男孩收拾得整整齐齐……家长对独生子关怀备至，大事小事都包办代替，衣来伸手、饭来张口，万事包办，这是育人大忌。家长一定要从小对男孩进行自立教育，该管什么，不该管什么，一定要把握好，只要是孩子力所能及的事情，就一定要让男孩自己去完成。让男孩学会独立自主、自食其力，立大志、立长志，才能保证男孩在将来独立撑起一片天，才不会变成“啃老族”。

穷养，就是让男孩突破自我，敢于与人交往，具备社交、合作能力。

有些父母会遇到这样的难题：儿子总是乖乖地跟在小伙伴屁股后面，做他们的小跟班，小伙伴们让他做什么就做什么，没有自己的主见，更没有领导气质。在如今这个竞争激烈的社会，人际关系的好坏将决定着一个人的前途命运。男孩在家里，要和每一位家人相处；在学校，要和老师、同学相处；步入社会参加工作后，要和领导、同事、客户相处……因此，培养男孩的社交能力和合作能力，是他们走向成功的关键保障。家长应在日常生活中，要多让男孩表达自己的观点，多鼓励男孩与同龄人交往，从细节入手培养孩子与他人打交道的能力，让男孩能够在未来的人生路上拥有良好的人际关系，生活、工作更美好。

穷养，就是让男孩赶走心头的阴云，保持积极、乐观、开朗的心态。

不少男孩小小年纪就习惯用悲观的眼光看世界，看待问题时总是先看到事情不好的一面，悲观丧气、怨天尤人。研究证明，不良情绪的产生，与男孩从小接触的环境和所受的家庭教育有着直接的关系。家庭是陶冶孩子性格的土壤，作为家长，尽量不要因工作不顺或其他原因而在孩子面前经常抱怨，要保持自信、奋发、乐观的情绪，感染和引导男孩从容地面对困难，培养他积极、乐观、开朗的心态，让男孩的内心充满阳光。

穷养，就是让男孩拓宽自己的心胸，成为一个大气、大度的男子汉。

男孩们常常会因为一些小事跟别人发生冲突，如被别人踩了一脚、在公交车上被别人挤了一下，就会大发脾气、脏话脱口而出，甚至大打出手，酿成悲剧……这些都是缺少宽容之心的表现。教育男孩学会宽容，父母要先把男孩当做家庭里的一个普通成员，不溺爱不娇惯，不给予特殊的权利，引导他正确认识自己在家庭中的位置，做到心中有他人。其次，父母要做好友爱宽容的典范，让男孩成长在一个宽容和谐的家庭环境中，在潜移默化中培养其大度、大气的好品质。

希望本书能帮助每一位家有男孩的父母认识到，好男儿一定是“穷”养出来的。家长要学会让男孩体验生活的艰辛，尊重他人，孝敬父母，让男孩在习惯、气质、品格、学习、社交等方方面面得到长足的发展，成为一个自信勇敢、勤俭持家、奋发图强、性格坚强、豁达开朗、勇敢果断的男子汉！

目录 Contents

第一章

自古纨绔少伟男
——男孩就该“穷”着养

“穷养儿”的教育理念并不是空洞和单一的，它有着丰富的内容和科学标准，而作为男孩父母的你是否了解这些：

你了解穷养男孩的真正内涵吗？

你了解男孩的成长蓝图吗？

你了解如何通过穷养让男孩更快适应社会吗？

你了解怎样让男孩具有忧患意识吗？

……

如果你对这些并不了解或者了解得不深入，那么赶紧翻开这一章，丰富的内容会让你得到最想要的答案！

第1招

穷养男孩的真正内涵

穷养真经

“穷养男孩”的真正内涵，并不是打骂儿子或给予儿子贫乏的物质生活，而是通过让男孩适当地体验艰苦、体验挫折、独立生活、承担责任的方式，把男孩培养成一个真正的男子汉。

古人云：“从来富贵多淑女，自古纨绔少伟男。”可见，“富养女，穷养男”一直是镌刻在中国父母心中最深入骨髓的教子箴言。但是随着社会的进步、人们生活水平的提高以及教育制度的改革，中国父母对于“富养”和“穷养”的深层含义并没有完全领悟。

穷养的真正含义并不是让父母在养育男孩时缺衣少食，或者惩罚打骂，而是让他学会在困苦的环境中接受锤炼，能够懂得以艰苦奋斗为荣，以骄奢淫逸为耻。要知道，一个男孩子无论是成长还是成熟，他都需要自立自强，需要坚持不懈地努力奋斗，以便迎接人生中更大的困难与挑战，成长为一个真正的男子汉。

当然，现实中肯定有很多男孩父母以为，“穷养儿”就是控制男孩的花销，不娇惯，不溺爱，不让男孩过多享受，但这些只是片面的理解，和真正的穷养还有一定的区别。因为穷养男孩最重要的意义在于，通过男孩对艰难困苦的切身感受，对他品性、意志、心态进行锻炼、磨砺和培养，给他带来有效价值。

董建华是香港特别行政区原行政长官，也是世界船王董浩云的儿子。虽然董浩云是大富豪，但他对少时的董建华要求十分严格，从不溺爱娇惯。深知父亲苦心的董建华，从不因为自己是船王的儿子就骄蛮、奢靡，而是过着十分简朴的生活，读书时每天乘公交车往返于校园和住所之间，潜心于学业。

董建华毕业之后，大家都认为董浩云会送他出国深造或者直接掌管家族企业，但令人惊讶的是，董浩云竟然安排儿子进入美国通用汽车公司当了一名普通员工。他是这样对董建华说的：“儿子，我不怀疑你是个有理想的人，但我担心你的刻苦精神不够，你不要想到自己有了依靠就可以高枕无忧，你必须自己主动去找苦吃，磨炼自己的意志，接受生活对你的种种挑战，并战胜它。”

正是父亲的这些话，让刚出校园的董建华踏实勤恳地在美国通用汽车公司干了四年。在此期间，他不仅学到了先进的管理经验，也学会了与各色人等如何打交道，还培养了吃苦耐劳、不怕困难的精神，为他日后走上政坛打下了坚实的基础。

其实，我们可以看出，正是作为世界巨富的父亲对董建华正确的“穷养”之路，才让他有了变得更加优秀的资本。

方法一：让男孩体验挫折感

有一位母亲的教育经验是这样的：

儿子牛牛从小就有些娇气，平时家人也都很疼爱他，从来都没让他受过委屈。但是牛牛上小学之后，就开始变得自卑、怯懦，而且像个小女孩似的一遇到困难就哭，甚至还会发脾气摔东西，心理承受能力很差。

我和爱人、牛牛的爷爷奶奶商量之后，决定改变对孩子的教育方式，不再溺爱孩子，而是让他体验体验挫折。例如以前他要零花钱，我们马上就给，但现在我们不再随便给他，而是让他通过适当的家务劳动赚取零花钱，或者他遇到问题请求我们帮助时，我们不再是全权包办，而是引导儿子自己想办法解决问题。一段时间后，我发现儿子变得坚强、勇敢了很多。

这位母亲做得非常正确！如果父母太过溺爱和保护孩子，只会让他变得意志软弱，甚至稍遇不顺心或挫折就走极端。所以，穷养男孩的第一步就应该让男孩适当体验挫折，鼓励男孩克服并战胜困难，进而激发出男孩勇敢无畏的精神，积极面对各种困难。

方法二：让男孩学会独立生活

现代家庭里的“小皇帝”们不仅衣来伸手、饭来张口，而且大小事都由家长一手包办。结果一直生活在父母保护伞下的男孩，变得失去了应有的活力和自信，无法应对社会挑战，没有创造力和坚韧性。

因此，父母必须从男孩小的时候开始，教会他独立承担力所能及的事，例如让他学会自理生活、做家务、独立思考问题等等。

方法三：培养男孩的吃苦精神

暑假的时候，巍巍妈妈打算把巍巍送到暑假特训夏令营去，主要是为了磨炼孩子的意志和培养他的吃苦精神。因为巍巍从小什么苦都吃不了，有时蹭破一点皮就哇哇大哭起来；有时妈妈让他帮忙做一些家务，他要么找理由不做，要么就一副爱搭不理的样子。妈妈觉得现在的男孩就是欠缺吃苦的精神，所以，在咨询了特训营之后，就给巍巍办理了相关手续，希望借此机会能够好好磨练一下儿子。

其实，像巍巍妈妈这种想法的父母有很多，因为“苦日子”的确能够锻炼孩子，更能够让男孩在亲身体验挫折和战胜挫折的过程中学会坚强、勇敢以及如何凭借自己的力量去解决问题。

不过，父母们一定要明白这样一个道理：“苦日子”是教育男孩的一种方式，但“苦”也要有度，需要以尊重和信任孩子为前提，否则只会适得其反。同时还要明白，让男孩适当吃苦的最终目的是希望提高孩子的逆境商和受挫能力，以便增强孩子的自信心和上进心。

穷养的内涵除了以上所讲的内容之外，还包括让男孩适当受点委屈、让男孩学会承担责任、让男孩多点爱心、保持乐观等。

总之，穷养的真正内涵就是不溺爱、不娇惯、不打骂，通过科学正确的方法，培养男孩顽强、勇敢、独立、自信、不怕艰难险阻的性格，并最终成长为一个掌握自己命运、开拓无限成功之路的强者。

第2招

家庭再富孩子也要穷着养

穷养真经

父母给予男孩太优越的物质生活和金钱，很可能会葬送孩子的一生。因为过分奢侈的物质生活，很容易让男孩养成好逸恶劳和攀比虚荣的坏习惯。因此，无论家庭经济条件多么优渥，男孩都应该要“穷”着养。

美国著名教育学家简·纳尔森和史蒂芬·格来在他们合著的《城里的孩子早当家》一书中，曾这样描述：20世纪30年代，成人们整日为温饱忙碌奔波，孩子们也都积极听从父母的教导，从勤劳的父母那里继承了很多优秀品质——自我约束、负责、有耐心，他们总是把好成绩作为对父母养育的回报；二战后，美国人的生活急剧富裕，这个时期成长起来的许多孩子缺乏为生活奋斗、挣扎的体验，他们不再认为孝敬长辈是必备品德，开始变得傲慢无礼，要求父母必须马上满足他们提出的任何要求，这些孩子的生活中充斥着电视、毒品、酒精和性，至于学习早成了他们弃之不顾的“无聊”之事；很多现代的的孩子，他们拥有着父辈们所不可想象的、丰富的资源和机会，但是有些生活技能和独立能力却无能到了惊人的地步。我们今天的教育所面临的挑战是，如何帮助这些孩子提升自理能力、责任感和生活技能，而这些品质在上世纪三四十年代却是孩子们自然而然形成的……

在物质生活水平较低的时候，男孩吃苦耐劳的精神是不需要父母督促就会自然而然形成的，但是随着社会经济条件和科技水平的提高，男孩的生活、学习等各方面条件越来越好，某些能力却有所下降。

由此可见，无论家庭条件多么富有，都不能丢掉“穷养”的教育理念。因为穷养会使男孩的各方面能力得到提升，会让他学会坚强无畏地挑战人生的逆境和磨难，会使他变得乐观、自信、感恩、勇敢、独立、成熟，让他慢慢领悟如何做一个真正顶天立地的男子汉。有这么一个父母穷养男孩的案例：

一天，丈夫带着怀孕的妻子和三岁的儿子去医院做产检，妻子进去诊室检查的时候，丈夫带着儿子在外面大厅里等候。没多久，儿子嚷着口渴，于是这位父亲便在身旁的饮水机里取了一个免费纸杯，接了一杯水给儿子。其实，在饮水机的旁边就是一台排满各式饮料的自动售货机，只需要几块钱，他就能为儿子买冰爽的橙汁或可口可乐。可他没有这样做，并不是这位年薪 30 万的企业主管买不起饮料，也不是他兜里没有硬币，他只是不想儿子养成奢侈安逸的习惯。

世上没人不愿过富裕的好日子，对于孩子来说，他们当然也希望能够买好的玩具、穿好看的名牌衣服、爸爸妈妈开着豪华轿车接送他们上下学，但富日子不一定能教养出好孩子。我们养育孩子的最终目的，并不是让他们享受物质上的富裕，而是希望他能够独立撑起一片自己的世界，打拼出属于自己的多彩多姿的幸福生活。而要做到这一点，我们必须用“穷养”的方法在他幼年时期把人生的地基打牢。

方法一：对于男孩的过分要求要说 NO

走在大街上，时常会听到有些家长说：“我儿子想要一款新出的手机，我二话不说就给他买了，只要孩子满足，我就开心！”还有的家长说：“因为忙着挣钱，和孩子的关系有些淡，但只要他对我说两句好话，要什么给什么！”

父母因为各种缘由答应孩子的物质要求本无可厚非，但是过度奢侈的物质享受，很容易让孩子沉溺其中，养成他们喜欢攀比、贪慕虚荣、坐享其成、铺张浪费的坏毛病。而当他们日渐膨胀的物质欲望无法从家庭获得满足时，他就很有可能铤而走险，走向犯罪的道路。

一位父亲在反思自己对儿子的教育时这样痛心地说：

“由于我之前对儿子太过溺爱，尤其是在物质上，他要求的、不要求的我都会满足他，结果他不但变得好吃懒做、不思上进，而且因为经常上网玩游戏而荒废学业，更学会了在高档商场挥金如土。我原以为等他长大些这些坏毛病就会慢慢改掉了，我也把给他的零花钱缩减了很多，没想到这孩子竟然去外边偷钱，最后进了监狱，这都是钱惹的祸，也都是我的错啊！"

父母在面对男孩过分的物质要求时，一定要坚决说NO。而那些合理的要求，如果不是急需，要学会延迟满足孩子，让他学会忍耐和等待。另外，父母双方一定要统一思想，意见一致，绝不能让孩子钻空子。

让男孩少一些物质享受，多一些磨难，他就会多一些爱心、责任心、事业心和宽容心，并逐渐成长为一位了不起的男人。

方法二：不要过分追求高档次高价位

一项关于"父母教育孩子要不要装穷"的网络调查中，参与调查的5000多名网民，有将近九成的人赞同"再穷不能穷教育，再富不能富孩子"。

其中一位参与调查的网民留言说："我是一个60后，家里兄弟姐妹比较多，小时候父母照顾不过来，我们这些孩子的独立性都很强。但是现在大多数独生子女，父母都溺爱得不得了，不但大包大揽孩子的所有事情，而且孩子要什么都答应，结果造成了现在的孩子没有节约意识，喜爱攀比，花钱如流水。对此，家庭、学校和社会都应该重视起来。"

教育专家认为，过度满足孩子的物质需求并不能让孩子真正快乐，只有让孩子学会节制，才有利于他养成好品质。因此，父母可在孩子生活方面不过分追求高档次高价位，例如穿衣打扮上应以舒适得体为主、必要的电子学习产品的购买要价位适当等等。

方法三：不要助长男孩的虚荣心和攀比心

小泽因为学习成绩优异，考上了市重点高中。刚到学校的时候，他与同学的关系也不错，但没过多久他发现周围的同学都有手机，有的甚至是刚刚新出的机型，而且有几个同学穿的衣服都是名牌。小泽看着自己样式陈旧的运动服觉得很寒碜，于是就让父母也给自己买了新衣服，接着他又对父母说："大家都有手机，就我没有，同学找我都联系不到。"父亲听后，又给他买了一部手机。谁知，接下来小泽的要求越来越多，一会儿是零花钱不够，一会儿是球鞋太老土，一会儿是吃的不够好。面对儿子越来越多的不满和要求，小泽的父母除了无奈，也只得满足儿子的要求。

父母在养育儿子的时候，一定要记住一点：千万不要出于虚荣心和攀比心给男孩买名牌玩具、名牌服装等。因为你的虚荣心和攀比心很可能会转嫁到他的身上，久而久之，你的孩子也会变得爱慕虚荣、攀比心严重。虽然人们常说“用父母的钱来显摆自己是最大的耻辱”，但如果男孩从小因为父母的不当做法而具有了强烈的虚荣心和攀比心，那么他绝对不会以用父母的钱为耻，相反他会认为父母应该理所应当地给他提供金钱去置办名贵的衣饰、去给他买一辆豪华的轿车，甚至去帮他找一份不错的工作。

第3招

了解男孩的成长蓝图

穷养真经

不同年龄段的男孩有不同的性格特征、生理特征和心理特征。因此，作为父母，我们必须用心描绘好男孩在 0 ~ 6 岁、6 ~ 12 岁、12 ~ 16 岁的成长蓝图，为他日后打好人生奋斗的基础。

有人说：“男孩是用剪刀、青蛙和小狗尾巴做成的，而女孩是用糖、香料和一切美好的东西做成的。”没错，男孩和女孩生来就有差别，这一点可以让那些既养过男孩、也养过女孩的父母真切地告诉你这一点。

李梅是一位被很多人羡慕的龙凤胎妈妈，她一直对别人讲述男孩和女孩表现出来的差异，那是永远无法改变的。例如她从来不给儿子买刀枪这类玩具，但是有一天儿子居然从家里的栅栏上抽出一根木条作佩剑，又过了些日子，他从某个好朋友家里借回一把玩具冲锋枪。而女儿正好相反，小丫头每天花上很多时间去照料她那个宝贝洋娃娃，对于哥哥那些外出猎奇、冒险的行为一点儿都不感兴趣。李梅觉得自己什么都没做，可是两个孩子还是按照自己的性格特征成长……

由此可见，男孩女孩都有各自的成长规律，如果父母按照自己的意愿强行改变孩子的成长规律，只会压抑孩子内心的真实本性，甚至造成性别错位。

通常来说，男孩更喜欢集体生活，喜爱竞争和冒险，到一个新环境的时候，他们对谁是“头”更感兴趣，并且善于根据自己的能力来确定自己在所处集体中的“地位”。他们更愿意接受挑战，甚至产生不为任何理由就去冒险的冲动。

假如男孩能够从父母身上得到充分的爱与关注、鼓励与赏识，那么男孩会更早地走向独立。另外，由于男孩体内睾丸素的影响，男孩在运动能力以及爆发力、动作速度和猛烈程度方面都远远超过女孩。

同时，男孩也具有属于他们的天赋，例如男孩具有很强的立体空间认知能力，擅长抽象思维；男孩更喜欢张扬的、与众不同的做事方法，对自己的所作所为很有自豪感；男孩总喜欢搞“破坏”……

当然，男孩也有很多的劣势，例如敏感度不强、语言表达能力不如女孩等，而且男孩的个性在不同年龄段也有不同的表现形式。那么父母如何根据男孩的这些个性特征来了解他们呢？下面就给父母提供一些针对不同年龄段的男孩必备的教育方法：

方法一：0 ~ 6 岁，父母要给予男孩特别的关注

在大多人眼中，婴幼儿时期的男孩和女孩的表现形式都是一样的，没有太大的差别，只要照顾好他们的饮食起居，让孩子健健康康即可。然而，事实的确如此吗？

一个母亲这样描述她的教子经历：

我有一对非常可爱的儿女，但是在孩子不到一周岁的时候，我发现他们的差别很大。女儿很少哭闹，但儿子常常动个不停，有时还会“恶狠狠”地对我晃起小拳头，而当我给他一个温暖的拥抱或者安抚时，他就会立刻变乖。

后来，我还发现儿子每次哭闹都要不停地蹬腿，如果我给他一个轻轻的吻，他便会平静许多，接下来我需要不停地对他说话，他才能彻底安静下来。于是，我逐渐意识到，与女儿相比，儿子似乎更需要我的拥抱、安抚和亲吻。可见，养育一个男孩，需要有比养育女孩更多的耐心……

事实上，无论个性如何不同的男孩子，他们在 6 岁前都有一个共同点——在心理上和情绪上要比女孩脆弱，更需要父母的爱与关注。这些对世界充满好奇的小家伙们，更喜爱被父母抱在怀里，更喜欢得到父母的肯定、鼓励与赏识，这也是他们最爱向父母撒娇的阶段，他们内心深处渴望与父母建立更紧密的关系。可以这样说，6 岁前的男孩是属于父母的。父母最好经常陪伴这个年龄段的男孩，多给他一些关注，不要为了省心省事让男孩太早进入幼儿园，不要总是埋怨你的儿子如何淘气和给你惹麻烦，而是多尝试着给他们一些鼓励和支持。

方法二：6 ~ 12 岁，父母的监督和指导最重要

男孩在成长过程中发生的变化要比女孩快，他们一旦超过 6 岁，行为就会发生很大变化，他们已经不需要像个乖宝宝一样躲在父母的怀里，而是转眼间梦想自己成为光彩耀人的小英雄和小勇士。也许，这时候他们的很多行为在父母眼里是幼稚、可笑的，甚至是滑稽的，但那只是男孩在用特别的行为来证明自己是一个了不起的男子汉。

一般来讲，6 ~ 12 岁这个年龄段的小男孩都喜欢舞刀弄枪，梦想自己是全能超人、拯救地球的奥特曼、拥有神奇武功的侠客。他们喜欢爬上爬下，甚至做一些危险的游戏。他们会把自己和女孩明确划分开，玩专属于男孩子的游戏，以此来证明自己比女孩强大。

6 ~ 12 岁的男孩在思维上也会发生变化，这时他们理解他人情感的能力逐渐形成，自尊心也开始逐渐增强。调查表明，这一年龄段男孩自尊心的发展可能会出现两种倾向：一种是觉得自己很能干、很出色；而另一种则是认为自己很无能、很没用。因此，专家告诫男孩的父母们，一定要在这个阶段用科学的方法引导男孩正确认识自己，切忌用唠叨或打骂的方式来教育男孩，否则只会让男孩的叛逆期提前到来。要多给男孩肯定、鼓励，并尝试着让孩子主动去做力所能及的事情。

方法三：12 ~ 16 岁，抓住男孩成长的关键期

12 ~ 16 岁这个年龄段的男孩，很显然是进入了青春期。这个时期父母最怕听到的就是“叛逆”、“早恋”、“网瘾”这些词。没错，青春期的男孩，正处于最叛逆、最不服从管教的年龄段。

一位母亲就遇到了这样的事情：

儿子今年 14 岁，原本非常乖巧，可是现在突然就会变得默不吭声；从前不太注重外表的他，现在开始每天出门前会在乎自己的发型，买衣服时会考虑这件衣服是否够档次、够时尚。原本他跟我们的关系很亲密，可是现在突然之间就有所疏远，还常常因为话不投机就摔门而去……

青春期的男孩已经不再是父母面前那个活泼天真的小男孩了，而是即将长大的敏感少年。此时，他们需要独立的自我空间，心里也开始有各种各样的压力，他们开始变得容易情绪化，有时也会对自己未来的方向感到迷茫。

因此，对于这个年龄段的男孩，父母应该给予他足够的自由空间，更要给予他充分的信任和尊重，把他当成一个和你平等的人来看。另外，青春期的男孩情绪就像六月的天，阴晴不定，这时家长最好多鼓励、多支持，提高孩子的自信心，而不是打击和批评。同时，青春期男孩的爱情萌芽也已经悄悄“破土”，他们可能会喜欢上隔壁班的女学生，或者迷恋女明星……面对男孩的这种行为，父母最好持宽容、理解的态度，因为这是每一个男孩必经的阶段，多和你的孩子沟通，以便引导男孩建立起正确的性观念与爱情观。

第4招

让男孩适应不同的环境

穷养真经

男孩不可能永远被保护在家里，迟早有一天他要跨入社会，要凭借自身的能力去开创事业。所以，我们应该教会男孩如何更好地适应社会，如何学会独立生活以及凭借自己的能力去解决问题。

每个家庭都是不尽相同的，可能会培育出"正义化身"的男孩，也可能培育出"恶魔转世"的男孩。家庭环境、父母的教育决定着男孩将来是"飞龙在天"，还是"蜗居不前"。

现在很多家长都是围着孩子转，爸爸、妈妈、爷爷、奶奶、姥姥、姥爷，左擎吃喝用，右牵玩具行。孩子一有需要，即刻满足。孩子除了上学，也不与别人打交道，就陷在溺爱的漩涡里，自得其乐。家长温言细语呵护，稍有不如意，他就不耐烦，家长也不敢厉声批评。试想，这样在温室培育出来的幼苗，能禁得起室外风雨的侵袭吗？这样惯养出来的男孩进入社会后，又能担当起什么责任，受得了什么挫折呢？因此，男孩就要穷养，让他从小经受磨炼。家长除了给孩子基本的物质生活外，更要培养他适应社会的能力，让他学会独立解决问题，以便进入社会以后，在面对更多可能出现的困难和压力时，能够从容应对。

方法一：给男孩创造锻炼的机会

周末，浩宇全家和姑妈一家一起去饭店吃饭。姑妈一只手不停地给已经9岁的表弟夹菜，一遍遍叮嘱让他再多吃点，另一只手端着杯子，不时督促他喝口水。而浩宇妈妈则是一会儿喊"浩宇，给姑妈加点水。""浩宇，再去让阿姨给上瓶饮料。”，一会又叫“儿子，让服务员把汤送上来。”这时姑妈实在看不下去了：“你看你倒是省事了，怎么能老让孩子跑来跑去的啊？”浩宇妈妈却笑了：“是不是说我懒呢？只有懒妈妈，才显得出儿子的能耐来呀。”

其实，浩宇妈妈并非真懒，她的心在为儿子“勤快”地转着呢。她让儿子代劳，与饭店的人打交道，就是有意在锻炼儿子。让儿子在不同环境中，学会与不同的人沟通，打交道，从而培养儿子的社会交往能力。

看着浩宇小大人似的彬彬有礼地与服务员交流，再看在自己身边扭来动去，喂着还不好好吃饭的儿子，姑妈这才若有所思地点点头。

男孩一味地听从父母的所有安排，自己就会没有主见，同时，他自己得不到锻炼，进入社会后就会很难适应各种社会关系。让男孩从家长的羽翼之下走出，迎接更多的风雨，才能够真正成长。

方法二：让男孩在不同的环境中体验

有时候，有心的父母会发现这样一种现象：邻家的男孩虽然羞涩，但看起来真是懂事，既稳重又礼貌。他们脑子里也会划过这样的念头：为什么自己家的孩子这么闹？是不是自己的孩子就不如邻居家的孩子呢？其实男孩都是一样的：调皮，精力充沛，永远不知疲惫地好奇于各种新奇的事物。为什么邻居家的男孩就会显得比自己家的孩子强呢？

这是因为，男孩一般在自己家都很自由、随便，走到别人家，内心就会觉得不能那么任性，行为上也会不知不觉地规矩起来，如果再有大人的一句夸奖，那简直就是给他套上一个美丽的光环，他会一直很自律，不再逾规，变得有礼貌，并且注意倾听别人的话，也比较关注别人的感受。

放暑假了，爸爸让荣轩去姥姥家住一段时间。荣轩在姥姥家过得开心极了。每天早上，他也不像原来一样被妈妈叫上两三遍才起床，而是赶在姥姥之前就自己起来洗漱了，有时还帮助姥姥做家务，帮姥爷喂鸟。吃完饭就和舅舅家的小表哥一起在舅妈的辅导下写作业，写完作业再出去玩。一到晚上九点就喊着表哥去洗澡，九点半之前就上床睡觉了。看他这么乖，姥姥一家人对荣轩赞不绝口，喜欢得不得了，直夸他懂事。在姥姥家的二十天过得真快，荣轩觉得一转眼就过去了。来接荣轩的爸爸听着姥姥一家人对荣轩的夸赞，心里也很高兴。

平时，父母可以多带男孩去有同龄男孩的亲戚或朋友家串门，或者让孩子在假期内短时间地留宿一段时间。这对男孩来说是一个很好的体验，既锻炼了男孩生活的独立性，又让孩子在不同于自己家庭的环境中懂得自律，懂得理解别人，同时也在无形中提高了他的交往能力。

方法三：相信男孩自己可以解决

晋鹏一回到家就一副闷闷不乐的样子。妈妈着急地问他怎么了，他说：“今天老师冤枉我了。”“怎么冤枉你了？你跟老师解释了吗？”晋鹏妈妈继续着急地追问他。“本来是别的同学在讲台旁边撒了纸团，我在弯腰去拣时，正好被班主任看到，他以为是我扔的，当着所有的同学批评我：‘杨晋鹏，赶紧把纸屑捡起来。’然后上课铃声响了，我也没机会解释了。”妈妈听晋鹏这么说，就安慰他说：“儿子，这件事你没有错，如果老师的确冤枉你了，你就应该跟他解释清楚，明天一早到学校你就去找他。”这时在旁边坐着看报纸的爸爸对妈妈说：“明天你去学校给他们老师说说吧。”妈妈则一脸轻松的表情，她说：“儿子自己可以解决，不信你问他。”看着妈妈鼓励的目光，晋鹏对着爸爸点了点头。

在上学期间，男孩偶尔会与朋友、同学、老师之间发生误会，或者出现一些摩擦，都是很正常的事情。家长根本不用大惊小怪、小题大做，而是应该放手让男孩自己去解决。现实中，有时两个孩子吵了架，反倒是双方家长在“短兵相接”。一些家长生怕自己孩子吃亏，就插手男孩的事，代劳处理了。这其实就让男孩错失了独立解决问题的机会。让他去解决，一方面能锻炼他独立处理问题的能力，而且在这个处理问题的过程中，他会思考更多的问题，增强辨识能力与是非观。父母应该在一旁，为孩子提供一些正确的意见给予引导。这样你的男孩在健康的成长中，会更善于处理与周围人的关系。

第5招

对男孩适当地“狠”一点

穷养真经

中国父母对孩子的爱总是温柔、包容的，但很多时候父母“心太软”的教育方式，只会让我们的男孩经不起风雨的袭击。因此，我们要秉承穷养教育的真正理念，对男孩要适当地“狠”一点。

科学家曾做过这样一项实验：他们把一只跳蚤放进一个透明玻璃杯里，刚开始，跳蚤很容易地就从杯子里跳了出来。再重复几次，结果仍然相同，原来跳蚤跳的高度可达它身体长度的40倍左右。接下来实验人员在杯上加了一个玻璃盖，结果跳蚤重重地撞在玻璃盖上。虽然这只跳蚤十分困惑，但它依然以自己的跳跃方式继续着。不过在经历一次次碰撞后，跳蚤变聪明了，它开始根据玻璃杯的高度调整自己的跳跃高度。一段时间后，这只跳蚤再也没有撞击盖子，而是在盖子下面轻松自由地跳动。

24小时后，实验人员轻轻地拿掉玻璃盖，发现跳蚤仍然按照玻璃盖以下的高度继续跳着。72小时后，这只跳蚤还是如此。7天过去了，这只跳蚤还在玻璃杯里不停地跳着，这时它已经无法跳出这个玻璃杯了。其实困住它的不是玻璃杯，而是它已经认命自己无法逾越现在的高度。

其实，这就像在教育男孩的过程中，当孩子一遇到困难，父母马上伸出援手，结果造成孩子没有机会树立自信心来摆脱困境。父母的过度保护就像上述实验里的玻璃杯盖，为男孩设置了一道屏障，即使有一天父母撤掉这一屏障，孩子也已经无法跳出父母的保护圈了。

男孩的人生旅程中，不可能永远是平坦大道，挫折、坎坷、荆棘总会伴随他的人生，我们要想让孩子更好地在社会上生存、发展，就必须要让他学会与困难交锋，与挫折抗争。要知道，一个敢于和困难交锋、抗争的男孩，即便跌倒了也会勇敢地爬起来，最终成为优秀的成功者。而一个从小溺爱过度、娇生惯养的男孩，在困难面前只能是弱者，跌倒了也不会自己爬起来。

优秀的父母在孩子跌倒时，会让孩子自己“站起来”，而不是去扶起他。他们通过这种方式教育孩子，让孩子从小就养成独立生活的能力，让孩子知道跌倒是因为他不小心，今后必须注意不要让自己再跌倒。这种做法既锻炼了孩子的毅力，又培养了孩子独立生活的态度和能力。

而有些父母教育孩子时，习惯在孩子跌倒时马上心疼地去扶起孩子，给孩子拍掉身上的灰尘，想尽办法安慰，甚至索性把孩子抱在怀里或者背着走，以免孩子再次跌倒。这样的教育方法只能使孩子变得脆弱、独立性差、过分依赖父母。因此，穷养教育就是要求父母对待男孩要适当地“狠”一点。

方法一：看着男孩吃苦，心要狠一些

一对夫妇带着7岁的儿子在郊外骑车，男孩的自行车陷入了淤泥里，这对夫妇只是回头冲孩子说了句“闯过来”就径直往前走了。男孩实在骑不动，只好慢慢推过去。当小家伙满头大汗地赶上父母时，父母竖起大拇指夸赞儿子说：“你真像个男子汉，做得非常好！”

另外，曾有这样一则新闻事件：一个男孩考上了国内某所名牌大学。但入学后，他不但无法换洗衣服，无法去食堂吃饭，晚上也无法在宿舍入睡，更无法适应没有父母照顾的集体生活。所以，没过多久，他便因为生活不能自理无奈退学了。

或许父母对儿子的吃苦选择漠视，在一些父母看来简直是不可思议。但是，“心狠”可以造就一个自立能力强的男孩，而“心软”只会造就一些没有生活自理能力的男孩。

曾有一所学校对学生进行“在家是否做家务”的调查，竟然有70%的学生回答“大人不让我们做，怕我们做不好。”很明显，很多父母对孩子替代有余，鼓励不足，像这样发展下去孩子不但会变得越来越懒惰，更受不起任何困难和挫折。

因此，当男孩做不好事情或遇到困难时，父母应该做的是鼓励，而不是替代。

方法二：让男孩早点学会独立自主

十几年来，每次上学，陈晨父母都要亲自将他送到学校。父母对他的要求就是：只要不违法乱纪，不违背原则就行。

今年，18岁的陈晨考上了离家不远的一所重点大学。尽管学校就在附近，但在陈晨入学的当天，不但全家总动员，还有舅舅、舅母、叔叔、婶婶等十一个亲朋浩浩荡荡将陈晨送到了学校，在大家的帮助下，陈晨的入学手续很快就办完了。

陈晨父亲曾坦承地对别人说："我儿子的确不会做饭，不会洗衣服，甚至自个人卫生都不会打理。我们家也从来不让他做。只要他成绩好，不做坏事，在我看来就是好孩子。"

像陈晨这样的例子有很多。每年学校开学，无论是小学、中学还是大学，那些办理报名、交费、注册手续的总是有许多学生家长。对此，教育专家认为，现在学生的独立能力差，很大程度上和家长的教育有关。虽然有学校试图采取措施改变这种状况，但是往往得不到孩子父母的支持。其实，父母应该树立理智的爱子观念，不要把已经长大的他们还当成没有自主能力的孩子，应该及早让男孩经历挫折，学会自理生活。

方法三：父母要坚持自己的原则

一天，一位日本父亲带着5岁的儿子去郊游，父亲在池塘边钓鱼，儿子在一旁玩耍。在离池塘边不远处，有一个深坑，好奇的小男孩就下到坑里去玩耍。但是玩累了之后，他发现坑底离地面很高，自己似乎上不去了，怎么办呢？于是，儿子高声地冲父亲喊着："爸爸，我上不去了，帮帮我！"父亲没有回应。小家伙知道父亲就在离他很近的地方钓鱼，但他没想到父亲对他的求助置之不理。于是，他开始变得愤怒，甚至直呼父亲的名字，但父亲依然没有回答或帮助他。渐渐地，天色暗了下来，小男孩有点害怕，有些无助的他开始又哭又喊，撕心裂肺的声音足以令做父亲的揪心，但他得到的依然是父亲的沉默。此时，夜晚已经来临，小男孩见无人搭救自己，于是开始想办法，最终攀着小树爬了上来。然而当他发现父亲还在那里悠闲地钓鱼，小男孩没有抱怨和愤怒，而是走到父亲身边，自豪地说：“爸爸，我是自己上来的！”

对父母来说，疼爱孩子是应该的，我们有责任和义务让孩子度过一个幸福快乐的童年！但我们不应该滥用自己的爱，而是要有自己的教育原则和底线，应该理性地、有原则地关爱孩子。有时，该狠心的时候，就要坚持原则地狠心，不能总是怕孩子吃苦、担心孩子受委屈、忧虑孩子受罪，父母千万不要以“爱”的名义扼杀孩子的未来！

第6招

培养男孩的忧患意识

穷养真经

没有忧患意识的民族注定要没落，没有忧患意识的孩子必将在竞争激烈的社会被淘汰。培养男孩的忧患意识不仅要让他懂得居安思危，更要让他学会面对磨难和困境，鼓足勇气迎接挑战。

所谓忧患意识，是指一种清醒的预见意识和防范意识，更是一种危机感、紧迫感、责任感和使命感。我们实施穷养教育的目的，就是希望男孩能够真正成长为一位有责任感、有使命感、能够不断努力上进的有志少年。

但是有很多父母并不太注重男孩忧患意识的培养。

有一对夫妻为了让年仅14岁的儿子将来出人头地，不惜花费大量的金钱，运用广泛的人脉将儿子送到了美国一所学校读书，可是还没到两个月这个男孩就打电话回家，要求他的父母去陪读，因为他忍受不了凡事都靠自己亲自动手。但是父母因为一些原因，根本无法前去陪读，只好给儿子打电话说："我们送你去美国的目的就是希望你多吃点苦。"

然而令这对父母没想到的是，这通电话结束后没多久，儿子竟然自己买飞机票回国了，这让无奈的父母又恨又气，大病了一场。

或许有些人会责怪这个男孩不懂事，只知享受和依赖父母；当然也会有很多人怪罪男孩的父母，是他们自己教养出了一个生活不能自理、抗挫折能力差的儿子。这些都有些道理，但最根本的责任还是在父母。

柏杨先生曾说过这样一句话："太浓的忧患意识使人变成惊弓之鸟，太淡的忧患意识使人麻木不仁。”上述事例中的男孩就是因为父母之前给予他太淡的忧患意识，让他没有觉察到现实生活的残酷，再加上自理能力差、依赖性强等原因，导致他走进陌生的环境后犹如惊弓之鸟似的不安。

其实，穷养就是告诉父母，要给予男孩更多独立的机会，更多遇到逆境的机会，更多处理挫折的锻炼。正是因为现代社会孩子生活的环境越来越好，在父母的保护下走得越来越顺，忧患意识才显得对孩子弥足珍贵。那么有哪些方法可以帮助男孩父母提高孩子的忧患意识呢？

方法一：让男孩知道坐享其成是一种耻辱

如果让男孩从小就习惯于坐享其成，那么一定是件最糟糕的事情，只会培养出依赖性强、忧患意识差、自私自利、不懂感恩的懒儿子。

一位父亲就曾有些无奈地谈起儿子的事情：

周末，我和爱人有事，就把儿子送到爷爷奶奶家。儿子告诉奶奶自己想吃鸡肉，我的老母亲就去市场里买鸡做给宝贝孙子吃，儿子则在沙发上坐着看电视。母亲在厨房里忙碌着，忽然发现酱油没有了，可是火还开着，自己走不开。于是，她就喊小孙子去楼底下买酱油。喊了好几次，儿子都装作没听到，照样目不转睛地看电视。

有些生气的母亲就走过来把电视关掉，让孙子赶快去买酱油。“我不去，你自己去！烦死了。”儿子一边埋怨，一边推开奶奶，再次打开电视，若无其事地继续看。后来母亲只好关了火，自己下楼去买酱油。等我们回来时，她有些无奈地问：“这个孩子怎么这么懒啊？”儿子回到家竟也不满地嘀咕：“奶奶真烦人，我正看《喜羊羊》呢，她非要我去买酱油，还关电视，气死我了。我以后再也不去奶奶家了，总是让我干这干那，烦死了！还是在自己家好，爸爸妈妈从来不会让我做家务，只要求我学习好就行了，奶奶真是既麻烦又啰嗦。”

其实，上述事例中小男孩的行为在很多孩子身上都存在。究其原因，在于父母从小对男孩过分的溺爱和保护，导致他们动手能力差，习惯于坐享其成，不愿意主动付出努力和劳动。

因此，父母应该让男孩知道，坐享其成是一种耻辱，让孩子明白一个好逸恶劳、好吃懒做的人不会有好的未来，要让孩子学会爱与感恩，只有用努力、劳动、奋斗才能获得别人的尊重和敬仰。

方法二：时刻培养男孩的忧患意识

“4+2+1”的家庭成员模式让孩子成为了家庭的绝对重心，于是家长事事为孩子操办，尽自己最大的努力让孩子过上称心如意的生活。可是这种做法却是让孩子失去自己动手的能力，一旦他离开家长的羽翼，就会变得脆弱不堪。

因此，父母应该让孩子学会面对困难和挫折，培养他的忧患意识，磨练他的坚强意志，激发他奋发向上的斗志。

方法三：利用历史典故，培养儿子的忧患意识

有一位父亲是这样教育儿子的：

为了从小培养儿子的忧患意识，我经常去书店为他买一些适合他的历史书籍和文学书籍，然后给他做简单的讲解。例如我给他讲越王勾践的卧薪尝胆，告诉他一开始越国的战败是忧患意识不足，而后勾践心怀亡国的耻辱，时时鞭策自己，终于灭掉吴国，称霸诸侯。还有中国历史上朝代覆灭的原因，都离不开君主缺乏忧患意识，只知安于享乐，最后国破家亡。渐渐地，儿子明白了，只有不断地努力和进取，才能逐渐成长和壮大。所以无论是在学习上还是在增强自身各种能力方面，他都满怀热情，奋发向上。

中国的历史典故中有很多人或很多朝代都是因为缺乏忧患意识而堕落灭亡的，这是最真实的教育事例。因此，父母可以利用一些历史典故让儿子明白，那些具有忧患意识的人能够成就一番伟业，而那些缺乏忧患意识的人只能在安逸中迷失自我，走向失败。

第7招

培养男孩勤俭节约的好习惯

穷养真经

勤俭节约不但是一种良好的品德，更是人人都应该养成的一种好习惯。因为懂得勤俭节约的男孩才会懂得父母的艰辛，懂得勤俭节约的男孩才会更加珍惜生活，懂得勤俭节约的男孩才会拥有一个更富足的人生。

场景一：乐乐已经11岁了，但是在家里从来不干任何家务，就是他的屋子也是由妈妈来帮忙打扫。每到周末，他都把四五件脏衣服堆到妈妈面前：“妈妈，帮我把衣服洗一下。”然后就去找同学玩了。前些天，家里要来客人，妈妈一个人忙不过来，让乐乐帮忙摆桌子、刷碗、择菜。乐乐干了5分钟就抱怨说：“妈妈，太累了，我要去写作业了，要不然就写不完了。”其实，他是偷偷溜去玩耍了。

场景二：丁丁是个特爱臭美的小男孩，每次看到漂亮衣服都吵着闹着让妈妈买。有一次，他看中了一件蓝色上衣。但是妈妈对他说：“你身上的运动衣才穿了十几天，怎么又要买新的啊?”他有些不屑地说：“现在什么年代了，谁还把衣服穿烂了才买新的！”

场景三：飞飞在上四年级的时候，转学到一所私立小学，班里的同学家境都比较富裕。也许就是从这个时候开始，飞飞对名牌产生了兴趣，穿的衣服、鞋子都是“耐克”“阿迪达斯”“李宁”等品牌。有时候，妈妈不给他买，他就会对妈妈反驳道：“别的同学都穿名牌，我不穿怎么去上学，太没面子了！”

上面这几个事例，都是在生活中经常发生的。生活在富足家庭的孩子，很少经历过苦日子，不知道勤俭节约的重要性。而一些父母对男孩也是十分娇惯，不仅不让他干任何家务，甚至是儿子要什么就千方百计地去满足。在这些父母眼中，这样做是在爱孩子。殊不知，这不是爱而是害。

古人曾经说过，“勤能补拙，省能补贫”“俭，德之共也；侈，恶之大也”“历览前贤国与家，成由勤俭破由奢”……勤俭节约是中华民族的传统美德，它不仅关系到一个人的家庭幸福，还关系到一个人的道德修养。一个勤俭的人，可以通过自己的勤奋节俭克己持家，逐渐走向小康生活；而一个懒惰又奢侈的人，不仅过不上幸福的生活，甚至还会道德败坏。

有很多男孩不懂得勤俭节约，这是因为平时他们被父母娇惯坏了，只知道花钱，不知道赚钱的不易。所以，要想培养他们勤俭的美德，父母必须舍得让儿子劳动，让他们知道赚钱必须要经过辛苦的努力，让他们认识到勤俭节约的重要性。

方法一：父母要厉行勤俭，给儿子树立良好的榜样

父母是孩子学习的榜样。懒散成性、骄奢淫逸的父母，很难培养出一个勤俭朴实的孩子。很多父母习惯于和他人做比较，不仅比吃比穿，还比谁的住房大，谁的轿车更高级。

其中一些生活较为富足的父母，更是把这些当做炫耀的资本。其实，这样做是不对的，这会让孩子把很多的注意力放在吃饭、穿衣上，并且去和同学、朋友进行比较，从而养成虚荣、奢侈的坏习惯。所以，父母一定要厉行勤俭，给儿子树立一个良好的榜样。

方法二：用生活中的小事来培养男孩勤俭节约的好习惯

培养男孩勤俭节约的好习惯，可以让男孩从节省一张纸、节约一度电、扫扫地、擦擦桌子开始。这些事情虽小，但是时间长了，孩子就会慢慢养成习惯，从而养成勤俭节约的好品质。很多父母舍不得让儿子干活，更不忍心在物质方面委屈儿子，认为让儿子受些苦、受些累便是对不住他们。其实，这样想是不对的，我们现在让孩子受些苦、受些累，总比他们长大后吃苦受累要好。我们应该让儿子勤做家务，在花钱方面也不要过分娇惯他们。

方法三：培养男孩的勤俭意识

一位妈妈曾经这样谈到自己的育儿经验：

我7岁的儿子没有经历过苦日子，也不知道勤俭节约的重要性。他在家里很少做家务，在花钱方面更是大手大脚。虽然我们的家境还算可以，但是我决心改变这种情况，因为我认为懒惰、奢侈是一种非常不好的习惯，可能会贻害一个人的一生。在以后的日子里，我给儿子讲了很多古人勤俭节约的故事，让他知道了勤俭节约是一种美德。

在生活中，父母要经常有意识地称赞那些勤俭节约的行为，批评那些懒惰、奢侈的行为。慢慢地，孩子就会意识到懒惰、奢侈的可耻之处，不仅人会变得勤快，在花钱方面也不会奢侈浪费。

第二章

三分爱，七分管

——穷养男孩的必备教育准则

只爱不管和只管不爱的育儿方式都是不正确的。父母在关爱与管教男孩的取舍问题上一定要慎重，要知道自己应该怎么做、怎么选择，例如：

你要懂得倾听男孩内心的声音；

你要掌握一些表扬和批评孩子的技巧；

你要明白如何与孩子谈心、交朋友；

……

作为父母，清晰准确地知道如何关爱和管教男孩，那么孩子一定会更加快乐、更加幸福。

第8招

尊重孩子的自尊心

穷养真经

父母在教育儿子时，一定要把孩子放在和自己平等的位置以示尊重。因为当父母尊重了男孩的自尊心、尊重了男孩的隐私、尊重了男孩的独立人格和自我意识，孩子才会懂得尊重父母、尊重他人。

曾经有专家做过一项调查，结果显示大约有六成的中小学生认为，成为好父母最重要的标准是尊重孩子的隐私。可同时，却有七成的父母偷看过孩子的日记，两成的父母会监听孩子的电话或偷翻孩子的书包。

男孩子虽然不像女孩子那样敏感，但他们同样希望拥有自己的隐私，希望得到别人的尊重和信任。一个得到尊重的孩子，才会懂得尊重别人。尊重男孩是关爱男孩的一种表现。

有一个9岁的小男孩就曾在自己的日记中这样写道：

一天，爸爸对我说："暑假你到爷爷家住一个月，到了爷爷家要听话，别惹他们生气，更不能调皮捣蛋给我惹事，知道吗？"听到爸爸的话，我很吃惊，因为我已经答应几个同学要在我们家附近的球场踢球，所以我马上反对："我暑假要和同学踢球，我不去爷爷家！"

没想到，爸爸生气地说："不去不行，我和你妈都不在家，谁照顾你？"其实，我早想好对策了，说："我和同学商量好了，暑假在他们家过，他妈妈也同意了！"

爸爸一听火冒三丈："你这孩子怎么不听话，不管你同不同意，你都要去爷爷家，这事没商量！"第二天，爸爸根本不顾及我的想法，硬是把我送到了爷爷家，我真的有些讨厌他了！

看，这就是孩子的心声！他们渴望被尊重、被信任，在他们的自我意识被唤醒的那一刻，他们随时都有一种“我能自己做好”的潜意识，只不过很多时候这种意识刚刚萌芽，就被父母无情地扼杀了。

当然，现实中也有很多年轻父母由于受过良好的教育，他们对男孩的成长需求认识得比较到位，能够做到尊重和信任孩子。但还是有很多父母不知道对自己的儿子如何做到理解、尊重和信任。

那么，下面就给这些还在迷茫中的父母提供一些具体的教育方法。

方法一：尊重男孩的自尊心

很多父母总以为孩子还小，便常常在公众场合训斥、指责孩子；也有很多父母时常当着别人的面，唠叨儿子曾经做过的错事、坏事，使他们感到难堪。

其实，这种教育方式是错误的，并且存有很大的隐患。要知道，男孩子的自尊心是非常强烈的，如果父母当着别人的面或者在孩子的同伴面前批评、指责或责骂惩罚，让他在同伴中抬不起头、没有地位，那么孩子不但自尊心受挫，内心还会产生对父母的憎恨、敌对和紧张情绪，容易养成男孩报复、自卑等不健康心理。

一天，9岁的华威放学后独自到一片树林里玩耍。但是贪玩的他迷了路，直到天黑也没走出树林。为了让自己避免遭受野兽袭击，他爬到了一棵大树上躲了起来。华威的爸爸见他很晚还不回来，就沿着华威每天放学回家的路去寻找，终于借着幽暗的月光找到了躲在大树杈上的儿子。这时，华威的爸爸没有马上喊儿子下来，而是假装没有看见，吹着口哨在离华威藏身的不远处溜达。华威听到爸爸的口哨声得知自己获救了，马上从树上下来，并吃惊地问：“爸爸，你怎么知道我在这里？”

华威的爸爸若无其事地说：“我只不过是刚巧到这里散步，没想到碰到你在这里玩。我们一起回家吧！”

这真是一位了不起的父亲。儿子因为贪玩而在树林里迷路回不了家，但是父亲没有责怪他，而是运用自己的智慧巧妙地掩饰了儿子的恐惧心理，维护了男孩的自尊。

方法二：尊重男孩的独立人格和自我意识

大多数男孩在3岁左右自我意识就开始逐步形成，他们常常会向父母提出这样的要求："我自己来""我自己做""我可以完成"，并且在好奇心和冒险心理的作用下，他们开始尝试去做每一件事。这原本是男孩正常的心理发展，但是很多父母生怕自己的孩子做不好，总是代替包办，从而剥夺了男孩主动学习与锻炼的机会。但是当男孩做错事或者不知道怎么办的时候，有些父母又喜欢指责和抱怨，这其实是不公平的。

因此，我们应随着男孩年龄的增长和独立意识的增强，通过各种方式对男孩表示信任、让男孩拥有独立的空间、给男孩支配时间的自主权、尊重男孩的选择、善待男孩的朋友等，以便让男孩茁壮成长。

方法三：尊重不等于迁就

有一位父亲曾向友人这样讲述自己的育子经验：

我的儿子光光是一个十分听话的小孩。有一次我带他去商场，他看中了一辆玩具车，告诉我他很喜欢，但是我对他说："爸爸没带那么多钱，这玩具太贵了，我们到别处看看吧！"儿子想了想说："嗯，那好吧，但是爸爸，等你下次有钱了，再给我买好不好，我可以帮你擦皮鞋。"我看到周围的人都对懂事的儿子赞不绝口，纷纷问我是如何教育出这么懂事的孩子呢。

我是这样回答他们的："从我儿子出生那天起，我们就相互尊重，如果儿子是对的，我就尊重和理解他；如果他错了，我决不会迁就他，而是会找理由说服他，让他学着尊重我，慢慢的就形成了一种习惯。"

如果所有的孩子和父母之间都能养成这种互相尊重的好习惯，那么孩子必定会健康快乐、勇敢自信地成长，而父母也会少去很多教育烦恼。

第9招

学会用心倾听孩子的心声

穷养真经

倾听，是父母走进男孩内心世界最有效的一种方式，通过用心倾听孩子的心声，你会了解孩子的喜怒哀乐，能够及时帮助孩子解决问题，同时也拉近了父母和孩子的亲密关系。

“我认为倾听是一种非常好的教育方式。因为倾听对孩子来说，是一种尊重，是一种关心，也促使孩子去认识自己。如果孩子感到他能自由地对任何事情提出自己的意见，而他的看法又没有受到轻视和奚落，他就会变得热情开朗、无所顾忌地发表自己的意见。先是在家里表现，然后在学校表现，将来就可以在工作上表现，自信勇敢地正视和处理问题。”这是德国教育学家卡尔·威特关于倾听的重要性的一段阐述。

有些父母小时候可能做过这样一种游戏，就是玩传声筒。那时，最简单的传声筒就是用火柴盒做的。可是就是这样简单的传声筒，当你认真倾听时，传声筒里面的声音就变得奇妙无穷。因为，当你带着专注去倾听时，任何声音都是有趣的。

随着社会发展和生活节奏变得越来越快，现在，很多父母因忙于工作而忽视了倾听孩子心声的责任和乐趣。他们或许会给孩子买一大堆的玩具和衣服，却很少坐下来听孩子说会儿话。孩子的快乐、烦恼都堵在心里，在同学朋友那里不能倾诉，在父母那里又得不到慰藉，他们就会郁郁寡欢。时间久了，性格就会变得越来越内向，越来越不自信。

倾听，是父母必备的教育方式之一。倾听孩子的话很重要，但父母并不能仅仅停留在听的状态，也要对孩子说的内容给予积极地回应，这才是有效的倾听。不然，孩子在倾诉，父母表面听着却心不在焉，对孩子也是一种不尊重。

父母要学会倾听，可以采取以下几种方法：

方法一：认真倾听，了解男孩的想法

周末，爸爸陪着儿子昊天写作业。写了一会儿，昊天就扭来动去的，安静不下来。爸爸严肃地看他一眼，他就写几个字，一会又做起了其他小动作。爸爸耐心地问他："怎么了，昊天？"昊天看了爸爸一眼，犹豫了一下，就问："爸爸，麦子的'麦'是怎么写的？"爸爸就在纸上写给他看。过了一会，他又问："爸爸，劳动的'劳'怎么写？"爸爸又写给他看了。这时昊天指着纸上的两个字，说："爸爸，这中间还差一个字呢。"爸爸一看这两个字"麦""劳"，一下子恍然大悟："麦当劳？儿子，想吃麦当劳了吧？"昊天这才有点不好意思地点点头。

有时男孩向家长表达想法时也是婉转百回，粗心的家长很难明白他们真正的想法，不细想就过去了，于是就错过了了解他真实想法的机会。所以如果家长不注意倾听男孩的话，就很难捕捉他心里真正思考的东西；而心细的父母，就可能通过认真地倾听，及时关注他的小变化，捕捉他没有明确表达的想法。因此，想要了解男孩的想法，就要乐于做他的倾听者，多花一点心思，多花一点精力，慢慢地听他说，这样才可能走进他的内心世界，进而给孩子提供正确的引导。

方法二：对男孩说的倾述要及时给予回应

在有些家庭中，我们经常可以看到这样的现象：

孩子在兴致勃勃地给父母讲着童话故事，讲得眉飞色舞，手舞足蹈，绘声绘色，可父母只是以"嗯""是吗"应付着，只顾做家务、看电视或看报纸，根本没有在意孩子说的是什么内容。而孩子说着说着，看到父母一副没兴趣的样子，也便觉得索然无味，中止了自己的故事，很沮丧地离开了。

没有回应的倾听，无疑会让诉说者备感沮丧、失落，也丧失了诉说的欲望。因此，父母对孩子的话，要表现出兴趣来，注意他说的话，让他感觉到你对他的重视。不时地对他的话给予回应，比如提出疑问，或者肯定他的聪明才智，来鼓励他的表达。这样他才有可能向你呈现更多他内心的想法。

方法三：倾听时保持冷静，不要过早表态

处于青少年时期的男孩，思想还不成熟，说出的话也常常不假思索，让家长很难一时接受。于是，一场猫训耗子的闹剧就难以避免地在家里上演了。

晓啸的寄居蟹不见了，他到处都找不到，急得满头大汗。这时妈妈告诉他，送给隔壁的小朋友亮亮了。晓啸一听急了："这是我的小蟹，你怎么能送给别人呢？"妈妈说："我看你这几天都没怎么照顾小蟹，以为你不喜欢了，就送人了。"晓啸一听更气了："我是不是让你很讨厌。你是更喜欢亮亮，才把我的东西都给他了！"妈妈一听火立即就大起来了，她想到为儿子付出的一切，感到非常的委屈："我不喜欢你，对，我讨厌你，我不尊重你，这些东西都是谁给你买的呀？"妈妈一边生气地说着，一边把吉他从墙上拽下，砸在了电子琴上。

故事中的妈妈自己做主把晓啸的小蟹送了人，这的确不对。更不对的是她没有保持冷静，在孩子一句话的冒犯下，居然砸坏了吉他。

对于孩子不成熟的顶撞或冒犯，家长不要立刻动怒，让孩子继续把话说完，当他讲述之后，他的思维也完成了一个回炉。而很多父母不等孩子把话说完，就火冒三丈，与孩子立即形成对立局面，使他失去解释的勇气。父母应该反省一下自己，是不是认真听孩子的述说，是否对他的问题给予帮助。倾听，并不意味着去纵容他，而是给他充分的表达机会。做个与时俱进的好爸爸或好妈妈，就要学会倾听孩子的诉说。

倾听，是一种正确的沟通方式，会让父母与孩子之间形成非常亲密的朋友关系。孩子会感受到你的尊重和重视，对你更加信任，向你坦露更多的心声。

第10招

赞美男孩的努力，而不仅仅是聪明

穷养真经

表扬，是每个男孩都希望得到的奖励，因为那是对他们能力、行为等方面的一种肯定和认同，而这种肯定和认同会再次激励他们继续进步。不过，表扬也是需要技巧的，如果表扬不当，很有可能会适得其反。

美国著名的哲学家和教育家约翰·杜威曾说过："人类本质里最深远的驱策力就是：希望具有重要性，希望被赞美。"确实，每个人都渴望被赞美、被尊重、被认可、被理解……一旦这种精神需求得以满足，就会自信满满、动力十足地投入到工作或学习中。

心灵如玻璃般透明的男孩，更需要我们的呵护与赞赏。如果父母一味地忽视男孩的行为和想法，会给他们带来深深的伤害。给孩子适当的赞美，有利于父母与男孩进行心灵的沟通，更有利于对男孩进行因势利导的教育。当然，父母的赞美要发自内心，要真诚而自然，否则会让男孩反感你的虚假。

拿破仑·希尔是全世界最伟大的励志大师，他创建了"成功哲学"和"十七项成功法则"。他永远热情如火，鼓舞着千百万美国人，因此有人称他为"百万富翁的创造者"。

拿破仑·希尔的母亲在他很小的时候就去世了。有一天，他的父亲把继母接回家。从这位陌生女人进入家门的那一天起，拿破仑·希尔就很担心继母会虐待他，于是就双手交叉放在胸前，用愤怒的眼神凝视着继母，没有丝毫欢迎的意思。

父亲对继母介绍说："这是拿破仑，他是希尔兄弟中最坏的一个。"接下来的事情让拿破仑·希尔终生难忘：他的继母把双手搭在他的肩上，用温柔、慈爱、坚定的目光看着他的眼睛，说："他是最坏的孩子吗？我觉得完全不是。他好像是这些孩子中最伶俐的一个。"

一句简简单单的赞美，却打动了拿破仑·希尔的心。那一刻，他意识到，自己将永远拥有一个亲爱的母亲。在以后的岁月里，他一直温顺地听从继母的教导，并通过努力，最终成为了一个优秀的成功人士。

赞美的力量就是如此神奇，永远要比批评的力量大。父母要知道，世界上最糟糕的、最忌讳的教育行为，莫过于总是给孩子提意见、挑毛病。尤其是对小孩子，更不要凶巴巴地指责和批评，要适当地给予表扬和赞美。

男孩最重要的就是拥有自信、自爱的精神，这种精神并非天生，而是来源于养育他的父母。一个鼓励的眼神、一句肯定的话语，都像是将自信的种子播撒在男孩的心田里，最终长成参天大树。因此，男孩父母在面对孩子时，千万不要吝惜你的鼓励和赞美，它会助你的教育方法获得意想不到的收获。

虽然赞美是男孩的"振奋剂"，但是在赞美时也应讲究方法和技巧，不要随意滥用，否则会把男孩宠坏，使他今后听不得批评，经不起失败。那么，我们该如何赞美呢？

方法一：赞美要具体，不要泛泛

"儿子真棒！""儿子真厉害！""儿子真好！"类似这样的表扬对父母来说是轻车熟路。在父母的眼里，从男孩来到这个世界的每一个成长细节都是值得惊叹和赞美的——他会笑了，他能翻身了，他会走路了，他能说话了……于是，在这不断的惊喜中，父母已经习惯于随口夸奖孩子。殊不知，这种心不在焉、张嘴就来的赞美也许会带来负面影响。它虽然符合以鼓励为主的教育精神，然而对孩子来说却毫无意义可言。

举例来说吧，比如某天，孩子帮你倒了一次垃圾，你可能会感到很欣慰，因为儿子能帮自己干活了，于是兴高采烈地表扬他说："儿子，你真棒！"这会让孩子感觉很茫然，不知所措。你不妨这么夸赞他："谢谢你帮我倒垃圾，我很高兴！"

父母总是泛泛地表扬男孩，会让他无所适从；而有针对性的、具体的表扬则更容易让男孩理解和接受，他会知道今后该如何做、如何努力。对具体事情要具体赞美，可能在刚开始难以运用。只要我们用更多具体的话语来描述男孩的努力，自然就会引起他的共鸣，最终达到我们夸奖的目的。

方法二：要赞美孩子的努力，而不是他的聪明

"聪明"是父母夸奖孩子惯用的词汇。父母喜欢用"聪明"去激励男孩的每一次进步。然而，这却不是一个真正聪明的表扬方式。比如孩子考试成绩不错，用"聪明"去夸他，结果只会导致他把"好成绩"与"聪明"画等号，而轻易地忽视了"努力"这个重要因素。这一方面会使男孩变得自负，另一方面，可能会使他今后在面对挑战时采取回避态度，以躲避他人异样的眼光。

美国的研究人员让幼儿园孩子解决了一些难题之后，然后，对一半的孩子说："答对了8道题，你们很聪明。"对另一半的孩子说："答对8道题，你们很努力。"接着，研究人员又给他们两种任务选择：一种是可能出一些差错，但最终能学到新东西的任务；另一种是有把握能够做得非常好的任务。结果70%的被夸聪明的孩子选择容易完成的；90%的被夸努力的孩子选择了具有挑战性的任务。

为达到激励孩子的目的，真正做到夸具体夸努力，父母首先要了解孩子做事情的整个过程。有时，在你亲眼看见孩子的良苦用心和付出的努力之后，当你在总结孩子成绩的时候，不妨详详细细把自己的真实想法和孩子的用心良苦完整地描述出来。比如孩子写完作文之后，你可以说："文章的开头很好，你能想出这样的开头实在不容易，中间的描述能感觉出你经过了仔细的观察。结尾的一句话也比较精彩，用它来点题很恰当……"当你把孩子在作文上所花费的所有辛苦一一说了出来，愉快自信的笑容立刻就会洋溢在孩子的脸上。

如果你没有亲眼见到孩子的努力也没关系，你可以用提问的方式引导孩子自己讲述努力的过程，并不失时机地加以适当的好评，同样也是给孩子一个有益的赞美。

方法三：要赞美事情本身，而不是赞美孩子的人格

“好孩子”这样的话是典型的夸人格，父母会无心地将其挂在嘴边。但“好”是一个很虚无的概念，如果孩子总被扣上这样一顶大帽子，对他反而是种压力。如果父母的称赞总是言过其实，孩子也会有压力，觉得自己不配这样的赞美。所以父母在赞美孩子的时候，一定要有针对性，让孩子知道你表扬他的是某种行为，而不是他所有的做法。以后再发生此类的事情时，孩子才能知道怎么做是对的，怎么做是错的。

第11招

善于和你的男孩谈心

穷养真经

有些男孩遇到困难时，喜欢隐藏起来独自处理，因为他们觉得自己有能力去解决，可结果却是越做越糟。因此，父母要善于和自己的男孩谈心，通过彼此的交流引导孩子打开心结，以激励他们继续努力。

教育专家认为，孩子的思维和语言是密切联系的，思维借助语言而实现，语言是思维的直接表现形式。一般来说，孩子通过语言将存在于自己头脑中的经验、思想和建议比较准确地传达给他人，也通过语言接受对方的经验、思想和建议，从而达到彼此交流思想、相互了解的目的。

因此，父母可通过语言与孩子充分交流，及时掌握孩子的思想动态，协助他学会正确处理生活、学习中遇到的问题。

有一位母亲是这样做的：

我的大儿子壮壮是一个性格开朗、情感丰富的孩子。但他活泼好动，有些顽皮，控制能力较差，在集体活动中好像并不能得到大家的喜爱。通过仔细观察我发现，其实有些事情也并不是他的错。有一次在盥洗室里，小儿子浩浩与壮壮争吵起来，浩浩动了手，而壮壮并没有还手，只是委屈地哭了。壮壮学会了自我控制，这是他的进步。于是，我对浩浩说，“今天，你们俩发生了矛盾，应该怎么做才能使你们和好？”浩浩说：“我跟他说对不起。”我说：“很好，壮壮能原谅你就行。”壮壮不再哭了，并且原谅了浩浩。所以，原本壮壮是一个憨厚、宽容、孝敬父母，并且非常希望得到父母的信任和理解的好孩子，只因为偶尔的控制能力差，才常常做出事与愿违的事。

可见，父母要想深入男孩的内心世界，必须要了解孩子思想和情绪波动的缘由，然后对症下药。那么父母如何和男孩谈心呢？总体上来讲，我们可以从以下几个方法着手：

方法一：利用典型，善抓交流的机会

男孩自身和周围环境里随时都可能发生一些事情，如果抓住典型事件，及时交流思想，其效果便会事半功倍。

一位初一的男生，在校外受到同校男生的殴打，回家向父母诉苦。他的父母不是简简单单地安慰儿子，而是启发他应如何应对这类事情，使他增强了是非能力，悟出了保护自己的方法。

一般来说，家长会之后是孩子们最急于和父母交流的时候，父母可抓住这个机会，及时深入地了解孩子的大致情况。

有一个刚上高一的男孩，他平时对自己的学习不够重视，结果期中考试考得很糟糕。家长会后，他非常忐忑不安，迫切想要知道家长会的情况。然而母亲并没有大声训斥儿子，而是抓住这个敏感的教育时机，对儿子温和地说："儿子，家长会上我感到很难为情，我平时对你的关心实在是太少了。我现在只希望我们能共同找出失败的原因，争取下次考出理想的成绩。"这个男孩平时就很尊敬妈妈，所以他向妈妈坦诚地说出了自己贪玩、逃课的行为，并表示今后一定要努力学习。果然，之后的每次考试他都名列前茅。

可见，抓住恰当的时机与子女交流谈心，更容易取得明显成效。

方法二：在他失败时要及时谈心

男孩在成长过程中，经常会遭遇失败。虽然说没有失败就不会有心灵的成长，但是失败毕竟会给男孩带来消极的影响。如果父母不善于开导因失败而受挫折的儿子，那么男孩很可能就此对父母关上心门。善于沟通的父母总是会在孩子的低落期，耐心地陪在儿子的身边，安慰、开导、鼓励和支持他。

有一位父亲的教育经验是这样的：

我平时就是一个乐观的人，但儿子却正好相反，稍有挫折就闷闷不乐。一天，刚上初一的儿子垂头丧气地回到家。我问他："怎么，打篮球输了？"儿子沮丧地对我说："是的，只差1分。"我对此表示同情和惋惜，但还是鼓励儿子说："我了解你们球队的水平，相信下次你们一定会赢！"儿子依然闷闷不乐地说："可是，这下我们失去了参加市赛的机会。"我笑着说："我以前在学校打球时也遇到过这样的事情，当时也挺沮丧的，后来想想沮丧也解决不了实际问题，好好努力明年打好，不就可以了？"儿子听了我的话，一下子提起了他的好奇心，紧张地问道："那你们第二年赢了吗？"我立即大声地说："当然，儿子！你老爸可不会轻易认输的！"儿子仿佛一下子注入了活力，笑着说："我也一定会努力的，爸爸，谢谢你！"

如果所有的父母都能像这位爸爸那样，在男孩失败时及时与他谈心，不仅可以让男孩认识到自己的错误，还可以挖掘男孩的潜能，促进他发挥自身特长，奋发向上，同时也加深了父子之情。

方法三：语言精练，把握交流的时间

男孩最厌烦父母无休止的啰嗦、唠叨、说教，因此，当你和儿子进行交流时，要懂得适可而止。你要明白一点：和儿子的谈话是可以经常进行，但要注重效果，不必一定要长谈。

一位哲人说过："含笑谈真理，又有何妨呢。"幽默给人以轻松，使人们能够快乐地交谈，而正襟危坐只会让人望而生畏。所以，父母在和儿子谈话时，不妨语言幽默一些，在轻松、欢快的交流氛围中达到最佳的教育目的。

另外，父母在和儿子谈话时，除了要求语言精练、把握好谈话时间和保持轻松感外，一定要让孩子主动表达自己的想法，多站在孩子的角度思考问题，引导男孩说出他的心里话。当认真听完儿子的倾诉之后，还要及时给予反馈，让男孩彻底领悟。

第12招

如何批评孩子，孩子才会听

穷养真经

犯错，是男孩成长的必经之路。因此，父母首先要理解男孩偶尔的犯错，然后再引导男孩及时改正，但引导的同时肯定少不了批评孩子。于是，如何批评男孩并能让他心服口服地接受就显得非常重要了。

那些被称为“淘气鬼”“小邋遢”“破坏王”的小男孩，在他们的成长过程中，总是免不了犯些小错误。于是，不少父母把那些批评孩子的话习惯性地挂在嘴边，孩子一犯错，父母就居高临下地进行“轰炸”。

这种不平等的对待在男孩看来，无异于沉甸甸的大石头，会给他们带来压力，甚至产生本能的反抗。

李默的母亲很疼爱自己的儿子，但却不能容忍孩子反驳自己。每次教育儿子时，只要儿子一提出反驳意见，她就火冒三丈，劈头盖脸地加倍责骂。有一次，因为李默与自己顶嘴，一时气急，揪住李默的耳朵，说：“我从你小时起就提醒过你，不要和我顶嘴，说到现在你还不知道改。我供你吃，供你穿，就是为了让你和我顶嘴吗？我要你有什么用？给我滚！”

当天晚上，李默就留下一封信，离家出走了……

孩子错了，可以批评，但不要以蛮不讲理的态度，更不要以长辈的身份威胁、恐吓。正确的教育方法是把父母放在与男孩平等的地位，多和男孩交流沟通，让他认识到自己的错误所在，从而及时改正。粗暴、威胁、恐吓只会让儿子对你的批评产生免疫、质疑和反感，那样无论是对于父母还是孩子来说都是悲哀的。你的儿子不是无赖，你跟他讲清道理，他一定会听从；你的儿子也不是傻瓜，当你说服的方式不尊重他时，他就不会听从。因此，父母要把批评当成一种特殊的教育方式来对待，尤其要把握好批评的时机。当孩子与你讨论个人问题时，当孩子因为太高兴或者太难过而没有解释清楚事情原委时，当孩子需要父母帮他作决定时……父母绝对不能劈头盖脸地批评孩子，否则就会打击他的积极性，伤害他的自尊心。

那么，父母如何才能把握好批评的时机和尺度呢？

方法一：批评时要就事论事

父母在批评男孩的时候，一定要认清一点——批评他错误的行为，而不是对他进行品格上的否定。就拿学习这件事来说，当孩子的学习成绩不理想时，绝对不要这样说，"你真是个傻瓜""你太笨了"……这样不但不能帮助男孩改正错误，反而会让他们怀疑自己的天赋。换言之，这样的批评，对孩子的内心造成很大的影响，严重伤害他的自尊心和自信心。

以上网为例。很多父母都对孩子三番五次地强调，上网时间不能超过晚上 9 点。但当你在 10 点多时，发现儿子依旧坐在电脑前打游戏，如果你二话不说就冲上去一顿怒骂，结果只会伤害到孩子，也起不到任何成效。因为这种批评方式根本没有点明孩子错在哪里，今后应该怎么做。长此以往，还会让男孩产生抵触心理"你不让我上，我就偏要上，不就是打我嘛，你还能对我怎么样！"倘若出现了这种情况，你再多的关爱在孩子眼中也都变成了一种责骂。

遇到以上情况，如果父母换一种方式，结果就完全不同了——"怎么又在上网呢？这样不仅耽误学习，而且对身体不好。再说，你答应过我晚上 9 点后不上网的，很显然你没有做到。希望明天这个时候你能好好上床休息，养足精神才能集中心思学习。我相信只要你做到，你就能成为一个既会玩又会学习的好孩子！"

这样的批评不仅会让孩子心里感到温暖，还会让他感受到父母对他的爱和希望，重要地是让孩子心服口服地接受批评、改正错误。

方法二：不要当众批评孩子

你可能发现这样一种情况：很多时候在家里批评孩子，孩子一般不会做出多大的反抗，然而若是在公共场所批评孩子，没说两句，就会引起孩子的抵触。

明智的父母会在公共场合表扬孩子，如果孩子犯了错误，则会在家里单独批评教育。

这主要是因为，父母当着众人称赞自己的儿子时，男孩会感到很骄傲、很自豪，会向着更高的目标继续努力；父母若当着众人批评儿子，则会伤及他的尊严，甚至是颜面扫地，难免会产生破罐子破摔的想法。因此，当众批评孩子的方式是不可取的。

方法三：不要说空洞的话，让孩子对你的批评心服口服

教育的目的就是让孩子改正错误，更好地成长，但这一切的前提是必须让儿子对你的话心服口服。作为父母不要对你的儿子说过多空洞的话，让他对你失去信服感。那么，怎样才能让孩子信服你的话且真心接受呢?

首先，让男孩信服，靠武力绝对不行，还是应从沟通入手。

其次，当你知道你的孩子做错事情后，一定要保持冷静和理性，耐心去引导，告诉他什么是对的，什么是错的，并且要在话语中暗示：你相信他，他是一个很棒的孩子。

下面是发生在一位父亲身上的故事：

一个周末，爸爸刚回家，正好撞见正要出门的儿子，他就问儿子去干什么，儿子说要去踢足球，已经和同学约好了。事实上，爸爸当时对于儿子一直以来不爱学习的态度感到非常气愤，但他还是冷静了下来，温和地问儿子："你最近的学习情况怎么样?"

儿子站在原地，低着头，小声地说："不……不怎么好！"爸爸看着儿子不知所措的样子，把他拉近自己一点儿，说："那么，一个学习并不怎么好的孩子怎么总是想跑出去玩呢?"

男孩低着头，抠着手指。

爸爸接着说："我今天在书店看到了一篇文章，文章中说全世界的孩子只有三种类型，一种是只会玩不会学习的；一种是只会学习不会玩的；还有一种是又会玩又会学习的，你想成为哪一种?"

儿子小声地回答："最后一种！"

爸爸拍了拍儿子的肩膀说："很好，和我想的一样，我相信只要你以后好好看书，多花些时间学习，一定能实现这个愿望的！"

儿子看着爸爸，点点头，随即又小声地问父亲："那……踢足球呢？"

爸爸笑着说："当然要去了，学习很重要，但是你既然已经和别人约好了，就不能做一个言而无信的人，要知道，诚信对一个男人来说是很重要的。"

从那以后，男孩的学习态度端正了许多，成绩也进步了不少。

第13招

奖励、惩罚要讲求技巧

穷养真经

奖励和惩罚都是父母在穷养男孩过程中要用到的教育方法，不过，这两种教育方法要想都起到正面的教育意义，还需要父母掌握一定的技巧，以便达到事半功倍的效果。

俗话说“三岁定八十”，一个人的人格多半在幼儿时期就开始定型了，父母教育男孩时的态度和方法将直接影响他以后的人生。因此，父母要特别注意对孩子采取的奖励方式和惩罚方式。

事实上，有很多父母也正为如何正确奖励和惩罚儿子而伤透了脑筋，下面就是两个常见的情景：

场景一：5岁的强强非常喜欢扮鬼脸。他总是用双手捂住自己的小脸蛋，然后冲着妈妈兴奋地喊道：“妈妈，快来看我。”小家伙快速地用食指扒开下眼皮，再把胖胖的小指伸进嘴巴里，样子非常不雅。但因为儿子比较逗趣，妈妈虽然一边说着：“难看死了！”一边却发出笑声。如果家里有客人来，妈妈就对别人说强强很爱做鬼脸，简直丑死了，这时小家伙就马上做出鬼脸，惹得大家笑起来。妈妈虽然批评过强强，但他就是不听，有事没事总爱做鬼脸。

场景二：小杰的爸爸因为工作的原因，陪伴儿子的时间很少，所以为了弥补对孩子的亏欠，他总是尽量满足儿子的要求，而且经常给儿子买玩具、零食。如果儿子做了一件让他高兴的事情，他更是不惜花大价钱给儿子买奖品。但最近因为经济的原因，给儿子买礼物的次数少了，小杰就不高兴了，经常哭闹，甚至绝食抗议。一气之下，爸爸狠狠打了小杰一顿，虽然小杰暂时不闹了，但他变得很讨厌自己的爸爸。

众所周知，父母通过奖励可以调动孩子做事的积极性，激励他朝着更好的方向发展；而通过惩罚可以制止孩子的种种不良行为，促使他养成良好的习惯和个性。通过奖励和惩罚，能够让孩子拥有高尚的人格和良好的人际交往能力，以备将来更好地适应环境。

但上述两个场景中的男孩父母都采取了错误的奖励和惩罚方式：强强的妈妈太纵容儿子，而小杰的爸爸则是没有掌握好惩罚与奖励的“度”。我们虽然都明白奖励和惩罚的原则，但要做得恰到好处确实不容易，下面这些方法也许会给你一些启发：

方法一：奖励和惩罚一定要多样化

一般来说，深受男孩欢迎的奖励方式有四大类：精神奖励、物质奖励、情感奖励和活动奖励。所谓精神奖励主要是在男孩的成长过程中给予鼓励、肯定、表扬、尊重、欣赏等；物质奖励主要包括给孩子买他喜欢的玩具、图书、电子产品、衣服或零用钱等；情感奖励主要包括微笑、拥抱、关注、鼓掌、拍肩等亲密的身体语言表达方式等；活动奖励主要是父母和孩子一起去游乐场、公园，一起去旅游，一起玩亲子游戏等。

父母在给予男孩多种多样奖励方式的同时，也应有多种惩罚的方式，例如批评、斥责、没收玩物丧志的东西、取消给孩子的奖励等。

当然，面对以上这些奖励和惩罚，父母除了要巧妙结合运用之外，更要掌握好其中的“度”，千万不要过度奖励或过度惩罚，以免适得其反。下面这位父亲就犯了这样一个错误：

小易在小学阶段的学习成绩一直不错，父亲为了奖励他，只要他开口的物质要求第二天一定会送到他手里。但上了初中后，小易的学习成绩开始有所下降，甚至在第一次英语期末考试时只考了58分。这让一向以儿子成绩为傲的父亲接受不了，他开始整天批评儿子学习不努力，有一次甚至动手打了小易。小易认为父亲的突然转变是因为他根本不爱自己，而只关心自己的学习成绩和他的“面子”，于是，一天放学之后，他选择了离家出走。

试想一下，如果小易的父亲在儿子成绩下降后，采取的是适度的奖励与惩罚相结合的方式，比如给儿子适当的安慰，帮助孩子找到解决办法，惩罚方式只是让儿子帮忙做家务等，那么结果一定要好得多。

方法二：父母要学会巧妙运用“自然惩罚法”

自然惩罚法，是 18 世纪法国著名教育家卢梭提出的一种教育方法，即自然后果处罚法。卢梭认为，我们不应该为了惩罚孩子而惩罚，而是应当使他们觉得这些惩罚确实是他们不良行为的自然后果。但父母在运用此方法前一定要切记一点：自然惩罚法的使用必须以不伤害孩子的身心健康为前提。

有一位母亲这样说道：

一个周末的早晨，儿子问我：“妈妈，我可以到同学家玩吗？”我说：“可以，但你必须在中午 12 点之前赶回来。”可是那天儿子比预定的时间晚了半小时才到家。我见儿子回来了，什么也没说，只是指了指墙上的钟。儿子知道回来晚了，马上抱歉地说：“妈妈，我错了。”吃完午饭，儿子赶紧换身衣服，因为每到周末我会带他去看电影。这时，我又让儿子看看钟，并说：“今天来不及了，电影已经看不成了。”虽然儿子很伤心，但是我并没有让步。

面对儿子的过错，这位母亲运用取消奖励的方式来惩罚儿子，让儿子明白一个道理：如果妈妈的要求是正确的，自己是错误的，你就应该听话。

另外，运用自然惩罚法时父母们还要注意，一定要事先和孩子讲明白这种行为可能带来的后果，并让孩子自己负责后果。

方法三：奖励惩罚要及时

父母在奖励和惩罚孩子时，尽量不要隔日处理，而是要及时兑现，否则奖励和惩罚就有可能降低成效，甚至失去意义。

比如小男孩天性活泼好动爱冒险，对于火、水、电的防范意识都比较薄弱。如果他因为好奇玩火被烫伤了，要及时对他进行教育，那么他才会知道火是不能随便碰的；但如果你批评得不及时，他就会不长记性，一错再错，甚至因此酿祸。

因此，父母一旦发现男孩有值得表扬的行为就要及时给予适当的奖励，或者发现有犯错的行为时就要及时给予适当惩罚，尽可能让男孩在父母的表扬或惩罚中发现自己更多的优点，改正自己的缺点，变得更加积极、上进、自信和勇敢。

第14招

与男孩做知心朋友

穷养真经

父母和孩子应该相互尊重、平等交流，可以一起讨论家庭琐事，也可以彼此交流思想。父母以朋友的角度和孩子相处，不但让孩子感受到充分的信任和尊重，而且会加深彼此的亲子关系。

有位妈妈在学生家长会上曾说过这样一段话：

在孩子的教育问题上，我原来一直没太重视，直到有一天我儿子莫名其妙地冲我大声喝斥，我才突然间明白了一个道理：父母的行为对孩子有着巨大的潜移默化的影响。

我儿子平时很调皮，我一看到他坐在床上吃饼干，或者拿着杯子来回地倒水玩，我就会大声冲他喊："你干嘛？"经常会把他吓一跳。那天，他让我帮他递个东西，我没听见，他突然大声冲我喊："你干嘛？"我们俩都吓了一跳。看着他，我突然想起自己之前的行为，感到很惭愧。

父母是孩子的第一任老师。父母的一言一行，都会影响孩子，他们的第一认知便是通过父母来获知的。父母一些过激的行为，也会在他们的头脑中留下深刻的印象，在相似的境遇下，他便会复制父母的一些言行。因此，做父母的只有规范自己的行为，才有可能对孩子产生良好的影响。那么是不是父母规范了自己的行为之后就足够了呢？当然不是。与上例相对应的，还有另一个事例：

王彦在做数学题时，爸爸正在旁边画图。王彦遇到了一道不会做的题，就问爸爸，连喊了两声，爸爸都因为太专注没听到。他拉了一下爸爸的袖子，爸爸的手一歪，一下子把直线拉了好长。爸爸生气地把王彦教训了一顿："你怎么回事！我刚要画好，你这一下子，又得重新画了。"王彦听了爸爸的责怪也不吱声。在旁边看得清楚的妈妈过来把王彦带走了。她对王彦说："儿子，是不是感到委屈了？"王彦说："没有啊，爸爸在忙着，好不容易画好的图却被我弄坏了。我应该体谅爸爸。过一会儿，他的心情就好了，我们应该相互理解。"

父母不可能永远都是对的。如果想让孩子也理解你，那就不能高高在上，而要成为他的朋友，在平等相处中相互谅解，互相帮助。一位教育专家曾经说过："要用 99% 的时间做朋友，用 1% 的时间做家长，这样，孩子才会理解自己的父母。"那么，具体应该如何做呢？

方法一：给男孩尊重、自由和权利

李强没有和爸爸、妈妈商量就把自己的头发染成了黄色。回到家后，躲在自己屋里不敢出来。等妈妈喊他吃晚饭，不得已才出来。尽管他戴了顶帽子伪装，妈妈还是一眼看到了他的变化。妈妈把他的帽子摘下来，认真地看着他的头发。李强心想这下完了，妈妈又得给他上政教课了，没想到妈妈竟然笑了："嗯，我儿子一染头发更帅了。不过啊，染的稍浅了一点。"李强听后心里马上踏实了。随后一家人快快乐乐地吃起了饭。

每个男孩都有着自己鲜明的个性和独立的思想。父母在家中，不应该是独断专行的家长制作风。要做孩子的朋友，一定不能高高在上，而是要在平等的前提下和孩子进行交流。给孩子尊重、自由和权利，尊重孩子的个性和选择，给他一定的自由去做他自己想做的事。通过这样的过程，他会更加体谅父母，也会变得更自信。

方法二：要为孩子保密

在男孩的成长过程中，父母不但要尽父母的责任，更要关心孩子的心理健康，教他做人的道理。只有身体的健康和心理健康同时并存，才是真正健康的人。但是随着生活条件越来越好，很多父母只懂得让孩子吃饱穿暖，却从不肯静下心来和孩子聊聊天，去了解他的内心世界。

最近，妈妈觉得景新的情绪不太正常很是着急，但又不知怎么去问他。有一次，妈妈帮景新整理房间时，无意中发现桌上摊开的纸页，竟是景新写给女孩的情书。妈妈吓了一跳,但很快就冷静了下来。思考了半天,决定温婉地和儿子聊聊。果然，当妈妈一提情书的事，景新脸色变得通红，“妈妈，你不要告诉别人，好吗?”“当然，儿子，就咱俩知道。”惊魂未定的景新这才安定了下来，和妈妈聊了起来。

男孩进入十几岁时，生理处在快速发育期，性格也在逐渐完善。父母要细心感受他的变化，多和他交流沟通，不仅要关心他的学习，还要关心他身体和心理的变化。当他遇到成长期所带来的青春期困惑时，要为儿子保密，并和他聊天沟通，告诉他他所遇到的事情是正常的，将来他也会谈恋爱、结婚、生子。尊重孩子的思想，和孩子像朋友一样相处，那么孩子也就愿意和父母沟通了。

方法三：对孩子的信任始终如一

对待孩子的一致性，是孩子对父母信任的基础。当孩子预先知道父母的想法以及父母的反应时，他们就会比较有安全感，这种安全感也是构成他对父母信任的基础。

再柔和的父母也会有威严的时候，只有朋友式的爱才是友善的、和气的、容易被接受的。家长只有放下架子，平等真诚地与孩子沟通，才能了解他们的烦恼困惑，引导他们养成良好的性格。

第三章

让男孩在金钱面前受受穷

——培养男孩正确的金钱观

常言道：“金钱是最好的仆人，却是最坏的主人。”父母要培养男孩正确的金钱观，要让他成为金钱的主人，懂得如何正确获取和支配金钱。那么作为父母的你是否也具备正确的金钱观呢？

你是否知道财产不是男孩富贵与平安的“保命符”？

你是否知道如何培养孩子正确的消费观？

你是否告诉过男孩“要花钱，自己挣”的道理？

你是否知道培养男孩储蓄的好习惯？

……

无论你的答案是什么，为了找到正确培养孩子金钱观的方法，请马上翻开这章吧！

第15招

足够的物质不等于男孩的幸福

穷养真经

一个人在社会上生存，光有钱是不行的，钱买不来真正的健康、平安和幸福。因此，我们要留给孩子除了钱财以外更重要的东西，比如技能、良好的品德和习惯、阳光的心态等等。

现实生活中，我们时常会听到周围有些男孩父母这样说：“这几年有了些家底，但是怎么看我们家的吃穿都看不出我们家是大款，为什么？舍不得给自己花钱买衣服，舍不得出去旅游浪费钱，攒那么多钱当然是给自己的儿子留着。”还有的家长说：“我命不好，自己爹妈没给我留下什么，但我不能让我儿子和我一样，我要把一生的积蓄都留给他。如果有一天我不在了，孩子也能衣食无忧地生活。”

很多父母虽然有穷养男孩的意识，但是在对待孩子财产的问题上，还是存在着根深蒂固的传统思想，想方设法地去积攒更多的财富、人脉，以便儿子长大后能够在事业上少走一些弯路。可想而知，这种千方百计地为自己的儿子积累财产的结果可能会导致：富足了男孩的物质，贫乏了男孩的精神，让男孩无法独自张开羽翼迎接生活中的风风雨雨。一旦父母这把保护伞失灵，男孩便不知道何去何从，只能坐吃山空，甚至会因此而堕落败家。

在如何对待自己的财产问题上，父母们不妨向美国富豪比尔·盖茨和世界股神巴菲特取取经：

2008年6月27日，美国大富豪比尔·盖茨宣布正式退休，并日渐淡出微软的日常管理工作，他还发表声明称将把自己的580亿美元财产全数捐给慈善事业，分毫也不会留给自己的子女。同样采取这种做法的还有世界股神巴菲特，他在和夫人达成一致意见之后，不准备把财富留给自己的孩子，因为他认为遗产会使孩子失去生活的热忱和做事的成就感，甚至丧失他们应有的自尊和毅力。

或许在某些父母的眼中，比尔·盖茨和巴菲特的做法简直无法理解，但他们有意无意地在向所有的人传递这样一种信息：拥有不劳而获的财产，对于站在人生起跑线上的孩子来说并非好事。

因此，男孩父母们应该想办法教给自己的孩子其他更为重要的东西，比如美德、技能、好习惯、交往能力等。具体的教育方法可参考以下几点：

方法一：授人以鱼不如授人以渔

很多父母以为自己为儿子打造了一座坚固华丽的“金鸟笼”，孩子的人生就会无风无雨、顺风顺水。岂不知这就像渔夫只教给自己孩子吃鱼的本事，却没教给孩子捕鱼的技巧，导致没有生存本领的孩子只会守着吃剩的鱼骨度日，却不懂得如何撑船出海去打渔，离开父辈福荫的他们连生存下去都有困难。

新闻媒体上曾有过这样一篇真实报道：一位而立之年的男子带着自己的妻子儿女焚火自杀，轻易地结束了四条宝贵的生命，而警察调查他的自杀原因竟是：高中音乐老师退休的妈妈不借给他30万元。事后人们得知，这名男子从小父母离异，一直跟着母亲生活，他提出的任何要求，母亲从来没有说过一个“不”字。所以当他屡次要求借钱并无理取闹后母亲仍然没有答应时，他愤怒而失望地认为母亲爱钱胜过爱他的生命。

由此可见，父母用金钱为儿子一路打造的物质世界是多么的脆弱甚至不堪一击。我们应该让男孩走出“金鸟笼”，让他学会独立生存的本领，学会如何自己去获取物质，学会怎样应对人生的挫折和打击。

方法二：教导男孩具有财富意识，做到对自己负责

已逝的沃尔玛集团华顿家族的董事长山姆·华顿一直信奉的财富教育的核心理念是：劳动让人有价值。老华顿从来不给自己子女零花钱，而是让他们从小自己打工挣钱，例如帮助修补仓库的房顶，在商店里擦地板，晚上帮忙装卸简单的货物等等。而老华顿则根据一般工人的薪资标准付给孩子们工资。现任沃尔玛掌门人罗布森·华顿说："这些儿时的锻炼让我喜欢自力更生的感觉！"

可见，孩子只有自己掌握了挣钱的正确途径，才能不依靠父辈独立生存。德国汉堡大学心理学教授迈尔思提出了现代父母教育孩子应具备三大财富能力：了解金钱极限的能力、处理物质欲望的能力、正确运用金钱的能力。而这些财富能力背后最重要的核心，还是孩子的自我负责意识，自主解决问题的能力。

方法三：用品德和生存能力治疗男孩的"富贵病"

美国曾有一项调查结果：继承 15 万美元以上财产的人，两成放弃工作；得到越多财产的孩子，越不知道满足，甚至失去人生的奋斗目标。究其原因就是这些继承大笔财产的孩子得了"富贵病"。

对此，著名作家小霍丁·卡特的看法是："我们希望有两份永久的遗产能够留给我们的孩子，一个是根，另一个是翅膀。"这里的"根"其实就是指孩子的心性和品质，而"翅膀"指的就是孩子的生存能力。要知道，高自律性、高独立性是成功人士的显著特征。

因此，父母要是真为男孩的未来考虑，就要把更多的时间和精力放在塑造男孩良好品行上，培养孩子自力更生的能力，练就他勇敢耐挫的本领，这才是父母留给孩子最大的财产。

第16招

让男孩明白钱的来之不易

穷养真经

男孩对于金钱最初并没有正确的概念，他们会错误地认为父母赚钱很容易，于是花钱大手大脚，不懂得勤俭节约，也不知道珍惜父母的劳动成果。因此，父母必须要让孩子明白金钱的来之不易，金钱是要通过辛勤的劳动才能获得。

对于男孩来说，他们对金钱最初的欲望都是体现在购买欲上。从懂事起，他们就开始向父母要吃的、用的。他并不知道钱到底是什么，只知道父母口袋里总是有钱，可以用来购买很多他渴望的东西。

因此，父母要正确引导孩子，建立正确的消费观和金钱观。父母对男孩进行的第一堂教育课就应该告诉他们钱是怎么来的！

如果父母没有及早地对儿子进行必要的金钱教育，而是一味不加克制地满足孩子的要求，久而久之，父母的腰包就会成为孩子眼中的“提款机”，男孩会习惯性地、理直气壮地向父母要钱。当父母偶尔不能满足孩子的要求时，他们会觉得父母不够爱他，甚至会对父母说：“没钱，你就去银行取啊！”这样的男孩长大以后，可能会缺乏赚钱的能力，更会严重缺失感恩的心，只会一味地索取，而不懂得回报。

李元今年5岁了，他的父母准备送他去幼儿园，为了更好地培养李元对金钱的认识，他的父母决定带他一起去幼儿园办理缴费手续。在幼儿园的缴费处，李元歪着头问爸爸：“我们为什么要把这么多钱交给幼儿园呢？”他的爸爸没有不理会，而是认真地向他解释为什么要交这么多钱，这些钱交给幼儿园后都用来做什么，比如购买幼儿园的水果、学习工具等。他的爸爸还告诉他，这些钱都是父母辛苦工作赚来的，跟幼儿园的阿姨一样，只有工作才能获得报酬。虽然只是一次简单的交谈，却让小李元明白了一个道理：钱可以用于交换，只有辛勤劳动才能获得，不是平白无故得来的。

现实生活中，不少男孩都不能理解父母的苦衷，与人攀比，用父母的钱给自己撑排场。导致孩子养成这种不良习惯的根源，就在于父母没有让他们清楚地认识到钱的来之不易。

因为不知道父母赚钱的辛苦，所以很多孩子尤其是家庭环境比较优越的孩子，根本不懂得节约；因为不清楚父母背负的压力，所以孩子不能理解父母偶尔的“小气”；因为从未体验过生活残酷的一面，所以孩子始终感觉不到自己的生活有多幸福……

因此，身为父母，一定要引导孩子树立正确的金钱意识和消费意识，帮助孩子正视金钱，珍惜并尊重父母的劳动成果，培养孩子的节约意识。

方法一：让孩子知道父母每天都在做什么

父母几乎每天都要对自己的儿子说：“宝贝，爸爸妈妈去上班了……”也经常会给孩子买很多礼物。孩子的思维尚且幼稚，他还不能清楚地知道“工资”背后的含义，他们的直观感受不外乎“爸爸妈妈有钱了，可以给我买好东西了。”于是，大部分孩子总是把目光集中在父母的工资上，而很少去关注父母每个月所付出的辛苦劳动。为了培养孩子正确的金钱观，父母们有必要给孩子讲述你每天工作的内容，让他了解父母工作的辛苦。

以下是一位母亲的真实经历：

一天，14 岁的儿子突然对我说：“妈，我们同学都骑‘捷安特’的公路赛车，才 1000 多块，你也给我买一辆吧！你看我骑的那辆自行车太土了，我在同学面前特没面子。”听完儿子的话，我惊诧无语，“才 1000 多块”这话在儿子的口中怎么那么不对味儿，就好像我的钱是大风刮来的！我是纺织厂的一名普通工人，每月工资只有 800 元，劳动强度特别大。为了让儿子明白“1000 块”的概念，我决定带儿子去参观我工作的地方，让他亲自感受一下工作的辛苦。

到了工厂，我问儿子："你觉得我的工作苦不苦？"儿子没说话，只是咬着嘴唇点点头，但看得出他有所感受。我又问儿子，"我一天挣二十多块钱，而你却一张口就要上千元的高级自行车，你算算看，我得干多少天这样劳累的活儿，才够买你要的那辆自行车？"儿子不说话，眼眶里充满了泪水。

只有让你的孩子知道你工作的辛苦，金钱的来之不易，他才会懂得珍惜。即使是生活条件很优越的家庭，也必须在孩子成长的过程中，对他进行适当的教育，让他知道钱不是万能的，幸福和感恩是不能用金钱替代的！当孩子明白那些钱全是由父母的汗水和辛劳换来时，他会更加尊敬父母！

方法二：用暗示法让儿子体会你的辛苦

男孩秦奋非常想要一架遥控飞机，经过再三央求，他的妈妈满足了他的愿望。秦奋在广场上兴奋地玩着，他的妈妈却不断地用拳头敲打着自己的后背。

玩了一会儿，秦奋好奇地走了过来，问："妈妈，你怎么不陪我玩啊？为什么你一直捶背呢？"秦奋的妈妈叹了口气，说："儿子，妈妈不能陪你玩了，妈妈的后背最近疼得厉害。你自己玩吧！"秦奋不解地问："为什么你不去医院呢？"妈妈说："傻孩子，去医院不是得要钱吗？一次就要好几百块呢！妈妈赚钱很辛苦的，怎么舍得去看病？"

秦奋听完妈妈的话，低下头哭了："我这架遥控飞机一下就花了400元，不如省下钱为妈妈看病呢……"

这位母亲使用的教育方法就是暗示法，不仅让孩子清楚地明白了赚钱的辛苦，还拉近了父母与孩子之间的亲密关系。

方法三：让男孩知道钱来之不易

小明看到别的小朋友都有自己的钢琴，他也很想要，于是就整天缠着他的爸爸买钢琴。小明的爸爸没有立即答应小明的要求，而是在明确了儿子的确对音乐很有兴趣后，找小明聊天："爸爸知道你很想要一架钢琴，但是钢琴真的太贵了，爸爸现在买不起，爸爸答应你，我会努力工作攒钱给你买的，好吗？所以，你现在还需要等一等。"

三个月过去了，小明一直记着爸爸的话，当他再次向爸爸要求这件事时，爸爸却故意面露难色，用十分抱歉的语气对小明说："对不起，爸爸还没有赚够钱呢，你再等等，好吗？"儿子虽然很失望，但还是点点头，答应了。

又过了两个月，爸爸觉得答应给小明买钢琴的时候到了。于是从银行里取出2万元现金，并故意换成了10元一张的。这样一来，原本两打钱就变成了20打。小明看到这么多钱，不禁张大了嘴巴。爸爸看着小明说："你看，买钢琴需要很多钱吧，这里面每一张都是爸爸妈妈辛苦赚来的，所以你一定要好好学钢琴，知道吗？"

就这样，经过爸爸一番良苦用心的准备，小明理解了一架钢琴的价值。他不仅非常认真地练习钢琴，还非常爱护这架来之不易的钢琴。小明心里认为，这架钢琴是爸爸辛苦工作半年，用很多钱买来的。

对于孩子来说，一件物品究竟值多少钱，他心中并没有一个明确的概念，但是当一大堆钱摆在他面前的时候，他就会很清楚地理解这件物品的价值，才会懂得珍惜，懂得尊重他人的劳动成果，更重要的是，学会了感恩！

第17招

培养男孩正确的消费观

穷养真经

正确的消费观可以引导孩子合理地消费，避免他们养成奢侈、浪费的坏习惯，要让男孩树立科学的金钱观、合理的消费观。

在我们的身边，不乏这样的父母：他们虽不是大款，但他们的观念是："自己委屈点儿，也不能委屈了孩子，免得让别人瞧不起。"在这样的家庭中，只要孩子提出要求，不论什么理由父母都尽量满足，不加限制。结果，孩子只知道超前消费，不懂得金钱的来之不易，父母含辛茹苦却是在培养"消费贵族"。面对这样的现实，越来越多的教育专家和社会学家指出，让孩子从小养成科学合理的消费习惯是现代家庭教育非常重要的一个环节。

在明远刚刚会说话的时候，别人问他："你最爱看什么电视节目？"他会不假思索地回答："看广告！"明远喜欢那些跳动的画面，还学会了许多广告语。

随着年龄的增长，他便不限于看和学了，而是看见广告里介绍什么产品，他就想要什么产品。他妈妈经常和同事抱怨说："广告里面有什么，我们家明远就闹着要什么，孩子要什么我就得买什么。"

当然，明远小的时候，他也不会有什么过分的要求，顶多就是买点儿玩具，因此父母每次都尽量满足他。

但是，随着年龄的增长，明远的要求越来越高。刚上初中没几天，就向父母开出了一个购物清单：美国橡皮、耐克运动鞋，还有一辆"前田"牌山地车……明远的父母粗略一算，居然需要四五千块！

明远的父母虽然有能力购买这些东西，但是一想到孩子还这么小就如此消费，一下子心里凉了半截！

虽然我们口头上经常说："再穷不能穷孩子，再苦不能苦孩子，家富首先富孩子。"然而，从教育的角度来说，这种思想却隐含着一个很重要的问题，就是容忍孩子不合理的消费。长期容忍孩子不合理的消费，实际上是从小为孩子铺设了一条奢侈之路，对其日后健康成长极为不利。因为在现代社会中，能不能合理地消费将直接影响人的一生。

对于男孩来说，学会合理地消费，其意义不仅在于如何花钱，而是包含了多方面的教育内容和能力培养。因此，培养男孩科学的消费观，一定要引导男孩合理地消费。

那么，怎样引导男孩合理消费呢？这需要我们从生活中的小事做起、从细节做起，一步步引导男孩树立科学的金钱观，帮男孩形成合理的消费观。

方法一：消除男孩的攀比心理

有这样一个故事：

一个家庭因为生意失败导致财产损失，就在父母一筹莫展之际，儿子却张口向父亲要钱："明天我朋友过生日，请给我200元，我答应请他吃饭。"男孩的话让父亲很惊愕，父亲说："儿子，你不了解咱们家现在的状况吗？你怎么还……"男孩有些不高兴地打断父亲的话，说："那就给我100元吧！我答应了朋友，要不然，也太没面子了。"父亲看着儿子理直气壮的样子，不住地叹气和摇头……

通常来说，男孩比较爱面子，相对女孩来说自控能力较差，所以很多男孩都存在着与人攀比的心理，花钱大手大脚。当一个男孩有较重的攀比心理时，攀比方式就会升级，最终让家庭无法承受。因此，父母在满足男孩的要求时切记不能过度。父母应该引导孩子把这些不良的攀比心理转变为学习上的竞争，从而端正孩子的心态。

另外，要试着让男孩了解父母辛苦工作的过程，让男孩知道父母艰难创业的历程，让男孩明白立足社会的艰辛、金钱的来之不易，最终养成良好的消费习惯。

方法二：通过日常购物引导男孩科学消费

父母要在日常购物中教导男孩理性消费。这里面有很多小技巧可以使用，我们先来看看下面这位母亲是怎么做的：

15 岁的单亲家庭男孩冯瑞想买一件名牌衬衣，需要近 1000 元钱。冯瑞身边的几个朋友都买了那种衬衣，他也想要一件。冯瑞的心思是：自己 15 岁了还没有一件像样的衬衣呢！妈妈过去总在小摊上买减价的衬衣，现在我已经是高中生了，一定要有件穿得出去的衬衣。

冯瑞回家后把自己的想法告诉了妈妈。妈妈一听需要 1000 元钱，立刻反对。冯瑞非常不高兴，认为妈妈不关心他，便开始有抵触心理，甚至用不学习、不做作业来对抗。

无奈之下，妈妈只得答应冯瑞的要求。实际上，她已经另有打算：即使这件衬衣买了，也要让儿子知道妈妈为给他买这件衬衣有多么不容易。于是，她对冯瑞说："我们每个月存 200 元钱，存 5 个月我就可以给你买了！"妈妈想，也许只有这样，才能让冯瑞理解她的苦衷，这也是一个教冯瑞合理消费的好方法。

当然，冯瑞还是很高兴的，与妈妈的关系渐渐好了起来，学习又开始用心了。

然而，两个月内，冯瑞看着每天精打细算的妈妈，为了给自己买件衬衣而省吃俭用，心里特别不舒服。终于有一天，冯瑞对妈妈说："你不要存钱了，我现在不想要那件衬衣了，我看到一件 80 元的衬衣，也很不错，我要那件。"

我们不得不佩服冯瑞妈妈的明智。其实只要我们多思考一下，还是可以用很多小技巧来引导孩子合理消费的，比如，买东西时多走几个地方，货比三家，告诉男孩无论买什么东西都不能大手大脚；逛商场时要和男孩说好，今天只能买一样东西，或者只能花多少钱，要对男孩有所约束；还可以让男孩做一些力所能及的事情，如买菜、买日用品等，让他们切身了解家里的消费开支。

方法三：让男孩学会先预算后消费

父母要帮助男孩学会预算，例如在每次消费前，应该让男孩自己列出一个购物清单，帮助他分析其消费的合理性。这样，有助于男孩形成合理、理性的消费观念。

父母一定不要让男孩养成花钱无度的习惯，如果男孩有这种倾向时，就要及时采取"定时定量"给零花钱的策略。

让男孩懂得为自己的消费负责，懂得在消费前做好预算，才可以有效地引导男孩科学消费。

第18招

告诉男孩，想花钱要自己挣

穷养真经

“要花钱，自己挣”本来就是天经地义的一件事情，父母不要因为疼惜孩子，而让他只知吃父母的“老本”。适当地通过自己的劳动去赚钱，不但可以增强男孩独立自主的能力，而且也让他懂得金钱的来之不易。

“要花钱，自己挣”一直是美国父母对孩子喊得最响亮的口号之一，并且他们会用实际行动让孩子去实施。例如不管家庭如何富有，孩子从12岁开始就要学会给邻居或自己家修剪草坪、送报纸，通过自己的劳动赚取零花钱，而且他们认为在自己家赚钱并不是本事，他们更希望去社会上赚钱来证明自己的自立能力。

杰克是一个13岁的美国小男孩，他从8岁开始就在自家的农场帮忙干活，父亲会根据他每星期的表现给予他相应的报酬。到他10岁的时候，小杰克开始尝试从自家农场走出去，他有了人生第一份正式的工作：送报纸。每天清晨，杰克就早早起床，给小镇上的人送报纸；周末的时候他还会免费为那些眼睛不便的老人读报；放学回来后，他又帮助父亲修剪草坪。等到杰克13岁，他手里已经有了一笔可观的收入，他把这些钱存入银行，说这些是为日后的创业筹备资金。

很多父母也希望自己的儿子能够热爱劳动、独立自主，也逐渐在实施着“穷养”的教育理念，可实际的教育效果却收效甚微，为什么会这样呢？其实，究其根本原因在于很多父母还是怕自己的儿子吃苦，宁愿自己辛苦些也不愿孩子受到钱的困扰，导致的结果就是容易让孩子养成好逸恶劳的坏习惯。

当然也有一部分父母秉承“穷养”的教育理念，让自己的孩子去劳动，并给孩子一定的物质报酬，但是由于实施不得法，忽略了对男孩责任和义务的教育，结果造成孩子凡事都拿钱来衡量，甚至形成一种很严重的拜金观念，于是亲情没有了，教育也失败了。

关于如何正确教育男孩“要花钱，自己挣”的问题，下面这些教育方法也许能让你找到答案：

方法一：鼓励男孩通过自己的劳动去挣钱

有一位父亲的教育经验是这样的：

我从儿子很小的时候就开始注重对他进行理财教育，每次给儿子零花钱，我都会告诉他：“儿子，这些钱是爸妈通过辛苦劳动挣来的，人只有通过自己的劳动挣钱，花起钱来才会舒心、安心。”之后，我便会鼓励儿子主动用自己的劳动能力去挣钱。

所以，儿子不但很早就知道钱是通过劳动换来的，而且从四五岁开始就帮忙做一些简单的家务。不过，我把儿子的劳动分为两大类：义务劳动和报酬劳动，我希望通过这个分类，让儿子明白哪些是不应该要报酬主动去做的劳动，哪些是可以获得报酬的劳动。这样一来，儿子非常自豪他的零花钱都是通过自己的额外劳动挣来的，而且也更懂得照顾和感恩父母、长辈，还因此获得很多的称赞和肯定。看到儿子的懂事和自力更生，我感到非常欣慰。

这位父亲既能让自己的儿子通过劳动挣钱独立自主，又能让孩子知道自己在家里的责任和义务，能帮助父母做一些自己分内的事，不得不说是一种父母们最盼望的理想结果。

所以，家有男孩的父母可以借鉴上面事例中的这位父亲的教育方法，鼓励儿子要花钱就自己挣，教儿子学会用自己的劳动挣钱。但是在给儿子提供挣钱机会的同时，也要让孩子明白自己的责任和义务，不要做什么都给报酬。

方法二：引导儿子发现挣钱的机会

纵观我们生活的世界，处处都隐藏着挣钱的机会，更不缺少让我们的孩子自己赚取零用钱的机会。当然，男孩们并不缺少力气和勇气，相反他们更愿意应对挑战和冒险，他们缺少的只不过是来自父母那里的一点点正确的引导。

林林家境条件很不错，可是父母给他的零用钱很少，父母总是告诉他“要花钱，自己挣”，可他做什么似乎都不在行，也不知道自己能干什么，自然零花钱就很少。一天，爸爸对他说：“儿子，你不是想要有更多的零花钱吗？也许这个办法你可以尝试一下。”

林林急切地问：“什么办法？”爸爸回答说：“我们小区的垃圾箱里有很多可回收利用的饮料瓶，你可以捡来卖啊。”

从这之后，林林就利用课余的时间去捡塑料瓶，有时还到其他小区去收集。没过多久，林林就靠着卖饮料瓶挣到了一小笔钱。

可能很多父母觉得：“家里又不缺那点钱，我才不会让儿子出去丢人现眼，这让我的面子往哪儿搁。”如果你是一位有这种想法的家长，那么就该好好反省自己了，难道教育自己的儿子自力更生、自己挣钱自己花是一种不光彩的事情吗？

如果父母人为地扼杀儿子正当赚钱的想法，那无异于在男孩的一生中播下了“无能”的种子。所以，尽你最大的力量去帮助孩子发现挣钱的机会吧！

方法三：引导儿子树立“要花钱，自己挣”的思想意识

美国南部的一些学校有这样特别的规定：学生不准带分文，必须独立谋生一周才能取得毕业证书。毕业条件虽然苛刻，但是却让孩子们获益匪浅。学生家长更是对此项规定全力支持，没有一位托关系、走后门偷偷走捷径的。德国更有相关法律规定，孩子到了14岁就要主动承担家里的义务。

其实这些做法都是为了给孩子树立“要花钱、自己挣”的思想意识，以便让孩子从小就明白：你必须有自力更生的能力，保证在离开父母的保护翼之后，能够有能力养活自己。

没错，作为父母就应该让儿子树立这样一种“要花钱，自己挣”的思想意识。当这种思想深刻在他的脑海中时，他想的不再是如何从父母兜里掏钱，而是怎样更快地使自己经济独立，去想办法挣钱。

第19招

适当地让儿子体验贫穷

穷养真经

贫穷的环境不但能够锻炼男孩的动手能力、受挫能力，还会激发他的斗志，培养他永不言败的精神。所以，即使是家境很好，父母也不妨让自己的儿子偶尔体验体验“贫穷”的滋味。

和女孩子相比，男孩似乎更容易冲动和情绪化，更看重所谓的“面子”。所以现实生活中我们会看到很多男孩子因为父母不能满足他的小要求，就对家人怒目而视，认为父母不疼爱自己，于是对父母不是发脾气刁难，就是用极端的手法报复，如绝食抗议、离家出走、偷存折等等。

很多父母以为只要孩子要什么给什么，孩子就会听话、懂事、上进，但父母们最终发现事实并不是这样。自己节衣缩食地让儿子穿名牌、上名校、用最先进的电子产品，但孩子却整日沉浸在虚幻的网络世界里，对学习心不在焉，对父母的谆谆教诲更是左耳进，右耳出。下面这位妈妈就遇到了这样的情况：

皓皓是家里的独生子，更是父母的心肝宝贝，妈妈为了给予儿子最好的生活和教育环境，搬离了自己工作附近有些嘈杂的小区，住进了离自己工作地方很远的一栋高级社区，还帮儿子转入一所市区有名的贵族小学。虽然家里的经济负担一下子重了很多，但是能让儿子享受到最好的教育和生活，皓皓妈妈痛并快乐着。但一段时间后，妈妈发现皓皓要的零花钱越来越多，之前周末还帮她做些家务的儿子，竟然频繁带小朋友到家里玩耍，每次弄得一团糟后也不懂得帮忙收拾。如果批评两句，小家伙就怒气冲冲地顶嘴。皓皓妈妈真不知道自己教育的哪个环节出了问题。

其实，父母给予儿子优越的生活环境和教育条件并没有错，都是为了孩子好。但是父母们要记得反省自己的教育方法，尤其是对待金钱这一重大问题上。俗话说“宝剑锋从磨砺出，梅花香自苦寒来。”父母们要想让自己的儿子成长为一位勇敢的小男子汉，就要学会“穷养”，学会适当地控制儿子的物质条件。

下面这些教育方法，男孩父母们不妨尝试一下：

方法一：让男孩亲身体会穷苦生活

年轻的父母们可能都有过这样的少年经历：老一辈总喜欢向你讲述他们当年如何吃糠咽菜，如何艰难度日，如何一分钱掰成两半花。但这些老掉牙的事情不但让你没有感同身受的共鸣，反而对老人的絮叨嗤之以鼻，甚至不满地说：“这不是过去的五八年，我们现在和你们不一样，谁还穿补丁衣服、吃野菜啊？”是的，如果你没有亲眼目睹那种贫穷，对于活在好日子中的人来说，所谓的贫穷不过是老人的往事。

因此，我们应该给那些涉世未深的孩子一些新鲜的教育方法，让这些活在蜜罐子里的“小皇帝”们亲身体会穷苦人们的生活情景。

一位父亲是这样教育自己儿子的：

我的儿子今年刚刚 12 岁，上初中一年级。平时他花钱很厉害，什么都要买，而且小小年纪竟学会了贪图安逸、好吃懒做，有事没事总是逃学上网。我非常忧心，于是就在儿子寒假的时候，安排他到一个朋友的工厂里做调查，让他观察那些工人的日常工作。在工厂里，儿子第一次体会到了生活的不易和艰辛，也深刻感受到自己的生活是如何优越和幸福，更明白了我的一番良苦用心。这项调查结束之后，儿子变得勤快和努力了很多。

这真是一位非常聪明的父亲。他明白只有让男孩亲眼看到贫富之间的明显差距，在对比中学会知足和珍惜，才会自觉反省自己平日的浪费和奢侈，领悟到自己的幸福所在。

当然，除此之外，父母还可以收集一些电视、报刊、网络等媒体上有关贫穷地区人们生活工作的报道、图片和录像给孩子了解，或者带孩子去福利院看看那些孤独无助的孩子，以此触动男孩的心灵世界。

方法二：给男孩创造体验贫穷的机会

有位名人曾说过这样一句话："平静的海洋练不出精悍的水手，安逸的环境造不出时代的伟人。"没错，父母们要想让自己的儿子变得勇敢无畏、刚强坚毅，就必须要狠下心来，让孩子亲身体验贫穷。

一位母亲的育儿经验是这样的：

今年暑假，我带着9岁的儿子回到了乡下的老家，让儿子和那些农家孩子一起放牛、耕种、吃野菜、喝地瓜汤。

刚开始，儿子很不适应，在田地里呆了两天就要求回城里。我的老母亲也不忍心让细皮嫩肉的外孙子吃苦，所以就劝我赶紧带着儿子回家。但是面对母亲的要求和儿子的哭诉，我依然没有动摇，而是语重心长地教导了儿子一番。儿子明白了我让他体验农家生活的初衷后，开始强迫自己适应。没想到两个月之后，儿子不但爱上了农村自由淳朴的生活，而且结交了很多小伙伴，也增长了很多有趣的农家知识。回到城里后，他那被晒黑的皮肤居然被其他小朋友羡慕不已。

或许男孩都有些固执和倔强，但偶尔的苦肉计还是可以让孩子真正感受到贫穷的味道，让他懂得劳动的美，珍惜耕耘之后的收获。

方法三：父母要学会故意"贫穷"

孩子的生活是父母创造的，你可以为他创造一个金碧辉煌、富裕安逸的奢侈宫殿，也可以为他创造一个温馨、简朴、充满积极上进心的勤俭之家。

常言道："由俭入奢易，由奢入俭难。"如果一个男孩习惯了花钱大手大脚，过惯了"衣来伸手，饭来张口"的舒适生活，那么一旦父母拒绝了他的要求或者遭遇家境的变故，他是很难在短时间内接受和理解的，就可能变得抱怨和急躁，甚至为了过上自己以往享受的生活做一些违法乱纪的事情。

因此，父母要学会适当地故意"贫穷"，这不是要你对孩子吝啬或过度严苛，而是在教育孩子的过程中，让他懂得像父母一样节俭、勤劳，懂得珍惜金钱的来之不易，并学会感恩父母。

第20招

理财教育，注意抓生活细节

穷养真经

理财教育是培养男孩金钱观最重要的一环，父母可通过日常生活中的小细节，来提高男孩的理财智商，引导男孩理性储蓄和理性消费，帮助他更好地理解劳动与金钱的关系。

全国少工委办公室与中国青少年研究中心曾经对我国10个省市的5000多名中小学生进行问卷调查，这些参与调查的孩子几乎都是90后。根据调查数据显示，他们的消费行为一般具有这些变化：孩子手里更有钱了、每周的零花钱变多了、用于学校教育的投入越来越高、孩子的品牌意识显著增强、孩子的消费观念与行为时常自相矛盾等。

由这个调查我们可以看出，虽然孩子的消费观念在不断改进，但是面对手里的钱，他们还不知道如何更好地利用。日常生活中，父母似乎都隐隐在向孩子传递这样一种意识：钱就是用来花的。

没错，钱的确是用来花的，但何时花、怎样花、如何让钱用在关健之处、怎样让钱发挥它的最大价值，这些都需要父母来为孩子做引导。因此，父母应该给儿子上好“理财教育”这一课，学着从生活细节入手教孩子打理自己的金钱。

有一位母亲在收拾房间时，无意间发现一个令她吃惊的事情：12岁的儿子竟然在抽屉里攒下了几千元钱，这些钱几乎是她儿子三年来所有的压岁钱和零用钱的总和。这位母亲一时之间不知是该喜还是该忧，因为喜的是儿子不但没有乱花钱的毛病，还是个勤俭节约的好孩子；忧的是孩子这么小就有囤积金钱的习惯，他以后会不会越来越看重金钱本身而影响他的价值观？

事实上，父母教导男孩对待金钱的不同态度，某种程度上决定了孩子未来的理财习惯。所以父母不要一味地以增减零花钱的方式来影响儿子的消费习惯，可通过日常生活中的细节来引导男孩理性储蓄和理性消费。

方法一：让男孩自主支配零花钱

有一个男孩在网上和同学聊天的时候写下了自己的苦闷：

我爸妈都快成独裁者了，什么决定都替我做，就连我的零花钱他们都不放过。今年春节我的压岁钱差不多有500多元，本来打算买一双溜冰鞋，但是还没在我兜里捂热两天，就被我妈给收走了。说是这些钱怕我乱花、怕我丢了。我又不是一两岁的小孩，我的钱我知道怎么花。平时他们不怎么给我零花钱也就算了，就连我的压岁钱也不放过。我真的有点恨他们了，在这个家我一点儿权力都没有。

其实，孩子的零花钱应该算他的私有财产，他有权利自己去支配，父母千万不要因为孩子手里的零花钱太多而担忧。相反我们不但不应该没收孩子的零花钱，还应该定时定量给他一些零花钱，让孩子学会预算和记录。

例如父母可根据自己的家庭情况每周或每月给男孩发零花钱，然后教孩子编制预算表，给孩子准备一个记录的小账本，让他把自己使用零花钱的情况记录下来，每周每月做一下总结，看看自己哪些消费是合理的，哪些地方还需要改进，同时父母要和孩子共同讨论，以便起到检查督促的作用。

方法二：让男孩学会为未来储备

孩子有了钱，父母除了要教他如何理性消费，更要教会他如何存钱。例如父母可以在家中为孩子准备一个储蓄罐，让他经常把手头的零钱积攒起来。而对于那些可买可不买的东西，要教会孩子如何选择。另外，父母对于孩子的储蓄行为要给予鼓励和肯定，允许孩子自由支配储蓄罐里的钱，让他尝到储蓄的甜头和益处。

当然，如果你的家庭条件很好，孩子的零花钱和压岁钱数目比较大，父母可以考虑在银行为儿子开设一个户头，利用周末的时间带孩子到银行熟悉存款取款的业务。父母还可以和孩子一同把利息取出来，让孩子得到“看得见摸得着”的储蓄好处。

方法三：培养男孩健康的理财意识

日常生活中教孩子理财，其最终目的是希望孩子能够正确了解金钱与劳动的关系，明白如何用最正确的方法去赚钱。

有一位母亲是这样做的：

儿子凯凯以前是一个花钱大手大脚的孩子，凡是自己中意的东西，无论价格多少，他都非要我们给他买回来。为了改掉儿子的这个坏毛病，也为了给他树立健康的价值观，我和老公开始在孩子的“理财课”上下足功夫。

首先，我们以身作则开始精打细算地过日子，让儿子明白父母的钱都是血汗钱，让他懂得钱是来之不易的；其次，我们让儿子收集家里的旧报纸或者饮料瓶子等卖到废品收购站，所有卖废品的收入都归他自由支配，这样儿子就有了属于自己的小财产；接下来，对投资有些研究的老公开始鼓励儿子拿出一部分财产投资购买股票或者基金，让他真切感受到经济风云。

我们在培养儿子理财能力的同时，也把自己的理财心得拿出来和儿子分享。现在，凯凯已经是一个小有名气的理财小能手了，花钱大手大脚的毛病也就改掉了。

可能看完上述这个事例，很多父母会说：“理财是门大学问，如果父母都没有受过专业的理财培训，也没法给予孩子正确的理财心得。”其实，并不是这样，只要你善于观察和仔细研究就会发现，生活中处处都可理财。

理财，原本来源于人们日常生活的方方面面，不是教会男孩大投资大收入就叫理财，也许一支铅笔、一张废纸就可以让你的孩子感受到理财的魅力。所以提高男孩的理财能力就从培养他健康的理财意识开始吧！

第21招

教男孩养成储蓄的习惯

穷养真经

储蓄是最基本、最简单的理财方式。父母只有让男孩从小养成良好的储蓄习惯，引导男孩体会储蓄的力量，才会让孩子改掉花钱大手大脚、铺张浪费的坏习惯。

说到储蓄，我们并不陌生，它是一种最基本的理财形式。作为父母，要想培养男孩的储蓄意识，就要培养男孩从小养成储蓄的好习惯。

储蓄习惯到底有多重要？我们不妨来看这样一个的小故事：

石油大王洛克菲勒是美国19世纪的三大富翁之一，洛克菲勒享有98岁高寿，一生至少赚进10亿美元，捐出的就有7.5亿美元。虽然身为亿万富豪，但他平时花钱却十分节俭。

有一次，他下班想搭公车回家，缺1美元，就向他的秘书借，并说："你一定要提醒我还，免得我忘了。"秘书说："请别介意，1美元算不了什么。"

洛克菲勒听了，一本正经地说："你怎么说算不了什么？把1美元存在银行，要整整10年才有1美元的利息啊！"

这个小故事给我们的最直接的感受就是，原来有钱人之所以富有，是因为他们懂得一点一滴地节省。不懂得储蓄，没有养成储蓄的习惯，永远也做不了财富的主人。所以，作为父母，一定要注意培养男孩的储蓄意识，要让他们从小养成储蓄的好习惯。

首先，父母必须让孩子了解储蓄是怎么回事，要让孩子明白贷款和存款的区别，让男孩懂得储蓄的好处。

其次，培养男孩从小养成储蓄的好习惯的方法有很多，父母可以根据自己的实际情况，具体情况具体运用。

方法一：与男孩一同制定零花钱使用规则

关于零花钱，父母应郑重地和孩子进行讨论，找到彼此都满意的解决办法，最后达成一个零花钱使用规则，即花零花钱的时候要遵从节约勤俭、消费合理、不可超支的原则。父母要告诉男孩，规则一旦形成，他就必须遵守执行；也要让孩子明白，零花钱使用规则是家庭生活中的一项制度，不可破坏；特别注意的是，双方不要轻易改变这些规则。如果男孩有超计划的开支，父母未能引起足够的注意，日后就会重蹈覆辙，经常超支。当发现这个问题时，父母要及时找孩子沟通，男孩就会渐渐地改掉铺张浪费的习惯，慢慢萌发出储蓄的观念。

方法二：把“储蓄优先”的观念灌输给男孩

对于男孩来说，如果他们有自己购买的目标——他们认为很重要的东西，那么储蓄就变得非常有意义。一位经济学家建议：鼓励孩子设立短期计划，让他们储蓄零花钱，通过几个星期就能买诸如玩具、书籍和学习用品等，然后让孩子设立更大的计划，通过几个月甚至一年的储蓄，便能实现更大的目标。

我们来看这样一个小故事：

王先生今年38岁，从事律师工作，他有两个儿子，一个16岁，一个10岁。

王先生非常注意培养孩子的理财意识。在两个儿子出生后不久，他就以自己的名义在银行分别为其办理了活期储蓄的存折，将亲戚朋友所给的满月礼、压岁钱都分别存在他们的账户内。

等孩子慢慢长大以后，王先生将存折本交给儿子，并嘱咐孩子，若要买自己喜爱的东西，一定要跟家里人商量，费用则从孩子账户内扣除。另外，王先生也一直督促两个孩子把自己的零花钱存到他们自己的存折里。

长期以来，两个孩子随时都知道自己账户内有多少钱，也都清楚自己的钱到底花在了什么地方。他们对自己的“收支情况”十分清楚。

在王先生的长期教育下，王先生的两个孩子从小就养成了良好的储蓄习惯，有多余的零花钱就主动存储起来，消费时也是选择必要的东西才会购买。

关于“如何培养男孩的理财能力”这个难题，王先生给我们上了生动的一课。其实，想要从小培养男孩的理财能力，储蓄习惯的培养是其中重要的一个环节，因为储蓄可以让他们了解福利，让他们亲身体会储蓄的好处。

方法三：教男孩巧妙使用存钱罐

这里介绍一种简单易行的小方法，可以帮助家长培养男孩的储蓄习惯。这种方法主要是借助于一个道具——存钱罐。具体分为以下三个步骤：

第 1 步：和男孩一起挑选存钱罐。父母可以在男孩的重要日子中，一起去挑选一个他们喜欢的存钱罐，当做礼物送给他们。

第 2 步：和男孩一起存钱。与男孩一起将家中闲余的硬币存进存钱罐，教育男孩把零花钱、压岁钱存起来，让孩子体会储蓄的快乐。

第 3 步：让男孩见识储蓄的神奇力量。父母可以定期和男孩一起清点存钱罐，让男孩见证自己的储蓄结果；还可以引导男孩体会储蓄的力量，培养主动储蓄的好习惯。及早为未来作准备，将来才有可能实现更大的梦想。

第四章

男儿当自强

——经历挫折洗礼的男孩最有出息

很多父母都知道挫折教育对孩子的重要性，但在实践的过程中总是会遇到各种各样的问题，甚至会对孩子起到反效果。那么如何正确实施挫折教育呢？首先你应该知道下面这些内容：

挫折是男孩不可错失的教育契机；

让孩子自己总结失败的原因，从头再来；

增强儿子受挫后的恢复能力；

适度“放养”，让你的男孩走出家门；

培养男孩的信念力，并提高他的逆境商；

……

第22招

挫折是上天赐予最好的礼物

穷养真经

爱默生说："挫折是人生前进的动力和启示，在逆境中，人才能真正展示自身的实力。"没错，挫折会激发男孩的斗志和潜能，是上天赐予男孩最有价值的人生礼物。

有这样一个关于挫折的小故事：

一天，一个小男孩在公园的草地上发现了一个蛹，并带着好奇心把它带回了家。几天后，蛹上出现了一道小裂缝，透过这道缝小男孩看到了一只在拼命挣扎的蝴蝶，但里面的蝴蝶挣扎了好久也没出来，它的身子似乎被卡住了。于是，小男孩用剪刀把蛹壳剪开，试图帮助蝴蝶脱蛹而出。但由于这只蝶没有经过破蛹前的痛苦磨砺与挣扎，出壳后便身躯臃肿，翅膀干瘪，根本无法展翅飞翔，不久便死了。

其实，故事里的蝴蝶就像我们的孩子，孩子不经历挫折磨难就无法破蛹化蝶，无法去展现自己的美，去亲身体验成长的快乐。如果父母错误地认为让孩子少受苦、少遭罪就是在帮助男孩更好地成长，那么这种做法只会让男孩变得越来越懒惰、懦弱、自卑……

当然，我们说"穷养儿"并不是让孩子去过分地经受挫折，而是要适度给予男孩挫折。因为适度的挫折对男孩来说是一种挑战和考验，可以帮孩子驱走惰性，促其奋进。

那么我们应如何正确而巧妙地利用适度的挫折教育自己的孩子呢？下面这些

教育方法也许会给你一些启示：

方法一：根据孩子的性格选择相应的教育方法

每个男孩的性格特征都不一样，有的是活泼外向型的阳光小少年，有的是胆小内向型的忧郁小王子，有的是倔强固执型的冷酷小帅哥，有的是敢于冒险型的小男子汉，因此父母们要根据自己儿子的性格予以施教。

如果孩子的性格是外向型的，那你可以直言不讳；如果是内向型的，你可以选择旁敲侧击；如果是抑郁性的，你就要讲求策略。千万不要运用错误的教育方式，导致适得其反。下面这位父亲就选错了教育方式：

明明是一个比较内向的小男孩，天生白净的面容和安静的性格，让他看起来像一个羞涩的小女孩，而且动不动就脸红。这让一心要把他培养成顶天立地男子汉的爸爸伤透了脑筋，于是只要看到儿子遇事犹犹豫豫、委委缩缩时，爸爸就大声斥责儿子："一点出息都没有，你不会自己解决吗！扭扭捏捏的一点儿男孩气概都没有！"面对父亲的指责和怒骂，明明内心感到既委屈又害怕，不断地自我否定，性格也变得更加内向和孤僻。

很显然，明明爸爸的这种直接性批评方式是错误的。有时男孩遭遇挫折时，需要的不是家长给予遭遇挫折时的具体解决方法，而是一句鼓励或一个指引。当然，对于内向型男孩，父母最好在给予鼓励的同时，也适当给孩子提示一点解决方案，让孩子顺利度过难关，体会成就感。

方法二：对男孩应有适度的期望和正确的评价

儿童心理学家迪可麦雅认为：很多父母会主动帮孩子清掉每个障碍，以便满足孩子的每个要求；有的父母甚至在孩子还没有提要求时，就已经为他们准备妥当。其实，父母这样做等于剥夺了孩子性格锻炼的机会，剥夺了孩子接受挑战的机会。事实上，孩子只有通过与外界环境的接触，才能学会如何正确地处理问题、解决障碍。

因此，男孩父母在孩子遭遇挫折时应给予适当的引导，通过适度的挫折和磨炼让男孩变得坚强勇敢。同时，也让男孩明白：成功的道路是曲折的，但只要历经挫折、克服困难，就会取得成功。

虽然父母全权替孩子处理一切是不正确的做法，但对男孩寄予过高的期望也是不对的。因为父母对男孩期望过高，会使他因为对自己能力预计不足或对困难的心理承受力准备不充分，从而产生强烈的受挫感，让孩子失去自信。适度的期望和正确的评价才是男孩最需要的，才能让他更从容地应对各种挫折。

方法三：让男孩从挫折中吸取教训、总结经验

俗话说“吃一堑长一智”，既然挫折是人生不可避免的，那么我们就要引导男孩积极应对挫折，在挫折和困难面前剖析问题，查找事情发生的原因，借助自己的能力或者外在条件去寻求对策、解决问题，并从中总结经验教训，最后转化为宝贵的知识。

有一位父亲的教育经验是这样的：

李奇今年10岁，是一个个性很强的小男孩，平时在班里的表现一直不错，而且是个体育爱好者。六一儿童节的时候，学校准备办一场运动会，李奇兴致勃勃地报了名，课余时间也积极练习。但是在班级选拔的时候，兴致很高的李奇在最喜欢的长跑中落选了。回家后，李奇非常失落，也不去吃晚饭，一个人在房间里生闷气。爸爸发现不对劲后，通过多方面打听，知道了儿子落选的事情。他认真地和儿子分析了落选的原因，例如兴趣很大但实力欠缺等等。所以接下来的时间，爸爸除了让他继续保持对长跑的兴趣外，又协助制订了一项适合李奇的长跑计划。一段时间之后，李奇不但通过长跑增强了自己的耐力和体力，整个人也变得更自信、更有活力了。

经历狂风暴雨后依旧昂然屹立的树木才有可能成为栋梁，经历挫折洗礼后的男孩，如果能够汲取教训、总结经验，就一定会更勇敢地面对下一次挫折和挑战，才有机会获得成功。

第23招

每一次挫折都是一次教育契机

穷养真经

遇到挫折时，男孩很容易失落、沮丧，甚至不知所措，父母应及时抓住这样的契机，给予适当的引导和帮助，通过挫折教育让男孩增强勇气、迎接挑战。

法国著名教育家卢梭曾在《爱弥尔》中这样写道："人们只想到怎样保护他们的孩子，这是不够的。应该教他成人后怎样保护自己，教他怎样忍受得住命运的打击，教他不要过于在意豪华和贫困，教他在冰岛的冰天雪地或者马耳他岛的灼热岩石上也能够生活。你劳心费力地想使他不致死去，那是枉然，他终究是要死的……所以问题不在于防他死去，而在于教他如何生活。"没错，既然挫折是男孩生活中不可缺少的"必修课"，我们为什么不抓住这个教育机会，让他在挫折中汲取教训，然后武装自己以迎接未知的挑战呢？

毕业于维也纳大学的巴雷尼小时候因为生病成了残疾，心如刀割的母亲强忍内心的巨大悲痛，因为她知道儿子此时需要的不是妈妈怜悯心疼的泪水，而是她的鼓励和帮助。她来到儿子的病床前，紧紧握着儿子的手说："巴雷尼，妈妈相信你是一个勇敢而又有志气的孩子，你一定能用自己的双腿踏出一条坚强的勇者之路！亲爱的孩子，你能够答应妈妈这样坚持下去吗？"母亲语重心长的话语狠狠敲击着巴雷尼的心扉，他决定把这一切困难当成上帝对他的磨炼。

从此之后，巴雷尼在母亲的帮助下练习走路、做体操，虽然很艰难但他坚持了下来。有一次母亲发高烧，但为了给儿子做个好榜样，她依然像往常那样陪着儿子练习走路，尽管头晕目眩、冷汗淋淋，但是她咬牙帮助儿子完成了当天的锻炼计划。母亲的坚强再一次震撼了巴雷尼的心，他像母亲那样经受住命运的打击，坚持锻炼，刻苦学习，并以优异的成绩考进了维也纳大学医学院，最终获得了诺贝尔生理学与医学奖。

如果巴雷尼在遭遇挫折时没有母亲的引导和帮助，就及有可能变成一个自怨自艾、无所作为的“废人”。母亲在他最痛苦的时候给予的不是眼泪和抱怨，而是不断的鼓励和帮助，并以身作则地教育儿子战胜挫折。

有心理学家曾说，挫折是人生在世不可避免的，而且它具有两重性：消极性——挫折令人痛苦、失望、颓废、消极，甚至令人绝望地伤害自己；积极性——挫折同样可以使人获益，让人意识到自己的缺点和错误；挫折还能够磨炼人的意志，使其更加坚强勇敢、成熟练达，并且激发人的上进心。由此可见，父母应该想办法把挫折对男孩的消极性降到最低，把积极性升到最高。具体的教育方法可参考以下几点：

方法一：让男孩把挫折当做机遇

小哲从小就是一名品学兼优的好学生，而且一直担任班长。没想到小学五年级的时候，小哲落选了，原因是大家认为小哲的组织能力并不强，只是学习好而已。回到家之后，倍感委屈的小哲忍不住哭了起来，并且把事情的原委告诉了妈妈。这次打击对小哲来说太大了，无论爸爸妈妈如何威逼利诱，小家伙就是把自己关在房间里，既不出来吃饭，也不听父母的劝告。

很多小男孩可能会和小哲一样，生活在优越的家庭里，享受着家人无微不至的关怀，可一旦出现一点小小的挫折，孩子就无法接受。就拿事例中的小哲来说，他一直理所当然地认为班长的职位是自己的，但落选时，心里巨大的落差感让他一时很难接受。

因此，父母应该帮助男孩消除内心恐惧，协助解决问题，甚至可以适当地设置一些障碍，培养孩子勇敢地面对困难和挫折，把挫折当成自己成长的机遇。

方法二：父母要做男孩思想上的坚实后盾

有一位母亲在与友人的信中这样讲述自己的育儿经验：

6 岁的儿子浩然看到别的孩子会滑旱冰，就对我说自己也要学滑旱冰。我带他去商场买了旱冰鞋之后，郑重地告诉儿子说："既然你自己下定决心学习滑旱冰，那就一定要坚持学会才行，你能答应妈妈吗？"儿子信誓旦旦地说："妈妈，你放心吧，我一定学会！"于是，我就带他到广场上练习。刚开始，儿子怎么也掌握不好平衡，一定要让我扶着。我就先让他观察其他小朋友怎样滑旱冰，可儿子还是老摔跤。练习了几次，他竟然想要放弃了。

看着摔得灰头土脸的儿子，我虽然有些心疼，但还是坚定地告诉他："滑旱冰就是这样，在摔倒中摸索经验，再说你是男子汉，不能因为摔几次就哭鼻子、就说要放弃，你要坚持，更要勇敢！"儿子听了我鼓励的话，重新站起来继续滑，虽然又摔了很多次，但他已经渐渐掌握了滑旱冰的窍门，没过多久就学会了。

父母要做儿子挫折时的坚强后盾，绝不是要自己越俎代庖地替孩子做事，或者大包大揽地为孩子打点好一切，而是在孩子遇到挫折时，鼓励孩子通过自己的努力去战胜困难。如果孩子的人生是一场没有硝烟的硬仗，挫折是敌人，那么父母只是军师，只有让孩子真正经历人生战场，才能让他茁壮成长。

所以，父母不要否定、更不要怀疑孩子解决问题的能力，相信他有足够的能力和潜力去战胜挫折，赢得人生的这场胜利。

方法三：善于和男孩沟通，共同战胜挫折

当男孩遭遇挫折时，父母首先应该做的是与孩子沟通，鼓励他倾诉，而自己则像孩子的知心好友那样耐心倾听。接着，要帮助孩子分析挫折产生的真正原因，并引导儿子敢于正视和评价自己，给自己合理的定位，最后父母可从旁协助儿子找到应对的策略。

另外，当男孩遇到挫折时，父母要以支持者的身份，帮助儿子重新树立信心和勇气，及时帮助孩子疏解受挫后的不良情绪，引导他朝着乐观、积极的方面看。如果你能够完全做到以上几点，那么你的儿子会更加坦然、从容地应对各种挫折，逆境中做到不急不躁、冷静自持、积极乐观、坚强勇敢。

第24招

锻炼男孩的逆境商，让他越挫越勇

穷养真经

逆境商越高，说明一个人忍受逆境的能力越高，在战胜逆境的过程中能发挥出更多的潜能。当然，同样的逆境里，逆境商不同，结果也迥异。所以父母要努力锻炼男孩的逆境商，让他越挫越勇。

法国著名的文学家巴尔扎克曾说："苦难对于天才是一块垫脚石，对于能干的人是一笔财富，对弱者则是一个万丈深渊。"可见，对待逆境的态度和行为不同，结果也不同，也就是说人的逆境商不同，结果也迥异。

日本曾有机构创立一种"失败学"，这些专家认为逆境、失败是一种宝贵的财富，逆境商是人们最大的智慧之一。我们应该在生活中不断锻炼男孩的逆境商，让他越挫越勇，而不是一遇挫折就退缩、害怕。

有一位母亲曾无奈地讲述发生在自己儿子身上的事情：

我儿子苗苗今年4岁，但是他什么事情都习惯让我出面解决。一天，我去幼儿园接他回家，本来我们都已经走到大门口了，但是儿子突然难过地拽住了我。原来，这天吃饭时表现好的小朋友都可以得到一个漂亮的水果娃娃，而儿子没得到。最后，我只好去请老师帮忙给他一个，老师虽然很无奈，但还是给了儿子一个梨娃娃。平时，我总鼓励儿子争先进、拿第一，就是希望儿子进取心强些。可是苗苗如果没有得到第一，他就会很难过，哭得很伤心，无论我怎么安慰都不行，只好尽可能地满足他。这孩子是不是太经不起失败和挫折了？

没错，苗苗确实是太经不起失败和挫折，而他的逆境商之所以显现不出来，完全是家长的教育方法不得当造成的。假如他的妈妈不纵容他、不溺爱他，给予他适当的期望值，那么苗苗受到的挫折感可能就不会这么严重。

锻炼男孩子的逆境商并不是一蹴而就的，这个过程需要时间更需要方法。下面这些方法或许能给男孩父母提供正确的教育方向：

方法一：鼓励男孩乐于助人

瓦尔纳博士是美国加州大学的儿童心理学家，他在对 700 名出生贫寒的孩子长达 20 年的跟踪研究中发现，那些在成年后拥有坚韧不拔个性的人往往在小时候喜欢乐于助人。

乐于助人的美德看似和教育男孩的关系不大，其实两者之间紧紧相连，因为一个孩子在帮助别人的同时，会慢慢发现自己身上的各种能力，就像人们常说的那样："如果你有能力帮助别人改变生活，那么你一定有能力改变自己的生活。"我们就是要让孩子通过帮助他人和照顾他人，意识到自己的强项，意识到自己是一个有能力的小男子汉。

有一位母亲是这样做的：

儿子京京今年 8 岁，为了锻炼他的各种能力，我总是故意给他提供帮助他人的机会，因为我发现儿子在帮助他人的过程中，不但变得自信、认真，而且遇到难题时，他首先想到的不是向我们这些大人求助，而是自己想办法解决。例如有一次，我让他去照顾腿脚不灵便的奶奶。吃完晚饭后，坐在轮椅上的奶奶要去楼下散步，虽然只有三个台阶，但是京京为了不使坐在轮椅上的奶奶颠簸，就自己找来两块木板，斜放在台阶上，将轮椅平稳安全地推了下去。

父母可千万不要小瞧孩子稚嫩的肩膀，他们拥有足够的能力去抗击生活的坎坷，问题的关键在于你是否给他创造合适的机会。鼓励孩子照顾和帮助他人，可以不断地提高他的自信心和独立办事的能力。

方法二：给儿子创造体验挫折的机会

一天，妈妈带着 4 岁的儿子去春游，两人一起走在狭窄的坑坑洼洼的山间道上。崎岖的山路对于一个小孩子来说很难应付，但妈妈并没有每时每刻拉着儿子的手，而是任由他一路歪歪斜斜、跌跌撞撞地走，甚至看到儿子差一点被小石头绊倒，妈妈也不伸手帮助。

这真是一位明智的妈妈，她知道应该让儿子亲身体验生活，体验挫折。如果父母整天想着如何将自己的孩子保护得更好，替他遮挡狂风暴雨，抵挡伤害与失败，那你的男孩永远也学不会独自承受打击与对抗逆境。所以，父母要学会克制自己，给孩子创造体验挫折的机会。

方法三：教男孩以正确的态度面对成功

父母锻炼男孩的逆境商，不但是教会孩子如何正确面对挫折与失败，更要教会他如何正确面对成功，以免让他变得自以为是、目空一切。

美国一位心理学家曾做过这样一个实验：他让400名小学一年级学生参加了一个考试，然后对全体参与者说成绩都很好。但是在表扬这些孩子的成绩时，他采取了不同的说法。他对一些孩子说："你很聪明，你的考试成绩十分好。"而对另一些孩子则说："你很努力，你的考试成绩十分好。"一段时间后，心理学家又让这400名孩子参加考试，但结果是很多孩子因骄傲自满而成绩明显下降。

心理学家分析孩子们成绩下降的原因时发现：那些曾得到"你很努力"表扬的孩子面对成绩的下降表现出一种积极挑战的心态，认为成绩下降的原因是自己还不够努力；而那些曾得到"你很聪明"表扬的孩子则显得低落、消极，因为他们怀疑是自己的天赋不够，是自己不够聪明。

所以，当你的儿子独立完成某件事时，要让他意识到"努力"的重要性，而不是一味地夸奖聪明，要让男孩明白，成功意味着是努力去掌握一项技能，而不是在炫耀天赋。

第25招

增强男孩受挫后的恢复能力

穷养真经

父母习惯在儿子经历挫折时给予过多的帮助和照顾，导致男孩受挫后的恢复能力很差，甚至没有勇气迎接下一次挑战。因此，增强男孩受挫后的恢复能力就显得尤为重要。

男孩遭遇失败、挫折情绪低落时，父母切忌以怜悯的态度对待男孩，例如心痛地抱着儿子长吁短叹，或是从此把儿子呵护得更紧，这些都是不可取的方法。当男孩遭遇失败、挫折后，我们正确的做法应该是这样的：让男孩明白人人都会经历失败、挫折，然后引导他从失败、挫折中学习、吸取经验教训，并且找出战胜失败和挫折的方法，从受挫的痛苦中解脱出来。

挫折教育是家庭教育中最重要的一环，不过父母更需要注意增强男孩受挫后的恢复能力。虽说父母给孩子创造挫折机会是挫折教育的一种方法，但是太多的挫折也会让男孩们失去自信，所以，我们还要引导儿子学会正确地面对挫折，培养他受挫后的恢复能力和自信心，以便让男孩在将来的生活中，独自面对挫折时能够泰然处之，永远乐观。

在全球享有盛名的通用电气原CEO杰克·韦尔奇，被誉为“最受尊敬的CEO”、“全球第一CEO”、“美国当代最成功、最伟大的企业家”。他在回忆起成长经历时曾这样说：“虽然我一直以来都没有缺乏过自信心，但是1953年秋天，我在马萨诸塞大学的第一个星期，却过得不是很好。我非常想家，以至于母亲只得花费3个小时的驾车时间，从家到学校来看我。她想给我打气，让我能重新振作起来。母亲对我说：‘看看周围的这些孩子，他们从来没有想过回家。你和他们一样优秀，而且还要出色。’虽然母亲说得对，但我的确没有真正离开过家，我甚至都没有参加过一次过夜的野营活动。我原本以为自己是真正的男子汉，老于世故而且独立性强，可我完全被离家上学的孤单感击垮了。和其他一些同学比起来，我似乎还远没有准备好上大学。我们这里有从新英格兰大学预科班来的，也有从久负盛名的波士顿拉丁学校来的，他们在许多方面都比我强。母亲对这一切只字不提，而她那些激励的话确实奏效了，不到一星期，我便信心十足不再忧虑了。我挣扎着度过了大学的第一年，在此后的每次考试中我的成绩都是名列前茅……”

事实上，正是母亲这些坚定的话语和信任，让作为儿子的韦尔奇在黑暗中看到了光明，立刻受到了极大的鼓舞，帮助他从挫折、孤单中重新站了起来，让他看到了希望，增添了继续前进的动力。

有儿童教育专家认为：对待挫折的良好心态是在童年和青少年时不断受挫和解决困难的经历中学来的。没错，挫折随时会出现在男孩的身边，但教会他们从挫折中恢复起来，重新鼓足勇气去迎接挑战，是帮助他们获得成功的最佳方式。

既然挫折和困难是在所难免的，那么如何引导男孩从挫折后的失落情绪中快速走出来，并进行心理调整和心理恢复，是父母最应该解决的问题之一。

方法一：培养男孩适应生存的能力

一位母亲的教育经验是这样：

我的儿子性格十分内向，可能是因为我们夫妻二人平时话不多，儿子也成天像个闷葫芦，所以一直不知道怎么办才好。后来学校的老师建议我们多带儿子去亲戚朋友家串门，尤其是与儿子同龄人的家庭联络。然后在大人交谈的过程中注意引导儿子与对方孩子交谈，从最简单的自我介绍开始，把学校、家里的有趣事情与对方进行交流。经过一段时间的有意培养与训练，我发现儿子的交往能力、口头表达能力有了很大的提高，在学校里也变得开朗多了，后来还参加了学校大队部的竞选，戴上了“三道杠”。

如果这位母亲对于儿子的内向不予关注，或是听之任之，恐怕这个小男孩将永远生活在封闭的自我空间中，郁郁寡欢。其实，无论是面对内向还是外向的男孩，教会他们如何与他人打交道、如何自理生活，不但会让他们变得开朗大方，而且也会逐渐增强他们的生存能力。

例如，平时父母可适当训练男孩的生存适应能力，让他学会自己整理房间，培养他勤俭节约的好习惯，让他独立解决遇到的难题等。一般来说，生存能力训练有素的男孩比只知道享受的男孩适应能力更强，受挫后的恢复能力更有效。

除此之外，父母还要增强男孩的社交能力，帮助男孩克服害羞胆怯的心理。父母可经常带孩子到公共场所与其他孩子一起游玩，鼓励孩子多讲话，多参加集体活动。

方法二：增强男孩的自信心

田伟是一名小学三年级的学生，平时学习成绩在中等偏上的位置。可是上了四年级时，他的学习成绩下降了很多，这让一向自尊心很强的他感到前所未有的挫折感，于是他开始变得越来越不爱说话。幸好，爸爸及时发现了儿子的这种情况，他开始在日常生活小事上激发儿子的自信心。例如儿子把坏掉的自行车修好，他就称赞儿子的动手能力很强。平时他也让儿子学会自己的事情自己做，并且一发现儿子做得很好的地方，他就给予适当的肯定和赏识。渐渐地，田伟的自信心又回来了，并且这种自信心由平时的家庭小事上转移到学习上，他开始自己制订计划提高学习成绩，期中考试的时候还取得了前十名的好成绩。

要增强男孩的自信心，就要让他对自己做的事情有坚定的信心。因此，在日常生活中，父母要引导男孩自己的事情自己做，尽量让儿子做一些力所能及的事情，父母经常用鼓励性的语言去激励男孩的行为，如“你刚刚自己把房间整理得很整洁！”类似的话，激励男孩把事情做得更好。

父母千万别小看那些日常小事，因为男孩就是在亲自动手中学会了自理，增强了自信心。而一个对自己充满自信的男孩面对困难与挫折时，第一想到的不是逃避、沮丧不安，而是积极面对、勇敢挑战。不要让男孩在遇到挫折时，第一反应就是立即逃避，寻求父母的帮助。

父母应该在日常生活中多激发男孩的自信心，只有让他成为乐观的人，才会懂得如何从痛苦中解脱，重新振作。

方法三：引导男孩合理释放不良情绪

父母一旦发现男孩受挫，应该采用适当的方式让男孩宣泄受挫的苦闷，不要让他把不良情绪积压在心里。

例如父母可以用交谈或书信的方式提醒儿子，让他向家人、老师、同学或朋友倾吐内心的压抑之情，以便从别人那里得到理解和帮助，从而缓解心理压力；也可以鼓励男孩通过日记的方式，把心中的不快宣泄出来，帮助他理清思路，稳定情绪；还可以经常带儿子做运动，像打篮球、踢足球、爬山、游泳等，有助于降低男孩心中的不良情绪。

第26招

适度“放养”，让男孩走出家门

穷养真经

“放养”男孩并不是要把男孩推出家门不闻不问，而是指父母要给予男孩更多的自由空间，与社会、集体、大自然接触的机会，以便提升男孩的信心和勇气、自立能力和社交能力。

“温室里的花朵——经不起风雨”、“棍棒出孝子，娇生无义郎”……这些教子的大道理也许父母都知道，但随着独生子女的增多和经济水平的提高，很多父母习惯把男孩“圈养”在家里，担心外边的世界会对男孩造成伤害或者不良影响。其实，“圈养”行为只会让男孩的各种能力逐渐下降，例如生活自理能力、人际交往能力、行动能力等。而适度的“放养”则会加强男孩各方面的能力。

我们这里所讲的“放养”并不是放任自流，而是一种科学健康的“放开”，即给男孩提供一个独立的成长空间，以便培养男孩的信心和勇气、自立能力和社会适应力等。如果一个男孩没有走出家门经历风雨，那么这恰恰是未来生活的最大风险。

一天，妈妈带着正在发烧的5岁儿子去打针。医生刚把针扎进小家伙的屁股，他就“哇”地一声大哭起来。妈妈见儿子哭得小肩膀直打颤，自己也忍不住哭起来。儿子看到妈妈哭了，立刻停止了哭泣，揉着眼睛问妈妈：“妈妈，又没扎你，你哭什么？”

妈妈心疼地给儿子擦了擦眼泪，说：“妈妈胆子小，看见你一哭就害怕。”

没想到，听到妈妈的话，儿子转而显出一副大人的样子说：“妈妈怎么这么胆小。以后打针我再也不哭了，我是个坚强勇敢的男子汉！”

这位妈妈便是研究儿童心理和行为的专家、青少年的知心姐姐——卢勤，她一直主张，父母对孩子的肯定最能激发孩子的潜力。很多时候，这种动力能使一个幼小的男孩成为勇敢的男子汉。

但是很多独生子女父母对孩子管教得过分周到细致，导致男孩的生活能力得不到锻炼，性格偏向女性化。父母的爱虽然是孩子的安全基地，但也要记得适时适度“放养”，需要经历磨练，才能成为真正的男子汉。父母要怎样做才能更好、更合理地“放养”男孩呢？除了让他去自然经历那些他该经历的，还要用更科学的教育方法。

方法一：“放养”男孩要有收有放

有一位母亲的教子经验是这样的：

刚一放暑假，儿子就被我送到了乡下舅舅家。陪着他在乡下待了两天后，我便回城里工作了。刚开始，儿子有些不习惯。因为每天他都要六点钟起床，吃过早饭还要帮舅舅到菜园给蔬菜浇水、拔草，而饭菜也很简单。不过，几天之后，儿子慢慢习惯了这里的生活，他喜欢上了舅舅家的小狗，喜欢上了舅舅家的菜园，喜欢跟村里的小伙伴去河边捉鱼、到果园里摘水果，也喜欢上了乡下新鲜的空气。同时，他还学会了许多课外知识，比如辣椒和西红柿的秧苗有什么不同，梨树和苹果树又该怎么区分，青菜长虫子该打哪一种农药……整个暑假，儿子没看过一眼动画片，没上过一次网，但却过得充实而快乐。

可见，男孩在“放养”期间总是能学到不少课堂上没有的知识，体验到平时生活里没有的经历。所以，父母最好能有意识地为男孩创造一些亲近自然、走入社会的机会，激发他多方面的潜能和兴趣，以便让男孩以更好的身心状态投入到学习当中。

当然，“放养”并不仅仅是把男孩放到陌生的环境中去锻炼，这只是“放养”中的一小部分。父母更要做的就是让他们自己去决定，去选择。

不过，有许多父母对“放养”并不放心，认为“放养”就是放任自流和放手不管。其实“放养”男孩就像放风筝一样，父母始终把风筝线抓在自己的手里，只要你在“放养”孩子的过程中给予应有的关心、指导和保护，而不是撒手不管，那么你手里的“风筝”一定会越飞越高。

方法二：“放养”过程中要适当引导

父母在“放养”男孩的过程中，首先要不断给他具体、有效、详细的提示，不要给他制定太多的硬性规定，比如规定男孩必须达到什么目标等等，而是要尊重儿子自身的能力，让他在无序行为中达到目标。

其次，父母既要“放养”儿子，又要关心儿子。最重要的是不要怕儿子犯错误，也不要怕他走弯路。有些钉子他该碰就要碰，有些弯路他该走就得走。生活本来就是因为充满未知而变得多彩多姿。因此，当男孩遇到困难时，父母要抓住机会进行指导，帮助他度过难关、树立新的目标。

事实上，“放养”男孩的过程，不但是给予孩子自由发展的空间过程，更是帮助儿子发现问题、解决问题的过程。而且通过父母的“放养”教育，男孩在遇到挫折时，更多的是凭借自己的力量去解决问题，而不是一遇到挫折就打退堂鼓。

方法三：“放养”男孩时别忘了激励

爸爸觉得儿子宗斌整天窝在家里并不是一件好事情，所以就鼓励儿子出去玩。但是小家伙总是说：“我什么都不会，他们一定不愿意和我玩的！”原来，宗斌很喜欢打篮球，但是他个头比较矮，自信心就不强，所以同学一邀请他出去玩，他就借口说回家有事，然后就闷在家里看电视。爸爸知道这个原因后，对儿子说：“儿子，打篮球要求的不仅仅是个头，更重要的是速度和团队的配合。爸爸看过你跑步，你的速度还不错，相信你的传球速度也一定很棒，而且打篮球还能帮助你长个头呢！”听了爸爸的话，宗斌有些心动，后来在爸爸的再三鼓励和帮助下，他开始和同学一起打篮球。虽然刚开始也会出现小错误，但是同学们并没有笑话他，而是帮助他纠正错误。后来他凭借出众的速度和运球能力成为了伙伴们打篮球时不可或缺的一员。一段时间后，爸爸发现儿子不但变得开朗了很多，而且结交了很多朋友。

其实，很多时候，在最初的“放养”阶段，男孩难免会产生一些惧怕心理，不能明确自己行为的对错。这时候就需要父母及时给予一些正面的鼓励，让男孩消除惧怕心理，也让他们的行为得到正确的引导。

第27招

培养男孩坚定的信念

穷养真经

信念，会让男孩在面对困难时拥有奇迹般的力量，只有正确运用，才能发挥它的积极意义。因此，父母要注意培养男孩坚定的、正面的信念力，帮助孩子树立更多的自信，创造更多的奇迹。

著名成功学家安东尼曾说过：“信念就像指南针和地图，指引着我们要去的目标。一个没有信念的人，就好像缺少马达和航舵的小汽艇，无法前进一步。”没错，信念就像蕴藏在男孩心中的一团永不熄灭的火焰，能够给予他们即使身处逆境或遭遇不幸依然能鼓起生活的勇气和挑战一切困难的无坚不摧的力量。

罗杰·罗尔斯是美国纽约州历史上第一位黑人州长，他出生在纽约声名狼藉的大沙头贫民窟区。曾经这里的生活环境肮脏不堪、充满暴力，很多孩子从小就学会了逃学、打架、偷窃甚至吸毒，成年后很少有人从事体面的职业。然而，罗杰·罗尔斯不仅考上了大学，而且还成为了美国州长。

在罗尔斯就职纽约州州长的记者招待会上，一位记者充满好奇地问：“请问是什么把你推向州长宝座的？”于是罗尔斯谈到了他小学时期的校长皮尔·保罗先生。

很多年前，皮尔·保罗被聘为罗尔斯所在的诺必塔小学的校长。最初，他发现这里的孩子经常旷课、斗殴，甚至砸烂教室的黑板。于是，皮尔决定不用那些常规的教育方法管教这些孩子，而是想出了一个奇妙的点子，使得这里不良的氛围得到了明显的改善，罗尔斯就是其中的受益者之一。

有一天，皮尔正巧碰到又想偷偷翻过学校墙头逃学的罗尔斯。不过，皮尔并没有教训这个不听话的学生，而是对罗尔斯说："让我来看看你的手。"有些诧异的罗尔斯把手伸了出来。皮尔郑重地说："我一看你修长的小拇指就知道，将来你会是纽约州的州长。"这句话就像炸弹一样在罗尔斯心里产生了巨大冲击。因为长这么大，只有他祖母说过，他可以成为一名小船的船长。这一次，校长竟说他可以成为纽约州的州长，他有些受宠若惊。这句话就像一颗希望的种子从此埋在了罗尔斯的心里。

从那天起，"成为纽约州州长"就像美妙的咒语一样让罗尔斯彻底改变了。他开始变得衣服整洁，言行举止得体，而且再也没有逃过课。在以后的40多年间，他都坚持严格要求自己。终于在51岁那年，他成为了纽约州的州长。

发生在罗尔斯身上的这个真实故事，并不是为了证明皮尔先生当初的预言有多么准确，而是要告诉所有人：信念力是可以创造奇迹的。正如罗尔斯说的那样："信念值多少钱？信念不值钱。但是只要你坚守你的信念，它就会迅速升值。"皮尔先生给予罗尔斯的那份坚定的信念，让他感觉到自己也可以成为有用的人，而且正是在这种信念的支撑下，他才取得了成功。那么，父母应该采用哪些方法来帮助男孩坚守自己的信念呢？

方法一：让孩子意识到信念的重要性

罗斯福总统在还是参议员时期，他在民众的眼中潇洒英俊、才华横溢，是深受众人爱戴的政界要员。有一次，他在加勒比海度假游泳时突然感到腿部麻痹，虽然经过及时抢救挽回了性命，却被诊断患有"腿部麻痹症"，医生告诫他说，你可能会丧失行走的能力。这句话并没有让罗斯福吓到，他反而还笑呵呵地对医生说："没关系，我还要走路的，而且我还要住进白宫。"

第一次竞选总统时，乐观坚强的罗福斯先生对助选员说："你们布置一个大讲台，我要让所有的选民看到我这个患麻痹症的人，可以走上去演讲，不需要任何帮助。"当天，他穿着笔挺的西装，充满自信地走向演讲台。

罗斯福的每个步伐都让美国人民深深感受到这个男人的坚强、自信和魅力。后来，罗斯福成为美国历史上唯一连任四届的总统。

坚定的信念是促使男孩积极向上的内部动力，也是他取得成功必备的优秀心理品质。其实，每个孩子心中都有一种表现自我、获取认同的本能倾向。信念能够帮助男孩充分地展示自我，并且从中获得一种被他人认可的成就感，而这种成就感又会再度激发他的信念力。

另外，强烈的信念还能激发出男孩内在的潜能，激励他朝着自己的既定目标前进，而信念力较差的男孩，做事容易畏畏缩缩，缺乏应有的勇气和胆识，不会有大作为。因此，我们只有帮助男孩真正认识到信念力的重要性，他才会自觉地树立信心。

方法二：利用男孩的天赋激励他坚守信念

前苏联心理学家克鲁捷茨基曾指出："行为的重要动机是信念，信念与理想有密切的联系。信念是关于自然界和社会的某些原理、见解、意识、知识，人们不怀疑它们的真理性，认为它们有无可争辩的确凿性，力图在生活中以它们为指针。信念不只是容易明白的、可理解的，而且是能深刻感受的、体验的。"

对于男孩来说，信念具有一种创造奇迹的力量。信念不是天生的，完全是需要父母后天教育和培养的。利用男孩的天赋激发出他们的信念力是最好的方式，因为天赋本身就会让男孩产生自信和优越感，他们利用天赋去完成某件事情时也更容易树立更多的自信，更容易接近成功。

有些父母认为，自己的儿子并没有什么优秀之处，可就在这种平淡无奇的后面，或许你的儿子就潜藏着某种独特的天赋。而你所要做的就是激发出儿子的这种天赋，让他坚定自己的信念，那么，奇迹就会发生。

方法三：为男孩树立榜样，增强他面对困难的信心

有一位母亲的教育经验是这样的：

我的儿子胆子很小，他从不敢做自己没遇过的事情，包括一些很简单的游戏。我觉得胆小的性格不利于儿子今后的成长，所以刻意加强了对儿子的勇气教育。

周末，我常带儿子去游乐园玩，想从一些冒险、刺激类的游戏中锻炼儿子的勇气。我带儿子去玩过山车，儿子不肯去。我就指着旁边一个比他小的男孩说："这个弟弟都敢去，你有什么好怕的呢，妈妈相信你没问题的。"儿子看了看小男孩，冲我点了点头。

这样，通过各种各样的锻炼，儿子慢慢地恢复了重塑勇气的信心，并且变得越来越坚强勇敢。

其实，男孩模仿同龄人的能力很强，因此父母要善于利用男孩的同龄人榜样的力量，培养孩子勇敢面对困难的信心。例如你的儿子怯于在人前表演唱歌，当他犹豫不决时，你可以这样说："你是个勇敢的孩子，他都敢在外人面前唱歌，我相信你也可以做到的。"不过，父母在这时一定要注意用温和、肯定的语气。

第28招

教育男孩做事要持之以恒

穷养真经

唯有坚持才能胜利。坚持的魅力不仅在于让男孩实现目标、体验成就感，而且有助于培养他做事的耐性、韧性和恒久力，这对他将来走向社会有很大的帮助。

俗话说："不积跬步，无以至千里；不积小流，无以成江海"，如果父母在教育孩子的过程中，能够教会孩子凡事都再坚持一下，那么成功可能很快就会到来。

美国心理学家威蒙曾对100多名较高智商的成功人士作过研究，发现这些人的成功与三种性格品质有关：一是自信，二是坚持力，三是善于为实现目标不断积累。由此可知，持之以恒的坚持力对一个人的成功是多么重要。

一般来说，具有坚持力的男孩在学习时，会比那些缺乏坚持力的孩子更认真地对待每一节课和每一次作业，自然会取得更好的成绩；而那些缺乏坚持力的男孩无法坚持做完一件事情，自然会觉得学习和生活都变得困难起来。

一位父亲谈起自己的儿子颇有些无奈：

我的儿子虽然已经上初中了，但是做事还是没有坚持力，总是一会儿做这个，一会儿又做那个。学习更是如此，虽然每天放学回家就开始做作业，但是，总是语文作业还没做完，就想着要去做数学，数学还没做完又觉得应该先背英语单词。做作业时，虽然一直呆在房间里，却往往无法坚持学习半小时，总是刚拿起这本书，又翻开那本书，一会儿听音乐，一会儿又躺在床上。真拿他没办法。

可见，缺乏坚持力的孩子在学习时总是不能认真、专注。现在，坚持力已经被认为是一个孩子心理素质优劣、心理健康与否的衡量标准之一，这也是孩子未来成功的关键因素之一。因此，父母一定要对男孩的坚持力进行训练，当然培养孩子的坚持力之前父母也要有坚持力。

在平时，父母可以利用身边的小事来训练男孩做事的坚持力。比如洗碗、收拾房间等，刚开始，父母可督促男孩用心做事，直到事情结束，在这个过程中要让孩子明白：做任何事都要坚持把它做完。除此之外，也有其他方法可以帮助父母教会自己的男孩学会坚持。

方法一：真正读懂孩子的“弦外之音”

父母要注意仔细观察孩子的日常行为，真正读懂儿子内心的想法，很多时候他可能并不需要你提出具体的解决办法，而需要的仅仅是你的鼓励和理解。

例如，有时男孩会说：“我不想考一百分”“我不想去比赛，但我又不想弃权”“我不想当班长”“我觉得我肯定不行”……这时，你可能会想，自己的孩子怎么这么不求上进，怎么这么胆小，怎么这么没自信。甚至你还会拿自己的“丰功伟绩”去刺激儿子如何没用，如何不像你小时候那么聪明、懂事。如果你这么想或者这么做了，那么不仅伤害了儿子，而且还错失了理解他的机会。

有一位母亲的教育经验是这样的：

每当儿子跟我说他不想做什么或者不敢做什么的时候，我从来不认为这是他内心真正的想法。

比如他说不想考一百分，其实我知道他非常渴望满分，但是害怕拿不到才会这么说，这时我就会对他说：“不考一百分没关系，只要你认真仔细做题就可以。”还有一次，他说不想参加篮球赛，害怕自己打不好拖大家的后退，我就对他说：“你已经打得很好，只要按平时训练的水平去比就可以，拿不到冠军也没关系。”

我发现每当我对儿子说完这些理解他、鼓励他的话，他就显得很放松，然后兴致勃勃地去做那些他嘴上说不愿意做其实内心很想做的事情。

所以说，父母应该学会听孩子的“弦外之音”，才能真正理解他们。理解他们之后，很多问题也就迎刃而解了。

方法二：帮助男孩确立行动目的，培养其积极心态

在实践过程中孩子会遇到各种各样的困难，因为困难的强度而影响了目标的坚持。因此，我们应该在孩子活动过程中，帮助他们确定行动目的。

很多小男孩并不善于独立地给自己提出目的，所以他们的行动往往缺乏明确的目标，也常常会遇到各种各样的困难，从而影响了目标的坚持。这时我们就应帮助他们确定行动目标，培养他们做事先认清目标的习惯，然后不断地鼓励、支持他们，帮助他们克服困难，让他们坚持做完每一件事，而当他们能顺利地克服困难，并且更接近行动目标时，就会越来越自信，坚持力也越来越强。另外对于年龄较大的男孩，父母要懂得启发孩子，让他自己主动去克服困难。

例如在男孩动手玩积木前，让他说说想建造什么东西。不要对他提过高的要求，而是让他经过努力就能达到。如果他遇到困难，你要和他一起想办法解决，让他体验到成就感，变得自信、乐观起来。

方法三：让男孩养成凡事坚持到底的习惯

一位父亲是这样描述自己幼时的经历 ：

有一天，我和小伙伴一起做游戏，由于不小心，手指被同伴弄出了血，剧烈的疼痛让我的眼泪就要掉下来了。但是，我在心里告诫自己，一定要坚持住！最后，我忍住了眼泪，装出一副若无其事的样子，继续和小伙伴玩。因为我知道，一旦我的眼泪掉下来，同伴们就会认为我很软弱，以后再也不愿和我一起玩了。现在，我也告诉我的儿子，在遇到困难的时候，要坚持一下，再坚持一下，你就是强者！

没错，胜利往往来自于再坚持一下的努力之中！如果孩子在遇到困难的时候，能够有足够的意志再坚持下去，这种坚强的意志就足以让他取得成功。

当然现实中很多事情往往开始比较顺利，但后来遇到困难了，可能就很难达到预期的目标。这时，我们一定要鼓励孩子千万不要轻易放弃、不可半途而废。因为，坚持下去事情很可能会朝着好的方向发展，即使结果仍不理想，努力坚持做完一件事本身就是一种成功，更磨炼了孩子的意志。

第五章

好习惯成就好未来

——让男孩从小养成良好习惯

习惯决定命运，那些在男孩生活中看似不起眼的小习惯，其实决定着男孩的大未来。作为男孩的父母，你还应该深刻了解哪些坏习惯要尽快帮助男孩改掉，哪些好习惯要尽快帮助男孩养成：

帮助男孩改掉粗心马虎的坏习惯；

帮助男孩改掉拖拉的坏习惯；

帮助他养成干净整洁的好习惯；

帮助他培养虚心好问的好习惯；

……

第29招

帮男孩改掉粗心大意的毛病

穷养真经

如果你的儿子多次出现粗心大意的毛病，就应该引起你的注意了。如果粗心大意成为孩子的习惯，等他长大了就很难改掉。因此，父母必须从孩子小的时候就帮他改掉这种坏毛病，养成他做事严谨的好习惯。

以下是一个男孩妈妈的网络日记：

我儿子挺聪明，可就是平时做事太马虎了。明明平时学习不错，可一到考试的时候就特别粗心，错了很多不该错的题，比如把“6”写成“0”。在平时，他也总是丢三落四。不是上学时忘带书本，就是下课后忘记作业。唉，孩子这么小，总是马虎怎么行呢……

与女孩的细心相比，男孩要粗心大意得多。千万不要觉得这是个小问题，如果小时候不帮助男孩改掉这个坏习惯，将来会造成很严重的后果，粗心不仅会影响到男孩的学习成绩，而且还有碍他发展成才。因此，我们必须帮助男孩改掉粗心的坏习惯，养成严肃认真的好习惯。

要改掉这个坏习惯，父母首先要找到男孩做事粗心的原因。一般来说，主要有以下几点：

1. 态度原因：很多男孩的粗心是由于其态度不端正造成的。这些男孩在生活上、学习上时常常敷衍了事，马马虎虎凑合着做完就溜之大吉了；

2. 性格原因：个性急躁的男孩，做任何事都心急火燎，难免会马马虎虎，出现错误；

3. 习惯原因：这类男孩从小做事就粗心，久而久之，粗心已成为了他的习惯。

针对男孩粗心的不同原因，父母要分别采取不同措施。例如，对待学习态度不端正的男孩，应主要解决他的态度问题，使他认识到粗心的危害，从而端正自己的态度；对待个性急躁的男孩，则要通过训练改变其急躁的性格；对待习惯不好的男孩，应校正其不良习惯，培养严肃认真的好习惯。

概括来说，约束男孩的粗心主要有以下三条黄金策略。

方法一：让孩子认识到粗心的危害

有些男孩认为粗心一点儿没关系，虽然考卷填错了，可不代表我不会……父母要及时纠正他的这种思想，平时可以多给他讲一些相关的小故事，让男孩清楚地认识到粗心的危害。

在宋朝，有一个总是马马虎虎的画家。一次，他准备画一只老虎，刚画完一个虎头时，有人来找他作画，说："请为我画一匹马。"于是，画家就在虎头下画了一个马的身子。那个人看了，问画家："您画的到底是马还是老虎啊？"这位画家说："管他呢，马马虎虎吧！"从此，"马虎"这个词就这么出现了。那位请他画马的人看到后，非常生气地走了。可画家却毫不在意，反而还把这张画挂在自己家的墙上。

大儿子看到了，问："您画的是什么？"画家回答说："老虎。"二儿子看见了，问："您画的是什么？"他却随口说："是马。"他的两个儿子没有见过真的老虎和马，于是都信以为真，并将画上的动物的模样牢牢地记在了脑子里。

一天，他的大儿子到城外打猎，遇见一匹好马，他却误以为是老虎，于是一箭就把马给射死了，画家只好给马的主人赔偿损失；他的二儿子在野外碰上了老虎，却以为是马，所以要上去骑它，结果被老虎活活咬死了。画家为此痛心极了，悔恨自己办事不认真、太马虎，便把那幅虎头马身子的画烧毁了。他还写了一首诗以作警示："马虎图，马虎图，似马又似虎。大儿仿图射死了马，二儿仿图喂了虎。草堂焚毁马虎图，奉劝诸君莫学吾。"

这个故事虽然是传说，却有一定的寓意。父母可以在茶余饭后、聊天时，把这个故事讲给男孩听，这比直接地训斥男孩更有教育意义。关于粗心的故事有很多，父母还可以找一些类似的故事教育孩子。男孩都很喜欢听故事，形象、生动的故事可以使他们在故事中不知不觉地受到教育。

方法二：帮孩子建一本“错题集”，了解易出错的地方

男孩粗心，考试经常出错，如果他对错误不认真分析，则很难吸取教训。为了引起男孩对错题足够的重视，父母可以帮助他编一本“错题集”。

“错题集”的具体制作方法如下：让男孩把自己在作业、练习、考试中答错的题原封不动地抄在一个本子上，“记录在案”。然后，让他认真地思考自己究竟错在了什么地方，是因为不会做，还是因为粗心。无论是哪种原因，都要在错题下面标清原因，最后写出正确答案。

男孩最烦的就是改错，他们宁愿再做几道新题，也不要改正一道错题。父母可以抓住这个机会，告诉他一犯错误就要认真、仔细，争取以后做到不粗心，不犯错。

下面是一位男孩母亲的育子经验：

我的儿子是粗心大王，平时答题时常常审题错误、漏做题目……孩子的粗心让成绩大打折扣，非常可惜。为了减少他这方面的失误，我让儿子编了一本“错题集”，让他把自己答错的题目全抄到这个本子上，了解自己易出错的地方，及时总结并在今后加以注意。

现在，我的儿子已经很少再有粗心的情况发生了，用他的话来说，就是：“每当我在答题前，脑中总会晃过‘错题集’里我常出现的毛病，它们基本上都是由于我粗心造成的，错得很可惜，所以，我不能再因为粗心而丢分了。”

父母每隔一个阶段，就可以让男孩做个统计，统计因粗心而错的题占所有错题的比例是多少。接着，再加以说服和诱导，可以使男孩充分认识到粗心的危害。

“错题集”不仅是一个杜绝粗心的警钟，实际上还是一本很好的复习材料，让男孩在考试前翻一下，弥补学习上的薄弱环节。

方法三：让男孩先玩再做作业

有一种“玩中学，学中玩”的教育模式，是让孩子自主拟订游戏与读书的计划，让孩子们做作业时的粗心现象大有改观。

以下是一位男孩父亲的讲述：

我发现，儿子的粗心问题总是发生在我强迫他做作业时，那个时段电视里正在播放动画片，他很不情愿地去做作业，结果是作业错误百出。

于是，我和儿子达成了一个协议：我允许他看喜欢的动画片，但他在学习功课时一定要保证质量。结果，我发现，当天儿子的作业一个错误都没有。

后来，我允许儿子采用“先玩再学习”的模式，效果很好，他的粗心情况几乎没有了。

各位男孩父母不妨借用这种方法，让男孩先看完动画片、打完球……再复习功课，那时，他心定了，学习质量也有保证了。最重要的是，男孩会养成规律的生活习惯，改掉粗心的毛病。

第30招

告别拖拉，增强男孩的时间观念

穷养真经

针对男孩做事拖拉、磨蹭的坏习惯，父母一定要耐心帮助男孩逐步改正，增强男孩的时间观念，让他学会珍惜时间，提高做事效率。

针对孩子磨蹭的毛病，父母一定要耐心帮助孩子逐步改正，不要操之过急。同时要注意方式、方法，不断提高孩子做事的效率。

随着生活节奏的加快，父母的闲余时间也越来越紧张。每天不仅要忙于繁重的工作，还要花费很多时间和精力照顾孩子。尤其是每天早上，父母着急上班，可偏偏儿子优哉游哉，赖床、行动慢……于是，冲突不可避免地爆发了。

小光是个慢性子的男孩，别人1分钟就可以做完的事情到他那里10分钟都不一定能完成。就拿穿袜子这件事来说，这么简单的事情，小光大概要磨蹭10分钟才能做完。

一天，小光起床后依旧像平时一样，慢慢悠悠地穿着袜子，妈妈在一旁看着心急，便催促说："儿子快点儿，上学要迟到了。""啊，知道了，马上好了。"小光回答说，但仍然在床上整理着袜子，动作丝毫没有加快的意思。小光的妈妈非常恼火，便再次厉声催促："快点儿穿！不快点儿我揍你啦！"谁知道，小光的脾气还挺好，依旧不卑不亢、慢慢地说："啊，知道了，我马上穿完了。"小光的妈妈真的有点儿绝望了，什么时候儿子能改掉磨蹭拖拉的坏毛病呢？

现实生活中，小光妈妈的这种烦恼并不少见，父母常常有类似的疑问：为什么我儿子做什么事都磨磨蹭蹭的？

小孩子做事磨蹭，主要由几个原因引起：第一，在父母或老师的强迫下做事，自然没有做事的积极性，难免出现心不在焉、拖沓、散漫等状况；第二，无法集中注意力，所以容易养成拖拉的习惯；第三，男孩的年龄还小，没有时间观念，也缺乏处理事情的能力。

无论哪种原因，父母都应该负首要责任。特别是在男孩 8 岁以前，尚未形成固定的生活习惯时，父母的一举一动都会对他们产生潜移默化的影响：一些父母对男孩要求比较严格，经常在其做事时指指点点，挫伤了孩子的积极性，从而影响到孩子下次做事时的速度；还有一些父母做事情很慢，孩子看在眼里，便会受到影响；此外，当家庭环境过于嘈杂时，也会阻碍男孩做事的效率。

行为方式决定一个人的行为能力，如果男孩在幼年时就养成了磨磨蹭蹭的习惯，那将来补救起来就会非常困难。若改不掉这种习惯，还会在学习、生活、交际等方面产生一系列不良后果。作为磨蹭男孩的父母，应立即从点滴小事开始，教孩子提高办事效率。

方法一：排除无关诱因，让孩子专心做事

下面是一个男孩母亲的育子经历：

儿子上小学前，做事特别磨蹭，原因是他做事总无法集中注意力，容易被无关的事物所吸引。比如，他正在桌前画画，突然听到电视的声音，便会丢下画笔，跑去看电视；他正在吃饭，窗前有只小鸟飞过，他就会放下饭碗去看个究竟……总之，儿子做事总是将"战线"拉得很长，且大多都半途而废。针对他这种情况，我在他做事时，开始刻意保持家庭环境的安静，比如他画画时我不再开电视，他吃饭时我拉上窗帘……久而久之，他做事专心多了。上了小学，很少有磨蹭的情况发生。

针对注意力不集中的男孩，父母可以学习这位母亲的做法：当孩子正在做事时，尽量保持安静的环境，竭力排除与当时事件无关的因素，使他能一门心思扑在他正在做的事情上。这样，既加快了速度又保证了质量，长期坚持下去，孩子就会改掉磨蹭的坏习惯。

方法二：制订"生活日程表"，培养孩子把握时间的能力

小军刚上小学，他的妈妈发现他做事特别慢，每天心不在焉不知在想什么。

尤其在写作业时，一会儿抠抠鼻子，一会儿转转笔，别的孩子到晚上 8 点就能完成作业，到了小军这里，每天却要磨蹭到 10 点多，这可急坏了旁边陪读的妈妈，打也不是，骂也不是，有时恨不得自己抢下小军的作业本，替孩子写完算了……

上面这个小男孩非常没有时间观念，他不懂得时间的意义、价值，才会做事磨蹭。对待这类孩子，父母为其制订一个生活日程表，贴在他的房间里，每天记录孩子起床、穿衣、洗漱、吃饭等所用的时间，过一段时间后，再看看有没有进步。为了提高孩子的积极性，你可以给他一些奖励，让他为自己的进步而快乐，就会主动加快自己做事的速度，从而加强时间观念。

方法三：引导孩子积极竞争，提高自身的灵敏度

下面是一位男孩父亲的育子经历：

我发现儿子自从上幼儿园时起，便有磨蹭的现象。为了帮他改掉这个坏毛病，我便有意启发他的竞争心理，让他经常和身边的小伙伴一起竞赛：比勇敢、比速度、比认真等。通过这些比赛，不仅锻炼了他的心智，还提高了他的灵敏度。现在，我的儿子已经适应了竞争中的节奏和习惯，很少有磨磨蹭蹭的情况出现。

男孩年龄还小，不曾接触过社会，所以他们自然感受不到生活中紧张的气息。可如果不改掉磨蹭的习惯，男孩将来走向社会，是无法适应激烈的竞争的。这时，父母可以适当制造一些紧张气氛，从小训练孩子加入竞争中，并在竞争中逐步认识到自己的能力，从而改变磨磨蹭蹭的现状。

方法四：化催促为表扬，帮助孩子树立信心

以下是一个男孩母亲的育子经历：

我的儿子办事特别磨蹭，我的调教方法是——表扬。表扬他磨蹭吗？当然不是了。比如，我儿子每天晚上总是磨磨蹭蹭地到很晚才睡觉，为此我急得每天骂他，可一点儿效果也没有。在教育书籍上我了解到，男孩很喜欢听好话。于是，我就试着对他反话正说："我儿子现在长大了，懂事了，用不着妈妈提醒，就知道上床睡觉了。"话音刚落，儿子便钻进了被窝。第二天，我再次用表扬法将他引上床。

后来，在对待其他事情上，我也用同样的方法。效果真不错，我儿子磨磨蹭蹭的现象越来越少了，而且，做任何事情的时候都显得信心十足。

孩子做事情磨蹭的时候，千万不要不停地催促他。大多数男孩都不是故意磨蹭的，你越吵他，他的精神越紧张，越没有办法集中精力做事情了。这时，父母可以化催促为表扬，不要提孩子做得不好的地方。通过表扬，便会激发他做事的动力。

第31招

分清主次，教男孩把要事放首位

穷养真经

做事必须要有轻重缓急，才能把事情做得更妥当、更完美。因此，父母要引导男孩做事分清主次，要有一份明晰的计划，懂得什么事是要事，什么事情该优先做。

现实生活中，很多男孩随着年龄的增长以及身边各种诱惑的出现，开始经常留恋网吧、沉溺游戏甚至早恋，以致学习成绩一落千丈。

很多父母并不是很重视培养男孩要分清主次的思维习惯。有些父亲总是说：“儿子小时候的教育是妈妈的事。”事实上，在分清主次方面，男性要优于女性。不过，无论是作为父亲还是作为母亲，似乎都不知道该如何教孩子分清主次。

在平时的教育中，父母就要把这些正确的观念灌输给男孩，而不要等到长大后再来要求他，因为这不是一蹴而就的事情。教会男孩做事分清主次对他们的生活、学习以及将来的成功都会起到至关重要的作用。那么，父母用哪些方法可以教会儿子做事分清主次呢？

方法一：运用“二八原理”，教会男孩分清轻重缓急

意大利经济学家曾提出一个著名的“80/20定律”，即在日常生活中，20%的事情就足以决定80%的成就，所以我们应该先帮助儿子辨别什么是最可能见效的事情。一旦辨别清楚了，再引导他用80%的时间做好这些最重要的事情，再用剩下的20%的时间做其他事情。

虽然每个孩子在每个人生阶段的情况不同，我们也不必机械地套用这些百分比，但是如果我们能让孩子理解和融会贯通这个定律的内涵，并且运用到他的学习和生活当中，就可以帮助他做好最重要的大事。

一般来说，我们可以先教会孩子设定优先级，即用“轻重缓急”四字去划分学习、生活中的四类事务：紧急且重要；紧急，但不太重要；重要，但是看起来不紧急；不重要，也不紧急。

一位母亲的教子经验是这样的：

儿子最爱看的卡通节目是《顽皮豹》。对他来说，看《顽皮豹》就是生活中最重要的事，只要一听到这部卡通片的主题音乐，他就会立刻放下手边的功课，飞奔到电视机前面，目不转睛地直盯着屏幕。沉浸在剧情中的他，常随着剧情变化又是笑又是叫的，甚至唉声叹气。

儿子有一个很大的坏习惯，就是喜欢赖床，一直都要等到我严厉批评时才肯起床。每天早上闹钟一响，动作超慢的儿子就磨蹭着起床，我看在眼里，急在心上。

后来电视台做了节目调整，把《顽皮豹》的播出时段挪到早上 6：30。儿子心爱的卡通片改时段了，那儿子怎么有时间看呢？我正为他烦恼的时候，儿子竟灵机一动说：“那以后每天早上我都用《顽皮豹》的主题曲当我的闹钟啰！电视台真是聪明，一定有很多妈妈很开心，明天开始，您再也不用因为叫我起床而发火了。”

我还是很担心地说：“看完卡通片还要换衣服、梳洗，怎么来得及？”

儿子又突发奇想地回答道：“前一天晚上，我会把书包先整理好，水壶也装好水，摆在门口，要换的校服就放在电视机前面，我一起床就可以在电视机前面，一边欣赏节目，一边换衣服。妈妈不用担心，我不会再拖延时间了！”从此，每天早上儿子再也听不到我的催促声了。

聪明的儿子，把轻重缓急的所有事情，就这样都同时解决了！

其实，分清楚事情的轻重缓急，并不是说每天只做最重要的一件事，而完全忽略其他事。而是要孩子分辨出哪些事是最重要的，并且必须优先完成的，哪些事是次要的，是可以根据自己的兴趣、爱好、能力等可以更改的。

不过，在孩子的学生阶段，和他们长期利益紧密相连的重要事务，如学习、能力培养，尽管有时看起来不那么紧急，我们也必须要让孩子把它们放在重要地位优先去做。

方法二：培养男孩的判断力，将复杂的事情一一分类

有这样一个故事：

在一次课堂上，老师先在桌子上放了一个装水的罐子，然后拿出一些鹅卵石从罐口放进罐子里。老师把石块放完后问他的学生："你们说这罐子是不是满的？""是！""真的吗？"老师笑着问。这时，老师又从桌底下拿出一袋碎石子，把碎石子从罐口倒下去，轻轻摇一摇，再加一些，他又问大家："这罐子现在是不是满的？"这次，学生们都迟疑着，不敢回答得太快。最后有位学生轻声地回答："也许没满。""很好！"老师说完后，又拿出一袋沙子，慢慢地倒进罐子里。倒完后，再问班上的学生："这个罐子是满的呢？还是没满？"没满。"老师给学生们投去了赞许的目光，然后又从桌底拿出一大瓶水，把水倒进看起来已经被鹅卵石、小碎石、沙子填满了的罐子里。当做完这些事之后，老师正色地问："我们从上面这些事情能得出什么样的结论？"同学们的回答各种各样，有的说："时间是可以挤出来的。"有的说："讲的是时间管理。"最后，老师说："我想告诉你们，如果不先将大的鹅卵石放进罐子里去，也许以后就永远没机会再把它们放进去了。"同学们这才恍然大悟，原来老师在教他们做事情要分清轻重缓急，学会做事情要有先后顺序。

对于生活中繁杂的事情，父母要引导孩子按重要性和紧急性的不同程度来确定处理的先后顺序，例如先集中时间做大事，剩余的时间再处理小事杂事，这样按照事情的轻重缓急把各种事情安排好之后，再进行全面的时间管理，就不会出现忙乱的状况了。

刚开始时，男孩可能时常会出现拿不定主意的情况，这时，我们就必须引导他们做出判断，一一将复杂的事情分类，排列出优先的顺序，归纳出来之后再一一解决，这样下去，孩子就逐渐学会做事分清主次了。

第32招

远离邋遢，养成整洁卫生的习惯

穷养真经

邋遢、不修边幅的男孩很难给人留下好的第一印象，而且也能从侧面反映出这个孩子生活自理能力较差。所以让男孩养成整洁干净的好习惯刻不容缓。

下面这些场景是不是经常出现在你教育儿子的过程中？

场景一：玩了一身臭汗的儿子一回到家就把衣服乱扔在地上，然后一屁股坐在沙发上，"潇洒"地打开电视机，悠然自得地欣赏起了电视节目，且不管你怎样催促他去整理衣服或者让他去洗个澡再看电视，他都置之不理。

场景二：妈妈刚刚辛辛苦苦把儿子的房间整理干净，等他回来没一会儿，他的房间又变回了"猪窝"，而且还为自己找了一个"漂亮"的理由："妈，我东西放的时候自己都记着，你这一整理全乱了。"

日常生活中，无论男孩为自己的邋遢找怎样的借口，父母都要让他深深地明白：干净整洁的男孩才更有魅力。

大多数男孩都认为自己的邋遢和女孩的邋遢不一样，认为把自己的房间弄成"猪窝"，把臭袜子塞在床底下，一星期不洗澡等等都是一种男子气、男人味的体现。如果你的孩子也是这样认为，那你一定要马上告诉他"你错了"，因为男子气、男人味不是指形象上邋里邋遢、身上有异味，而是一种精神气质和品位的体现，而这一切首先需要你有一个好的精神面貌，当然也包含个人卫生。

所以，男孩一定要养成讲卫生的好习惯，给他人留一个好的第一印象，提升自己的外在气质，更何况讲卫生的孩子不易生病，更加健康。

那么父母要采取哪些方法帮助男孩拥有一个干净整洁的仪表，让他养成讲卫生的好习惯呢？

方法一：给你的“邋遢小子”制定卫生规则

一位聪明的妈妈是这样和自己的“邋遢小子”过招的：

我们家的子均是名副其实的“邋遢小子”，为了改正孩子不讲卫生的坏习惯，我就给他制订了规则，例如不洗手不准碰吃的东西，每天要自己整理房间等等，不过有时这小家伙也故意让我“为难”。

有一天，他又为自己的不讲卫生找理由：“妈妈，我的手受伤了，我今天不想洗手。”

“均均，我们之前不是定好规则了吗，不洗手就……”

“妈妈，可我真的不想洗手，就这一次，这一次……”

看着儿子祈求的眼神，我假装故意没听到，然后继续做自己的事情，没有理他，而丈夫也在我的眼神示意下，对儿子“不理不睬”。于是吃饭的时候，儿子扭扭捏捏地凑到饭桌前，但是我们没有给他餐具，也没有给他盛饭。

纵使小家伙的眼里蓄满泪水，我们也无动于衷，最后还是儿子妥协了，说：“爸爸妈妈我去洗手，我们一起吃饭吧。”这时，我和丈夫都露出了赞许的目光，然后儿子乖乖地去洗手了。

很多时候男孩出尔反尔并不是他们有意要违反规则，而是因为他们自身生理特点的原因，讨厌被长时间束缚，更渴望自由，这时父母就要适当地强势一些，引导孩子按照规则执行，否则就会助长孩子耍赖、不讲卫生的坏毛病。

方法二：请一个爱干净的小公主来帮忙

下面这个男孩的妈妈用一个妙法让不爱干净的儿子彻底地变了样。

俊俊很不爱干净，每次回到家都把衣服乱扔，也不知道把有异味的球鞋放在阳台上，更别说自己去洗衣服了，结果妈妈每次都要花费很长的时间帮他整理房间、书包，而且因为他的臭球鞋使整个客厅都有难闻的味道。

每天晚上，妈妈让俊俊洗完澡再去睡觉，但他总是找各种理由推托。气愤的妈妈不知道想过多少办法“逼”儿子，但是俊俊就是不听话。后来，妈妈对症下药，儿子自尊心很强，很要面子，于是就想了一个巧妙的办法，妈妈请儿子的同伴且很爱干净的月月邀请俊俊去参观她的房间。俊俊从月月家回来之后，就像变了一个人一样，把自己和自己的房间都收拾得十分整洁。

有些男孩很爱面子，如果你在他的老师、朋友或者客人面前说他是一个邋遢、不讲卫生的男孩，就会伤害到他的自尊心，因为没有任何一个男孩喜欢被别人看做“邋遢大王”。所以针对男孩的这一特点，不妨找一个爱干净的小女孩给他上一堂“课”。

方法三：让男孩多听医生的话

男孩大多崇拜英雄，而且在他们的世界里，每到一个新领域，他们最关心的就是谁是“头”。而在医学领域，医生就是他们心中的“头”，是这个领域的权威人物，医生说的话，他们会更容易相信，也更容易遵从。

所以，针对不讲卫生的孩子，父母可以把自己要说的话借用医生之名说出来，如：“医生说了，饭前不洗手，肚子里就会长虫子，所以你要听医生的话，知道吗？”当然孩子的坏习惯不是一朝一夕就能改掉的，对待不讲卫生的男孩，父母们还需要更多的耐心。

第33招

做事有始有终，拒绝虎头蛇尾

穷养真经

“三天打鱼，两天晒网”或者“虎头蛇尾”的做事方式，只会把男孩拉进失败的旋涡。而一个做事有始有终的男孩，一定会认真、负责地对待每一件事情，进而凭借不断的努力走向成功。

美国著名心理学家威廉·詹姆士有这样一句经典名言：“播下一个动作，你将收获一种习惯；播下一种习惯，你将收获一种性格；播下一种性格，你将收获一种命运。”可见，如果一个男孩在年轻时就养成良好的学习和生活习惯，那么他就具有了一生的财富。

坚持不懈，是所有良好习惯中一个关键环节，无论他要养成哪种习惯，都要有一种坚持不懈的精神，才能取得显著效果。因此，父母要引导男孩做事有始有终。

有一个男孩在日记中这样写道：

一天，爸爸给我设了一个挑战，让我捏住冰块15分钟。一开始我想，不就是捏冰块吗，简直就是小菜一碟，于是非常爽快地答应了爸爸。但是当我真正尝试的时候才发现，事情远没有我想得那样简单，不过老爸答应我完成这项任务，就会奖励我一套《犬夜叉》的漫画书，所以为了我最爱的漫画书，我一定要坚持下去。

第1分钟，冰凉的感觉还让我挺舒服的；第2分钟，我的手指感觉到深深的凉意；第3分钟，这种凉意浸透到我的心里，让我忍不住打了个冷颤；第4分钟，我的手竟然有些颤抖，感觉刺骨的凉……当我努力坚持到第15分钟的时候，我觉得不只是我的手指，就连我的全身都有一种凉透的感觉，但是我非常高兴，因为我终于坚持到了最后，凭借我自己的能力得到了我想要的漫画书。

这时，我兴奋地对爸爸说："爸爸，我赢了，你输了，可不要太伤心啊！"爸爸赶紧握着我有些微肿的手指，赞赏地说："傻小子，爸爸怎么会伤心，高兴还来不及呢！你有这么强的意志力，真是不错！"

上述事例中的父亲很显然是在锻炼自己儿子的意志力和耐力，虽然他知道自己的这种方式对儿子来说可能是有些残酷，但同时他也深知这种方式可以锻炼孩子的毅力。不过，培养孩子坚持不懈的习惯还有其他更为有效的方法。

方法一：引导男孩做事要坚持、认真

小铭要搬新家了，他存了一大罐子的硬币，爸爸妈妈和他商量，让他将这些硬币拿到银行兑换成纸币。小铭想到能换成大面额的钞票，就欣然应允了。

不过，摆在他面前的有这样一个难题，就是要将硬币数出来。可是这么多的硬币自己一个人数实在是太难了，而且肯定要花费很多的时间。于是爸爸妈妈建议将硬币分成三份，爸爸妈妈和小铭每人各负责数一份。

小铭负责的那堆最小，但十几分钟后他就开始东张西望，竟然把刚刚数到多少给忘了，不得不重新数。小铭偷偷地看看爸爸妈妈，发现他们两个人干得可认真了，一枚硬币、一枚硬币地数，一边还在纸上记着数字。

半个小时后，当爸爸妈妈都数完时，小铭才数了一点点。爸爸妈妈就及时指出小铭做事慢的原因："儿子，你干活时总是开小差，不认真。"小铭认识到了自己的问题，最后，他终于将他的那一堆硬币数清楚了，三个人的硬币加在一起，总共是 225.8 元。

相信通过这件事情，让小铭明白这样一个道理：做事要坚持与认真，两者缺一不可。

很多时候，当男孩独自面对难题时，他们总想去求助自己的父母或者他人，表现出精力不集中、拖延、消极等待的态度。一旦男孩出现这种情况，父母一定要让你的孩子明白这样一个道理：认真，也就意味着节省更多的时间和劳动。让他学会对自己的事情负责，不要拖延，甚至可以采取一些适当的惩罚措施，督促孩子坚持去完成事情。

方法二：明确努力的目标，做到善始善终

父母在教育男孩的问题上，一定要让他明确自己努力的目标，然后从小处着手，本着对每一件小事认真、负责的态度，坚持完成他的目标，唯有这样他才能有取胜的机会。

著名画家朱军山先生从小深受母亲的影响，对艺术抱有浓厚的兴趣，而且做任何事都会努力、坚持。当时，朱军山的母亲经常在家中刺绣，他就在一旁饶有兴致地观看，渐渐地对图案、绘画萌发了兴趣。

虽然他对画画产生了浓厚的兴趣，但是当时家里的经济条件负担不起朱军山的学费，于是他想了一个绝妙的主意，用树枝做笔，用大地做纸，再把眼前的风光当临摹的风景。画画的时候他精力非常集中，而且极其认真。地上的画也许和纸上的画差异很大，但朱军山认为只有先在地上练好，以后学别的画才会容易些。就这样，他每天在大自然中上他的“画画课”，认真地画好每一幅“画”。他坚信，只要自己认真画，总有练好的那一天。最终，坚持不懈的朱军山成为了享誉海内外的著名画家。

方法三：提高自信心，原则问题绝不让步

一个人能够坚持完成一件事情，凭借的不只是自身的毅力，还有源源不断的自信心。自信心是坚持不懈的最大动力，因此父母首先要帮助自己的孩子学会克服困难，提高他完成某项任务的信心。例如当你把某件事交给儿子去做的时候，一定要把任务交代具体，并提醒他在完成任务的过程中有可能会遇到哪些困难，在他有思想准备的前提下再教给他一些解决问题的方法，使他做到心中有数，以增强男孩完成任务的信心和勇气。

另外，培养孩子坚持不懈的好习惯是一项长期而艰巨的任务。所以，在这个艰难过程中，父母切忌一时心软就对孩子让步。因为有了第一次的纵容就会有第二次，长此以往，“坚持不懈”就会变成一句空话。

第34招

不懂就问，培养虚心好问的习惯

穷养真经

每个孩子的内心世界总会有千奇百怪的问题，这些问题催生了他们的好奇心，而好奇心又激发出他们的探索欲望，于是在解答这些问题的过程中，他们就可以学到很多知识。所以，作为父母，我们应该鼓励男孩不懂就问，让他更加充实自己的精神世界。

俗话说“问是学之师，知之母。”两千多年前，孔老夫子就说过：“三人行，则必有我师。”可见就连被尊称为“大圣人”的孔先生也深知“敏而好学，不耻下问”对一个人的重要性。因此，父母们必须要好好培养男孩们虚心好问的好习惯，让他们学会不懂就问，更要引导他们学会独立思考问题、分析问题和解决问题。

可能很多父母都有这种感觉：儿子怎么一遇到发言、提问的事情，就一个劲地往后躲呢？其实，造成男孩不爱发问的根源在父母那里，很多时候爱发问的小男孩如果向大人提出的问题开始变多，而且问题更是变得五花八门、无奇不有，父母们就会感到厌烦或者随意敷衍。

可想而知，时间长了，再爱提问题的孩子也会被父母打击得沉默寡言、不爱思考了。而当一个孩子不再对遇到的问题提出疑问，他体内潜在的能力自然无法被激发出来，人生也就失去了更多的精彩和成功。

古语云：“善问者如攻坚木，先其易者，后其节目。及其久也，相说以解。”大意是说善于提问的人，掌握了提问的技巧，经过一段时间后，问题就会自然而然地解决掉了。那么父母应该怎样把自己的儿子培养成一个虚心好问和懂得提问技巧的孩子呢?

方法一:让孩子学会带着问号看世界

“是先有鸡还是先有蛋呢?”当儿子一脸迷惑地向你提出这种问题时,你是不是觉得头都大了:为什么这孩子就不能问点正常问题呢?父母们千万不要为此感到头疼,相反应该为此感到欣喜。

因为一个主动提出问题的孩子,证明此刻他已经开始了对这个世界的探索,他想要知道更多、更有趣、更神秘的东西,那作为父母的你应该怎么做呢?最好的办法就是让你的儿子学会带着问号学习,凡事多问一个为什么。

例如你可以采取提问法、观察法、游戏法等引导儿子主动提出问题,举个例子来说:当你正在厨房做饭的时候,拿起一旁的铁锅问儿子:“宝贝,你知道炒菜的锅为什么用铁锅吗?”“妈妈,我不知道,为什么呀?”“因为铁锅导热快,而且里面含有的一种铁元素对我们的身体也有好处……”通过你的科学引导,你的儿子一定会学到越来越多的知识。

方法二:鼓励孩子从电视、报纸、杂志上面找错误

一天,10 岁的张树正在客厅里玩耍,爸爸拿着一摞报纸走了进来,说:“儿子,爸爸和你玩一个有趣的游戏好不好,谁要是赢了,就让对方奖励自己一件东西,好不好?”张树一听就来了兴致,因为他一直想要一套《多啦 A 梦》,现在只要赢了爸爸,就可以让爸爸给自己买漫画了,于是满口答应了下来。

爸爸接着说:“我手里有几期的过期报纸,如果在规定的半个小时内,你比我从中找出的错误更多,而且改正过来,就算你赢。”

张树不解地说:“爸爸,报纸上也有错误吗?”

“当然,不光是报纸,电视、杂志上都会出现各种各样的错误,我们开始吧!”

于是,父子两人就开始紧张地在报纸上找起了错误。很快 30 分钟过去了,张树一共找出了三处错误,并且准确地把它们改正了过来。但是事情并没有到此结束,爸爸鼓励儿子将这些错误写成一封信寄给了报社,后来那家报社不但给张树回了一封信,而且还在报纸上专门开辟了一个“找错误”小版块,张树还成了一名特约小记者。这些对张树而言都是极大的激励,从那之后他看书、学习不但变得更加认真,而且更爱发问了。

张树后来之所以变得爱提问题，这和他爸爸正确的教育方式是分不开的。其实，当孩子对信息传播渠道的内容产生质疑的时候，他的心中就会产生这样的疑问："这上面怎么也会出现错误呢？"有了疑问他就想要答案，而改正错误的过程中孩子不但增强了学习的主动性，获取了知识，而且对他的能力也是一种肯定。

方法三：让男孩不要迷信权威，大胆质疑

赵亮 18 岁那年考上了一所著名大学的医科专业。他从小就是一个"十万个为什么"，遇到什么事情都喜欢比别人多问一个"为什么"，有一种"不问个水落石出决不罢休"的气概。

有一天上课，老师正在讲胚胎学，讲道："母亲生男还是生女，是由父亲的强弱决定的，父亲身体强壮，母亲就生男孩；父亲身体衰弱，母亲就生女孩。"

老师话音刚落，赵亮就举手说道："老师，我有疑问。"

正讲到兴头上的老师突然被打断，心里难免有些不高兴，因为赵亮像这样的情况在他的课堂上已经不止发生过一次了，所以这位老师说："你这个学生问题太多了，上课就应该认真听老师讲课，多记笔记，不要胡思乱想，动不动就这么多的问题，会影响其他同学听课的。"

"老师，我这不是胡思乱想，也不是老提问题。我有个邻居，男的身体非常强壮，可他的妻子一连生了 4 个女儿。这与老师您讲的正好相反，这该怎么解释？"赵亮没有被老师吓倒，继续反问。

老师搬出自己的理论根据，希望再次压服他："我是根据古希腊著名学者亚里士多德的观点讲的，不会错！"

赵亮继续说："难道亚里士多德讲的就是真理吗，也许他也是错的。科学一定要与事实符合，否则就不是真正的科学。"老师被问倒了，下不了台。

虽然男孩们在新领域内最关心谁是"头"，而且崇拜他们心目中的英雄，但是你一定要告诉你的小男子汉：这个世界上没有十全十美的人，不要盲目迷信权威和英雄。如果有一天孩子的想法和权威产生了矛盾，切忌让你的孩子只是顺从所谓的权威，而否定他自己的观点。

第35招

引导男孩积极思考，果断行事

穷养真经

学会积极思考，对于男孩的成长极为重要，正如爱迪生所说："没有思考习惯的人，便失去了生活中最大的乐趣。"所以，一个拥有思考能力的男孩才会收获更多的快乐和成功。

作为家长的你，是不是经常为男孩脑袋里那些稀奇古怪的问题感到头疼呢？可以这样说，几乎每个男孩的脑袋里都装着本《十万个为什么》。他们对周围的事情总是充满着疑问与好奇，从宇宙星空到花草树木都是让他们产生疑问的对象，他们想知道的事情太多了，并且在他们的眼里，家长就是那部无所不知，能够解决他们所有的疑问的"百科全书"。

纵观国内外的大科学家和大文学家等，他们的成功大都是由一个"为什么"引发的，比如：牛顿发现苹果自由落地，一句"为什么"致使他发现了万有引力定律；爱迪生在千万次实验失败后，不断问自己"为什么"，终于发明了电灯……

诸如此类的例子不胜枚举，因此，作为家长千万不要觉得你家的"小问号"烦人，更不要因为他拆了家里的录音机就对他大打出手，或是因为他质疑一些常规性的问题，就责骂他不懂事，要知道这些质疑往往就是创新思想的源泉。

家长应该懂得，男孩好问是一个很好的习惯，这是男孩开始追求知识的表现。纵观古今中外，但凡有所成就的人不都是从疑问开始的吗？所谓"学问学问，一半学一般问"说的就是这个道理。如果家长能够对男孩的疑问耐心地讲解和教育，定能把自己家的小男子汉培养成一个博学多才的“小博士”。

方法一：多加鼓励，培养发散思维

生活中，能够对自己质疑的事情提出问题，这证明你的男孩在思考，所以，千万不要认为，你的男孩提出这些问题是因为他不听话、不懂事，甚至有意和你作对，也不要处于维护自己的尊严而拒绝回答孩子对你的提问。这样只能让你的孩子丧失思考的能力、不敢思考，成为墨守陈规的“产品”，永远也无法走出真正属于自己的路，这样的男孩长大以后，大都唯唯诺诺，没有自己鲜明的主见，在工作中，因为没有出色的见解和创新能力而庸庸碌碌。

下面是一位母亲的亲身经历：

李女士正在厨房里做饭，这时候正在屋子里看电视的 6 岁儿子跑进厨房，问李女士说：“妈妈，星星是从哪里来的？”

李女士先是一愣，接着回答道：“我儿子的问题提的真不错，你想想看呢。”

说完，李女士继续切菜，而她的儿子则一个人走出了厨房，过了好一会儿，儿子又兴冲冲地跑进来对着李女士说：“妈妈，我知道了，星星一定是用月亮剩下的材料切成的。”

李女士一听笑了，然后从冰箱里拿出了一个冰激凌，递给儿子，说：“真是个好答案，这个就是你的奖励。吃完饭，妈妈给你讲月球和行星的故事……”

父母的鼓励会让男孩乐于思考。当然，并不是所有的问题都要给予鼓励，家长一定要善于区分孩子的问题，对于那些孩子自己能够解决的问题，父母一定要鼓励孩子自己去完成。这样不仅解决了孩子的疑问，还能很好锻炼他的独立性，让他知道有些事情是需要他自己去做的。对于父母一时之间也没有办法回答的问题，千万不要随便编造一个答案，而是要尽量引导孩子，告诉他这需要进一步的学习才能找到答案，让他对学习产生积极性，自己去寻找答案。

方法二：学会换位思考，尊重孩子的好奇心

父母尊重孩子的好奇心，关键还在于父母要保持一颗童心，要学会与孩子进行换位思考。很多时候，父母对于孩子的疑问和好奇心不能理解，甚至感到厌烦，究其原因父母觉得这些问题他早就知道，甚至觉得有些幼稚，但对于小男孩来说，这些问题却是第一次遇到的。

李凡是一个忙碌的公司白领，她有一个很可爱的儿子，今年4岁，正是好奇心最旺盛的阶段。一天晚上，李凡下班回家，累得一句话也不想说，可偏就在这个时候，儿子却跑过来问她："妈妈，天上是不是真的有只大狗，会把月亮和太阳吃掉。"当时李凡真的不想理会儿子这种幼稚问题，但转念一想，自己在他这么大的时候不也会这样吗？于是，她坐起身来，耐心地给儿子讲述起天狗食日的传说来……

为了让你的孩子拥有发散性思维，你最好在日常生活中多问一些可以让孩子自由发挥的问题，如："假如……"当孩子没有马上想到答案时，你也不要急于告诉答案，而是适当地给予一点提示，目的在于让他自己主动去思考。生活中，每一位家长都要善于向你的孩子问"为什么"，通过一问一答的形式，培养孩子积极思考的能力，当然问题的难易性要符合你孩子的年龄，如果你问一个7岁的男孩宇宙科学的问题，那就算他想上几天也想不到答案，这样反而会打击他的积极性。

方法三：教孩子在思考时学会辨析

一天，妈妈带着12岁的儿子略略去商场买鞋，商场的鞋子太多了，看的略略眼睛都花了。这时一位导购员走了过来，手里拿着一双鞋子对略略的妈妈说："大姐，给孩子买鞋吗？你看这双鞋多好，暖和，而且底子厚螺纹多，冬天穿防滑。"

导购阿姨的一句话勾起了略略的好奇心，他扯扯妈妈的袖子说："为什么鞋底厚，螺纹多冬天就能防滑啊？"

妈妈笑着摸了摸略略的头，说："那你自己可以做一些实验啊，这双鞋不错，我们就买这双吧。"

略略点点头，脑子里却全是疑问，回到家里，略略就迫不及待的拿出夏天鞋底较薄、螺纹较少的鞋子和新买的鞋子作对比，还专门跑到外面去做实验，半天下来，寒冷的天气冻得略略小脸通红。

妈妈问他想到答案了没？他兴奋地点点头说："螺纹多，鞋与地面的摩擦就大，所以就防滑了。"

对于年龄稍大一点的孩子来说，让他自己去思考答案，比你直接给他一个答案要重要得多。作为家长，当男孩提出问题后，应当积极的鼓励，让他们去自己思考、寻找答案，这样更有利于培养男孩的思维意识和独立意识。

第36招

让男孩坚持运动，促进身心健康

穷养真经

相对女孩，男孩的运动细胞天生较强，他们身体里似乎流淌着永远充沛的精气神。因此，父母有必要满足男孩好动的欲望，更何况运动不但可以帮助男孩强身健体，而且可以帮助他们结交朋友，提高自己的人际交往能力。

运动，既能使男孩的身体得到良好的锻炼，又能让他的心灵得以休养，还能使孩子变得乐观豁达、坚韧不拔。因此，父母应该让男孩树立运动健身的意识，让男孩体会到运动的快乐。

陶行知先生曾说过：“解放孩子的手，让他们尽情地去玩；解放孩子的脚，让他们到处去跑……”这些话在今天仍然没有过时，良好的身体素质是创造幸福生活与成功事业的基石，而运动则是健身的最好办法。适度的运动不仅可以让你的儿子健壮有力，还可以舒缓他的学习压力。

但在现实生活中，常常有很多男孩不喜欢体育锻炼。每当父母邀请他一同出去健身，孩子就会犯懒，开始找出无数个理由，比如身体不舒服，天气不好不外出等来搪塞父母。除非是那些他们感兴趣、愿意做的事情，否则他们就会犯懒，拒绝到户外去锻炼身体。

一位男孩妈妈这样讲述自己的苦恼：

我的儿子今年五岁半，上幼儿园中班。和别的男孩不一样，他喜欢一个人安静地玩，比如剪纸、搭积木、画画等，从不参与诸如骑车、溜冰等体育活动。所以，我儿子的体质不是很好，常常感冒。为了让他爱上运动，拥有壮实的好身体，我还特意为他买了一双溜冰鞋，可他溜了两次就不肯溜了。对此，我真不知该怎么办才好。

为什么有的男孩对运动没有兴趣呢？主要有以下几个原因：

1. 有的孩子并非天生不喜欢运动，只是因为自己肥胖、手脚笨拙、反应迟钝或身材过于矮小等原因，害怕自己在公共场合出丑，为父母丢脸，所以才不愿意参加运动。

2. 一些男孩自认为缺乏在某项运动中取胜的能力，因为担心自己受到伤害，所以面对运动时常常表现出小心谨慎的态度。

3. 还有一些孩子对运动根本没有兴趣，他们天生好静，喜欢一些非运动性的活动，以保持自己身体的健康。

不难发现，无论哪种原因，父母都可以用“鼓励＋引导”的思路化解。适度的鼓励，可以增强男孩在运动方面的信心；正确的引导，才能激发男孩对运动的热情。

对于成长发育中的男孩来说，运动不仅是锻炼身体、强健体魄的最好方式，还是发育大脑、锻炼意志、寻找快乐、增强自信的最好机会。因此，父母应多动脑筋，想方设法引导孩子多运动，让他养成锻炼身体的好习惯。

具体该怎么做呢？专家给出这样几种方法：

方法一：鼓励参与自己感兴趣的运动项目

很多时候，男孩不愿意外出参加锻炼，无非就是觉得体育锻炼非常枯燥、乏味。但事实上，体育运动的种类是非常多的，你可以根据他感兴趣的项目为他报一个课外活动班，这样就能让你的孩子在自己喜欢的项目中得到充分的锻炼。

假期的一个晚上，男孩立轩被爸爸拉着外出散步。在小区广场上，立轩看到很多和他同龄的孩子都穿着轮滑鞋在广场上自由地滑行，还有一些男孩不时地做一些花样动作，引来一阵阵掌声和欢呼声。

立轩爸爸见儿子看得很入迷，于是便问立轩想不想像他们一样学轮滑，立轩当即兴奋地点点头。

第二天，爸爸便带着立轩报了那个轮滑训练班。起初，立轩还信心满满地去学，但是当他发现自己穿上鞋后连站都站不稳，就有些不想练了。这时，爸爸就鼓励立轩说："你现在经历的他们都经历过，只要你熬过去了，你就能像他们一样自由自在地在广场上滑行了。爸爸相信你，别人能做到的，我的儿子一样能做到！"在摔倒很多次后，立轩终于能够穿着轮滑鞋自由地运动了。一个假期过后，立轩终于学会了轮滑。于是，在接下来的每个晚上，广场中都能看见立轩快乐的身影。

由于立轩掌握了这种新本领，他在每次学校汇演时，都会上台表演轮滑。原本内向的他从此变得开朗起来，在学习上也比原来用功多了。

其实，想让你的孩子积极地参加运动，你就必须要积极地开动脑筋，不要把眼光锁定在跑步、散步等常规的运动上，生活中还有很多运动项目都可以让你的儿子乐在其中。

方法二：帮助儿子组织集体运动

以下是一位男孩妈妈的育子经验：

我的儿子是个小胖墩儿，本想教他借助运动减重，可是他一点儿都不喜欢运动，每次运动都需要我的催促，往往锻炼一会儿就嚷着回家。看着他越来越胖的身材，我有些茫然了。

一次偶然的机会，我认识了一个业余羽毛球教练，原来他和我一样，也在为自己的儿子不爱运动而苦恼。突然，我产生了一个想法，不如让两个孩子一块儿运动，说不定他们凑在一起反而会有积极性。于是我以"带你去玩"为由，带儿子去参加了一次羽毛球训练，同时还叫上了教练的儿子。事情果然如我期望的那样，两个孩子很投缘，凑在一起玩得很开心。此后，为了让他们更有积极性，我还让他们叫上自己的伙伴一起参与进来。几年下来，孩子们的身体都变得强壮了，运动技能也提高了。令我开心的是，儿子每次运动都很主动，再也不用我的督促了。

要想让男孩喜欢上运动，并始终保持运动的激情，父母应该想办法组织几个孩子在一起运动。孩子们通过互相竞争，互相促进，互相监督，就能够克服掉独生子女常有的娇气和懒惰。

第37招

不说脏话，培养有礼貌的小绅士

穷养真经

男孩最初并不知道脏话的性质，他们只不过是觉得好玩，或者是为了模仿。父母应该采取正确的教育方法改正男孩说脏话的坏毛病，帮助他养成语言文明、行为礼貌的好习惯。

现在很多男孩动不动就将“白痴”“笨蛋”“要你管”“神经病”“傻瓜”等脏话挂在嘴边，而这些一旦养成习惯，就会极大影响他的人际关系，会给他人留下一个不好的印象。因此，父母应多花些时间来修正男孩的“口头禅”，把他培养成一个懂礼貌的小绅士。

琤琤是一个很聪明伶俐的小男孩，学习成绩一直名列前茅，因此，爸爸妈妈都很惯着他，家里什么事情都由着他，甚至他顶嘴，也不舍得严厉地批评他两句，这渐渐养成了他不懂礼貌的坏习惯。

有时候，小琤琤在小区里横冲直撞地玩耍，不懂得说“谢谢”“对不起”“你好”等礼貌用语，见到长辈也不知道主动打招呼，顽皮的他时常给别人起不礼貌的绰号，例如他管看门的大爷叫“臭老头”，甚至恶作剧一样的在别人背后说难听的绰号。琤琤的妈妈虽然觉得孩子没礼貌，但觉得孩子还小，而且这又不是什么大事，就没有太放在心上。

直到有一天，妈妈带着琤琤参加一个正式晚宴，被儿子弄得极为难堪的妈妈才知道问题的严重性。那天，大家都还没有入席，琤琤就一屁股坐到主位上，大吃特吃了起来，而且等所有人都入席之后，霸道的琤琤把自己最爱的菜都挪到面前，还大声说："坏人，不准吃我的菜，大坏蛋！"虽然大家都说"孩子小，没关系，没关系。"但琤琤的妈妈却能感觉到那一道道鄙夷的目光。

当男孩在他人面前表现出不礼貌的行为时，的确会让他的父母感到难堪和无地自容，但造成这一结果的原因离不开父母的教育方式。

生活中有些父母只是一味地娇惯和纵容自己的儿子，即使孩子出现一些不礼貌的行为也不及时制止；还有些夫妻在孩子面前谈话或争吵的时候，总是有意无意地带一些不良语言，如"这个笨蛋""他是神经病""滚"……这都会影响到男孩日后的习惯。

男孩具有天生的模仿力，假如父母出言不逊，儿子自然满口脏话。因此，父母应该为男孩创造一个健康的语言环境，让他远离那些不良的语言，学会说"谢谢""对不起""请原谅"等这些礼貌用语。

除此之外，父母还可以采取以下办法帮助儿子成长为一个有礼貌的男孩：

方法一：父母应树立良好榜样

一天，8岁的孙成在接待家里的客人时没有使用礼貌用语，理智的妈妈没有当场在客人面前指责儿子，因为她知道此时任何的指责和批评都可能造成孩子的逆反和不服心理，而且父母的这种做法本身也是不礼貌的。但妈妈并没有忘记这件事情，等到客人离开之后，妈妈把孙成叫到自己身边，然后语气温和地对他说："成成，妈妈发现你对赵叔叔讲话时，没有使用礼貌用语，这是不对的。当叔叔送给你礼物的时候，你应该说'谢谢叔叔'，你说对不对？"孙成有所醒悟地说："哦，对不起，妈妈，我忘记了！下次我一定会注意的！"

孙成妈妈的这种事后提醒儿子的方式，不但在客人面前为孩子留住了面子，而且也让孩子明白自己犯了错误。另一位妈妈在处理相同的事情时，虽然做法不同，但也取到了良好的效果：

一天，妈妈发现5岁的儿子在接受他人的礼物时没有说礼貌用语，于是马上微笑着对孩子说："楠楠，你好像忘记说什么了？"5岁的楠楠迷茫地看着妈妈，显然他还没有意识到自己应该说什么。这时，妈妈对客人说："谢谢您送礼物给楠楠，我代楠楠谢谢您！"楠楠听了妈妈的话，这才意识到自己没有表示感谢，于是奶声奶气地说："楠楠也谢谢阿姨！"

两位妈妈都是提醒儿子讲礼貌，虽然提醒的时间和场合不同，但她们都没有当场批评指责自己的儿子，而是亲自运用礼貌的方法来提醒儿子，让男孩体会到了运用礼貌的好处。由此可见，父母良好的行为举止是对男孩最生动、最有效的教育。所以父母平时要注意提高自身修养，在生活中多用文明语言，不要在孩子面前讲脏话、粗话，为男孩树立一个讲文明的好形象。

方法二：培养男孩的个人礼仪

法国伟大的启蒙思想家孟德斯鸠曾说："礼貌使有礼貌的人喜悦，也使那些受人以礼貌相待的人喜悦。"因此，父母要把自己的男孩培养成一个有礼貌的孩子，首先就要注重孩子个人礼仪方面的引导和培养。

父母培养男孩的个人礼仪可以从下面几个方面去做：

1. 仪容仪表教育，使孩子保持仪容仪表的整洁，养成讲卫生的好习惯；

2. 培养男孩的行为举止目标就是"站如松，行如风，坐如钟，卧如弓"，养成正确的站姿、走姿、坐姿、卧姿。

3. 教育男孩与人交往时要面带自然微笑，千万不要出现随便剔牙、挖鼻、掏耳、搔痒、抠脚等不良习惯动作。

4. 言谈措辞要求男孩使用文明礼貌用语，如"谢谢""您好""对不起""请""没关系""请原谅"等。

方法三：尊重自己、尊重他人

现实生活中有很多男孩养成了以自我为中心的坏毛病，当然这并不是说这些孩子都是"自私鬼"，而是幼小的他们还不知道怎样去关注他人。

有一天，丰子恺在饭馆里请一位朋友吃饭，他把自己的孩子也带了去。刚吃完饭，其中一个孩子就对丰子恺提出要先回家。丰子恺先生马上悄悄地制止了这个孩子。等到从饭馆回到家，丰子恺对孩子们说："我们家请客，你们也是主人。

主人比客人先走，那是对客人的不敬。”孩子们听了父亲的话，都觉得十分有道理。于是，在以后的请客吃饭中，孩子们个个争当好客的主人。

由此可见，父母在日常生活中要教育男孩学会尊重他人，比如：在学校，对老师和同学要多用礼貌用语，在路上遇到熟人，要主动友好地打招呼，等等。同时，父母也要教育男孩谦虚谨慎，正确看待自己和他人的优缺点，不要贬低或侮辱他人，学会在尊重他人的同时也尊重自己。

第六章

勇者无敌

——打造勇往直前的男子汉

每个父母都希望有一个勇敢的孩子，但有时候我们的教育方法却时常适得其反，不但没有把男孩培养成一个敢于直面困难的勇士，而是变成了温室里的娇嫩小花，所以要想你的男孩变得坚强、勇敢起来，需要这样做：

妈妈要鼓励儿子学会坚持；

爸爸要为儿子灌输男子汉气概；

男孩的性别教育是父母不容忽视的一课；

生存技能和强者心态是培养男孩的重点；

……

第38招

鼓励儿子再试一次

穷养真经

妈妈是孩子最亲近、最易模仿的人之一，如果代表感性、柔弱一面的妈妈能够鼓励儿子坚持、勇敢，那么在妈妈的影响下，男孩为了体现自己的男子汉气概，一定会坚持下去，直至成功。

科学家做过这样一个实验：

他们把一条梭鱼放进一个装有很多小鱼的水池里，只要梭鱼饿了，张张嘴，就可以把小鱼吞进肚子里。一段时间后，实验人员用一个玻璃瓶罩住了梭鱼。开始时，小鱼在瓶子外面来回游动，梭鱼就冲上去，企图吞食小鱼，但每次都撞在了瓶壁上。随着失败的次数增多，梭鱼的冲撞越来越少，最后，绝望的梭鱼放弃了捕食小鱼的所有努力。

这时，实验人员取走了罩住梭鱼的玻璃瓶，不过已经备受打击的梭鱼完全丧失了斗志。无论有多少小鱼在它的身边甚至嘴边游来游去，它都不会再张嘴。最后，这条可怜的梭鱼就被活活饿死了。

或许你会嘲笑这条梭鱼的愚蠢，但梭鱼原来并不笨，而且它最擅长的就是捕食小鱼，它的独立生活能力无人能够质疑。但是无数次的碰壁和失败后，梭鱼开始怀疑自己捕鱼的能力，最终彻底绝望了。

有时，男孩做事时也会像这条梭鱼一样，一开始他可能不会怀疑自己的能力，但是随着失败碰壁次数的增加，他灰心丧气了，他开始怀疑自己的能力，他甚至会认为自己就是个失败者。如果在孩子失败和碰壁的时候，作为妈妈的你能够给他及时的激励，让他鼓起勇气再试一次，那么在你的支持和鼓励下，他一定会克服困难，获得成功。

不过，由于母亲天生的温柔特征，总是会对孩子的失败报以更多的怜悯和同情，所以生活中我们总会看到和听到，妈妈不忍心自己的孩子受苦而让孩子选择放弃的事情。其实，当儿子为“失败”感到恐惧或难过时，妈妈们不应以怜悯的态度对待他们，或者在孩子面前唉声叹气，当然更不能责骂孩子。妈妈们应该采取正确的方法让儿子明白，失败没有什么大不了的，不经历风雨怎么见彩虹，再试一次，总会取得成功。

方法一：鼓励孩子再试一次

有一位母亲的教育经验是这样的：

我是一名跳高运动员，在我的影响下，儿子也喜欢上了跳高。我回家后，每天晚上还要在自家门前的空地上搭一根横杆，练习跳高。儿子也跟着跳。我看他有兴趣，便辅导儿子练习。可横杆每升高一点儿，儿子就会把横杆碰掉。这时，我便对他说：“不要紧，再试一次！”就这样，当儿子长到 12 岁时，他跳过的横杆高度已提高到了他的肩膀上了。

再试一次，既是对男孩所做过的这一次的肯定，更是对男孩将要做的下一次的积极鼓励。这句话会使男孩对自己的下一步行动产生一种跃跃欲试的冲动，也会成为男孩继续努力的动力。

在男孩的成长过程中，需要妈妈更多的一次次的鼓励语言，例如儿子跌到时，需要你的“爬起来，再试一次！”儿子遇到挫折时，需要你的“没关系，再试一次……”

方法二：对儿子多点耐心和鼓励

天天 7 岁生日的时候，妈妈送给了他一盒积木玩具做生日礼物。天天非常喜欢这个玩具，所以每天晚上都会拿出来玩，但是每次都是快把所有积木城堡盖完的时候，自己的“建筑”就轰然倒塌了，多次的失败让天天很有挫败感。这时，妈妈总是在一边温柔地说：“没关系，再试一次，你就可能会成功的！”并且妈妈还会给儿子提一些好的建议，例如先叠加哪些积木更不容易倒。终于在妈妈的多次鼓励下，天天成功了。他为此非常的自豪和得意，而且再玩的时候，自信心增强了很多，即使失败很多次，他也没有放弃。

无论是失败还是成功都是孩子一次重要的情感体验，都会在他们稚嫩的心灵深处留下印迹，这时就需要妈妈们变成儿子心灵的塑造者，在引导儿子学习、探究的过程中，关注孩子的每一次进步和发展，并且鼓励孩子再试一次，用自己的耐心和宽容去关爱孩子，让他在任何时候都感到自信、有安全感。

方法三：培养男孩的勇敢品格和毅力精神

有这样一个真实的故事：

有一个小男孩在一次火灾中被烧成重伤，虽然医院全力抢救脱离了生命危险，但下半身却没有了知觉，医生告诉孩子的母亲，说她的儿子以后只能靠轮椅度日了。手术之后，这位母亲经常推着儿子到院子里呼吸新鲜的空气，鼓励儿子坚持下去，而且她一直有意识地给儿子这种感觉：“儿子，妈妈相信你能站起来。”后来母亲有事出去了，一股强烈的冲动在小男孩的心底萌动：“我一定要站起来！”于是，他奋力地推开轮椅，虽然拖着那无力的双腿，他只能在草地上艰难地爬行，但是他没有放弃，而是坚持爬到了篱笆墙边。接着，他用尽全身的力气，靠着篱笆墙站了起来，并试着前行几步。虽然汗水淋淋，但他咬紧牙，拖着双腿再次出发，直到篱笆墙的尽头。从那天之后，他身体恢复很快，到最后竟然可以独立行走了，甚至后来他可以像正常的男孩那样跑步，还被选进了大学的田径队。他就是曾跑出过全世界最好成绩的葛林康汉宁博士。

没想到一个小男孩竟然会有这样大的勇气和毅力，让人惊叹的同时，又不得不让我们看到：勇敢坚毅的精神和品格对孩子来说影响是多么巨大！因此，我们应该重点培养男孩的勇敢品格和毅力精神，让他学会坚持到底，并期待通过自己的努力创造奇迹。唯有这样，我们的孩子才会与成功握手，才可能过上更美好的生活。

第39招

性别教育，为男孩注入阳刚之气

穷养真经

男孩性别教育的缺失，是非常不利于他的健康成长的，很容易造成男孩性别角色的错位，带给男孩心灵上的扭曲和伤害。因此，父母必须重视男孩的性别教育，为他注入更多的阳刚之气。

世界上有各种各样性格的男孩，他们有的风趣、幽默，有的阳刚、威猛，有的具有破坏性，有的被称为“男子汉”，也有的被称为“伪娘”。原本男孩和女孩是两个不同性别的人，他们在性格、行为、习惯等方面都存在很大的差异，不过随着社会变迁、经济变革和教育方面的改革，有些男孩的男性本质似乎在一点点被削弱，变得越来越女性化，失去了男子汉的气概。

为了让男孩能够像个真正的男人那样在社会中生存，父母就要注意男孩的性别教育，绝对不能因自己错误的教育方式造成男孩的性别错位，否则就会让男孩陷入无比的痛苦和伤害之中。

嘉义的妈妈一直盼着生个女儿，这样就可以每天把女儿打扮得漂漂亮亮的，像个小公主一样。但可惜的是，她生下的是个儿子。不过，嘉义很符合妈妈心里小公主的特性——不哭不闹不淘气。于是，嘉义妈妈总爱给嘉义穿蕾丝公主裙、戴粉色漂亮的发卡，邻居们看着都会夸：“这孩子长得真好看，像个小姑娘似的，而且一点儿也不淘气，真让大人省心！”

嘉义没上过幼儿园，一直是妈妈带着，在妈妈的特殊关爱和外人长期的女性化赞美中，嘉义感觉到小女孩是招人喜欢的。于是，他开始喜欢和小女孩玩，逐渐地远离那些“野小子”。对此，嘉义的爸爸也没有提出反对意见。

6岁的嘉义到了上学的年龄，第一天上学的课间，嘉义很自然地跟着女生走进了女厕所，当时，女同学们都被他吓得哭着跑了出来，男同学们都笑话他进女厕所。而嘉义无辜地站在那里，根本不知道哪里出了问题。第二天，嘉义就不愿意再上学了。

嘉义的“厕所事件”完全是他妈妈性别教育错位造成的。一般来说，造成父母对男孩性别教育错位的原因主要包括三种：一是父母们根据自己对性别的喜好对男孩进行疏导，给男孩造成错误的性别暗示；二是父母好玩搞怪的心理，把男孩当成了女娃进行装扮，以便获取自己心理认可；三是年轻父母们不懂教育规律，有的父母根本不注重男孩年幼时的性别培养，以为男孩小不懂这些，还认为男孩长大了自然就会有男子汉气概。

父母们知道了造成男孩性别错位的原因，就要采取恰当的教育方式把儿子教育成一个真正有担当、有责任心、有男子汉气概的阳刚男孩，让他们真正远离“娘娘腔”“伪娘”等称谓。

方法一：父亲要给儿子做出男子汉榜样

人们常说“有其父必有其子”，父亲给孩子的爱就如高山一般坚毅、深厚、刚强，而且父亲会用自己的行动告诉儿子，什么才是真正的男子汉。因此，对于男孩的性别教育来说，父亲一定要给儿子做出一个好榜样，用自己的阳刚之气去实际教育儿子：男人应该是这样的！

具体来说，教育男孩的过程中，父亲可以这样做：时常带着儿子嬉戏，如多参加一些户外运动，让他玩一些勇敢游戏，像滚翻、玩攀登架等，这些对男孩的运动能力发展大有益处。另外，根据男孩爱冒险、好奇心强的天性，父亲可以在这方面激发男孩的动手能力、想象能力、创造力等，引起他对周围世界探索的兴趣。

据调查表明，如果男孩有一个善于教育的好父亲，那么他在数学和阅读理解方面的能力就会比较高，而且在人际关系方面会有安全感，自尊心也相对较强。因此，作为男孩的父亲必须站在教育第一线，为你的儿子做出好榜样，教会他如何乐观、坚强、果断地去面对和解决自己遇到的事情，这将有利于培养他的人格魅力和自主能力，使我们的男孩更好地适应现实世界和未来社会。

方法二：对男孩的性别教育越早越好

专家通过多年研究发现，男孩的性别角色意识从 3 岁后开始建立，而真正形成其性别角色意识是在青春期之后。而在 6 ~ 12 岁的年龄段，即男孩的小学阶段，他们会把更多的注意力转移到兴趣的培养和学习社会知识上，其实，这个阶段也是他们性别意识的潜伏期。因此，父母应从男孩 3 岁开始就对其进行性别教育，尤其是 3 ~ 6 岁这个时期的性别教育，对他们形成健康的人格非常有利，更会对以后在青春期处理男女关系打下牢固的人格基础。

父母不但不应该忽视男孩的性别教育，反而应该从他们很小的时候就重视这方面的教育，同时这也会对父母将来对男孩进行性教育起到重要作用，就像有关专家说的那样："性别教育是对孩子进行性教育的基础，是孩子对自身了解的启蒙，也是孩子形成健康人格的基础。所以，从小就开始对孩子进行科学的性别教育是非常必要的。"

第40招

不养“胆小鬼”，多多磨砺男孩的胆量

穷养真经

男孩会因为胆小而错过很多机会，而且胆小的男孩无论是为人处事还是学习生活，总会缺乏一些勇往直前的勇气和敢于创新的精神。因此，父母必须多多磨砺男孩的胆量，让他变得胆大勇敢起来。

多数男孩都活泼好动，能言敢为。但也有为数不少的男孩经常沉默寡言，不愿与伙伴在一起玩，即使独自玩耍时，也没有同龄孩子那种爱动、贪玩、好奇的特点；他们性格腼腆，说话声音很低，严重者还会怕黑、怕高、怕水……这便是我们所说的胆小。

鑫鑫已经13岁了，但胆子却特别小。每次有人来家里做客时，鑫鑫总会躲到自己的房间里。妈妈起初以为儿子只是性格内向，但后来发现，胆子小才是真正的原因。鑫鑫在学校里从不和同学们一起玩，更不敢与老师接触。有一次，老师叫鑫鑫起来回答问题，他却吓得说不出话，还因此尿了裤子。

还有一次，妈妈正在厨房做饭，鑫鑫却尖叫着冲进厨房，一把搂住了妈妈，嘴里喊着“吓死我了，吓死我了。”原来，令鑫鑫魂飞魄散的只是一只蟑螂。

鑫鑫的妈妈犯愁了，儿子胆子这么小，以后如何能立足于社会呢？

造成男孩胆小、怯懦有很多种原因，主要与家庭教育有关：

首先，是因为男孩的生活范围过小造成的，有些男孩平时只是生活在自己的小天地里，很少与外部接触，自然会出现一见生人就躲藏或腼腆无话等状况。

其次，有些父母为了约束男孩的日常行为，常常会说一些威吓的话，例如：“你再不听我的话，我就把你送人了。”“不要出去玩，外面到处都是坏人。”“别哭了，再哭狼就来抓你了。”等，这些话无形中会对男孩的心理造成恐惧，男孩会认为外面的世界危机四伏，由此产生戒备心理。

最后，男孩胆小与父母过分溺爱也脱不了干系。许多父母常常一手包办孩子的大事小情，致使他凡事都依赖父母，从而出现了性格上的障碍，表现为胆怯、遇到难事退缩、性格孤僻等。

孩子胆小、有恐惧心理，不仅会在生理上受到影响，造成睡眠不好、消化功能紊乱、心律不齐等状况，而且会影响孩子的心理健康。因此，父母一定要高度重视，严加预防。

“胆小”不是病，但会对男孩的发展造成影响。作为男孩的父母，要及时端正教育态度，运用正确的教育方法，让男孩多多接触外界的事物，多与朋友交往，多多探索与尝试新事物，从实践中培养男孩的勇气和胆量。对此，父母要耐心地进行正面教育。若方法得当，你的男孩今后就可以变成勇敢的人。

方法一：收起你的保护伞，还孩子自由

男孩想去爬山，父母会拒绝，理由是山太高了，不安全；男孩想出去玩泥，父母又不同意，怕他弄脏衣服；男孩想去玩水，父母听到后更是把头晃得像拨浪鼓一样：“不行，湖里总是淹死小孩。”渐渐地，男孩在父母保护伞的庇护下，变得畏手畏脚，不管是做事还是交友，都显得力不从心。

一次，强强的父母带他出去爬山。在爬一个小土坡的时候，强强显得有些害怕，不时地回头看爸爸妈妈。爸爸有意让儿子锻炼一下，所以没有上前去扶他；但是妈妈却非常担心儿子的安全，她害怕孩子会从土坡上摔下来，磨破小手，所以冲上前把孩子抱了起来……

如果你爱你的儿子，请不要过分限制他的活动，不要事事替他包办，更不要过分夸张地保护他，使他每天战战兢兢地生活在紧张的世界里。相反，父母要在孩子很小时，就给他一定的施展空间，让孩子尽情发挥自己的能力，自由自在地交友、娱乐，只有这样，才能在潜移默化中培养他勇敢的个性。

方法二：培养孩子的自理能力

周日，爸爸妈妈带着 5 岁的儿子金金去公园玩。到了公园后，金金吵着要吃冰棍。金金的爸爸连忙要去给孩子买，却被金金妈妈伸手拦住。只见她将钱塞入金金手中，说："那边有卖的，我和爸爸走不动了，你自己去买吧，我们在这里等你！"

金金是个胆小的男孩，起初很不愿意去，后来在妈妈的鼓励下，他自己走向了远处的冷饮亭。他见好多人都在排队，于是自己也站在了队伍后面。终于轮到他了，金金踮起脚尖，将钱递了过去，然后又快乐地跑了回来。他的父母明显感觉到，孩子去时和回来时的精神状态发生了变化，由胆怯变得自信了。

很多男孩是由于对自己做事没有自信，才变得胆小，而培养男孩的生活自理能力对于克服胆怯是十分有效的。父母在平时要多鼓励男孩做一些力所能及的事情，比如洗衣服、整理房间、收拾衣柜等。当男孩做完事后，父母要认真给予表扬，若他做得不好，父母除了要告诉他怎么做以外，还应多多鼓励他，以增强男孩的自信心。让男孩在日常小事中得到成功的体验，从而增强自己独立处理事情的自信心，这样在以后遇到更大的挑战时，男孩就不会胆怯了。

方法三：扩大孩子的社交生活圈

改变胆小的毛病，就要让男孩离开父母，学会支配自己的社交生活。要做到这一点，男孩父母需要下一些工夫。

首先，父母应设法使孩子敞开胸怀，使孩子在和别人交往时不再感到胆怯。父母可以在平时教给男孩一些技能，比如美术、绘画、音乐等，使他相信自己并不笨，并敢于参加小伙伴们的各种娱乐活动。

其次，父母可以邀请一些跟自己的孩子一样性格的孩子们来家里，组织他们一起做集体活动。父母可在一旁引导或者干脆回避，让孩子们拥有一个自由自在、无拘无束的活动空间。

最后，父母还要使孩子充分得到社交的锻炼，有意识地带他参加一些聚会，家中来客人时吩咐孩子出来接待，让他端茶倒水、迎客送客等，这样孩子的社会生活圈就扩大了，胆小的性格也会慢慢地得以改正。

第41招

培养男子汉的英勇气概

穷养真经

通常，父亲在男孩的眼中应该是这样的：有担当、勇敢、坚强、光明磊落，具有很强的男子汉气概，很多孩子很爱模仿自己的父亲，所以作为男孩的父亲要用自己身上的好品质、好习惯、好性格去影响和引导儿子。

现实生活中，我们会发现，从小与父亲接触比较多的男孩或者由父亲带大的男孩，往往会表现出更多优势，例如头脑灵活、身体健壮、性格开朗、充满活力等。

为什么会出现这种现象呢？对此，美国一项最新的科学研究成果表明：跟着父亲生活的孩子，通常智商都比较高。这是因为男人在教育孩子方面有更强的目的性，他们比较会注重有计划地培养孩子某方面的行为习惯和品质，更注重提高孩子各方面的技能，而母亲恰恰缺少这些。

另外，心理学家通过研究也证明，如果男孩经常和父亲接触，他们就会越来越勇敢、乐观、豁达、坚强。因为父亲和母亲在教育孩子时通常是不一样的，父亲大多代表理性，而母亲大多代表感性。所以，父亲教育儿子时，会冷静地面对孩子的优缺点，教会儿子如何应对和解决成长过程中遇到的各种问题，如何让自己变得坚强、勇敢、果断。而且父亲和儿子在很多问题上也容易达成共识，他们也大多有着相似的爱好，例如他们都热爱运动、喜爱体育、热衷对抗性游戏、富有活力和激情，这些都有利于培养男孩强健的体魄和敏捷、创造性的思维。

有一位母亲讲述了关于儿子的事情：

儿子小龙很喜欢和爸爸一起玩打枪的游戏。父子俩一人一杆“枪”，一个当“坏蛋”，一个当“好人”，嘴里还“嘟嘟、哒哒”的模仿打枪的声音，每天看着这双方交火，各不相让，连身在局外人的我都感到了“战争”的激烈。他们一会儿你“打”伤了我的腿，我“击”中了你的胳膊。直到最后父子俩大汗淋漓地滚成一团，累得筋疲力尽。

儿子还特别喜欢和爸爸一块踢足球、堆雪人、放风筝……每次玩得既轻松又尽兴。有一次，我忍不住问儿子：“龙龙，妈妈也和你玩啊，你为什么更喜欢和爸爸玩呢？”儿子诚实地说：“因为和爸爸一起玩，不用怕满头大汗，也不用怕弄脏衣服。”

没错，男孩们喜欢和爸爸一起玩，就是因为没有太多顾虑，可以玩得很尽兴。更重要的是在玩耍的过程中，爸爸教会了他们胆量、骨气、坚强和男子汉气概。所以，家庭教育中，父母应该让儿子时常和父亲在一起，并且父亲要为儿子做个真正男子汉的好榜样，以便儿子从自己身上学到更多男人气质。

下面这些教育方法或许能给爸爸们一些启示：

方法一：学会给儿子更多的爱与关注

为了把孩子培养得更出色，很多父亲主动放弃自己的事业，而甘愿做一名“袋鼠爸爸”。当然，我们并不是鼓励爸爸们都不要工作，专职在家照顾孩子，而是说作为爸爸的你即使很忙，也要抽出时间陪陪儿子，给予他更多的父爱和关心。

父母们千万不要以为男孩子就是大大咧咧的，他们也有一颗敏感的心，他们同样需要父母的爱与关注。很多时候，如果你发现自己的儿子无缘无故跟你闹别扭或者对你冷漠，不要以为是因为男孩子的不懂事和调皮，其实他只是在用行为提醒你：我需要你的关注和爱。

爸爸们千万不要以为教育孩子都是妈妈的事情，孩子更渴望父亲的陪伴和关爱，更需要父亲男子汉的阳刚之气给他们做出榜样，告诉他们如何面对困境、如何具有勇气、如何保持乐观的心……

方法二：对男孩适当地宽容一点

意大利著名画家达芬奇很小的时候就对绘画感兴趣，也正因为如此，他上课不专心听讲，而是给老师画了一幅速写。老师很生气，就把达芬奇的父亲彼特罗请到学校，让他好好教育调皮的儿子。但是回到家后，父亲并没有生气，而是夸奖儿子画的传神，因此决定培养儿子在绘画方面的才能，并且在达芬奇 16 岁的时候，送他到画家维罗奇奥那里学画画，最终把达芬奇培养成一代大画家。

假如达芬奇的父亲在儿子从学校回来之后，不是鼓励和肯定儿子，而是把儿子责骂一顿，那么一位天才画家可能就此消失。

因此，父亲不要抱怨你的儿子不听话、没出息、不上进，而是要反过来反省一下自己：我是如何教育儿子的？我是不是只用“武力”解决儿子的问题？我是不是太过计较儿子的错误？其实，男孩子并不是不懂事，很多时候他们之所以犯错误是其内心深处的好奇心、冒险精神或者荷尔蒙在作祟。如果孩子犯错时，你选择原谅和鼓励他，而不是批评，那么他往往会努力改正自己的错误，以积极向上来回报你的宽容。

不过，父亲对儿子的宽容也应该有“度”，不能什么事情都原谅和允许，要在孩子意识到自己错误的基础上宽容他，宽容并不等于纵容，否则最后教育的结果只会事与愿违。

方法三：既要注重身教又要注重言传

爸爸们在家庭和孩子的世界里扮演着榜样、英雄，甚至全能超人的角色，因为爸爸希望自己的儿子能够有一个优越的生活和教育环境，更希望儿子能够像那些优秀的成功人士一样，具备一切美好的品质，例如乐观、积极向上、诚实、聪明、果断、能力出众……

但是，爸爸们要把自己的这些希望变成现实，并不是一件特别容易的事情。对于爸爸而言，“言传身教”是自己应该负的责任，更是教育男孩最合适的手段。除了行为上，父亲要做儿子的表率以外，还应该与男孩进行语言上的沟通和交流，例如父亲要经常抽时间和儿子进行一场“男人与男人”之间坦诚的对话，注重倾听儿子内心的声音，多走进儿子的心灵世界。

第42招

适当放手，让男孩独自去冒险

穷养真经

父母如果把孩子抓的太紧，那么孩子就学不会如何独立生存。只有父母学会放手，学会让男孩独立去冒险和探索，才能让孩子彻底地了解自己的实力，也才能让他学会自己思考问题、解决问题。

男孩子喜欢冒险并不是什么坏事，相反它还具有正面积极的意义。正是因为男孩的好奇心、探索心理和冒险精神，才会更加丰富他们的科学知识，提高他们的生存技能、劳动技能。世界上多数机械制造、科学发明，例如轮船、飞机等的发明，都是男孩的杰作。

幼小的男孩爱冒险的行为可能是喜欢爬上爬下，对火、电充满好奇心，喜欢和父母玩“躲猫猫”，甚至故意做一些危险的事情，以便引起别人的注意。而随着男孩年龄的增长，他们会爱上一切富有冒险性的事物，如滑板、滑翔、攀岩、飙车等。因此，有儿童心理专家说，任何一个男孩在小时候都或多或少地受过外伤，男孩没受过伤而长大成人，只能是奇迹。

有一位母亲讲起自己的儿子总是有些无奈：

我儿子总喜欢跳上跳下，我教训过他很多次，他总是听不进去。有一天我出门办事，小家伙竟然突然萌生了一个想法，要从我卧室的衣柜顶跳到床上，看看自己能跳多高。这个高度至少有一米五，是他从未尝试过的，而且床上有被子，可以防止受伤。

儿子想到这里，激动地马上行动起来。他借助桌子、书架爬上了柜顶，就像爬山一样。他站在柜顶上，用力向床上跳了下来，只听“咔嚓”一声，他没有受伤，床受伤了。儿子看着床中间大大的窟窿，真想从家里逃离。他用棉被把洞盖住了，希望可以瞒过去。

晚上，我回来后，发现儿子表现得特别乖，我挺满意。十点多，我洗漱完毕，按往常的习惯，直接上床休息。结果我的脚陷进了破洞里，吓得我尖叫一声。儿子赶紧关上门，躲进被子里。我气坏了，在门外大声责骂他，他紧紧锁着门不敢出声。

正如古希腊的哲学家柏拉图早在2300多年前写得那样：“在所有的动物之中，男孩是最难控制的！”没错，大多数男孩子都喜欢爬上爬下，即使因此挨打、挨骂，他们还是会对这些冒险的行为乐此不疲。既然男孩的天性如此，我们为什么要严厉禁止呢？为什么不放手让男孩去冒险呢？当然放手的前提是，我们要保证孩子的人身安全，不能因为让他冒险而伤害自己和他人。

那么，面对家里那个老是搞破坏的“坏小子”，作为父母的我们正确的做法应该是怎样的呢？

方法一：理解男孩的冒险行为

很多父母传统上一直要求男孩要静，总是想办法约束自己儿子的行为。其实，我们应该明白，爱动、好冒险是男孩的天性，他们需要自由的行动和广阔的空间，他们依靠运动和攀爬来燃烧体内的睾丸素和促使大脑健康发展。因此，当男孩又在虐待他的玩具或“修理”家里的小件电器时，请你不要束缚他，而是要在不干涉他的前提下尽量保护他的安全，并且相信他的能力。

成长中的男孩往往好奇心很强，尤其是男孩又有很强的冒险心理，也许有时候他的很多冒险行动并没有得逞，但他还是会在父母不注意的时候再次进行他的冒险试验。因此，为了防止这种事情发生，我们必须想办法满足男孩的好奇心，并且站在理解和支持他的角度，让他在满足好奇心之后变得更加谨慎和有所获益。

方法二：放手，让儿子体味成功的喜悦

有一个小男孩4岁了，可他走路还是踉踉跄跄。他不敢走楼梯，只会手脚并用地爬楼梯；他不敢爬那些小山坡，只会让爸爸妈妈抱着他上去；他平时不敢一个待着，总是要让人陪着他。而究其原因，是他家里抱他的人太多了，他根本没有下地走路的机会。

或许作为成人的我们满足了自己抱孩子和保护孩子的意愿，但是孩子却失去了学习的权利。孩子虽然年龄小，但他同样是独立的个体，同样需要自由和自己的空间，需要有自己的思考办事方式。

因此，作为父母的我们应该学会放手。虽然男孩生活、学习之路坎坷不平、荆棘丛生，但他每次超越困难后都会获得欣喜和快乐。如果孩子做得好，我们应及时予以表扬和肯定，但不要太夸张，以免他自我膨胀严重；如果孩子做得不好，我们也要鼓励他面对现实，而不是一味逃避。

另外，我们还要学着解放男孩的思维，让他独自去探索、想象和表达，而且我们要做到有意识、有明确目标、有方向的放手，否则我们的放手对孩子的冒险没有一点意义。

方法三：不姑息男孩的恶意进攻

有一位母亲的教子经验是这样的：

儿子被幼儿园老师批评，因为他上课时故意在背后打人，每一次都能吓人一跳。虽然没有打伤别人，但是严重扰乱了课堂秩序。每次看到别人吓得大叫一声，儿子就会开心地笑起来。我接到幼儿园老师的电话后，决定好好教育一下他。

我接儿子回家后，故意趁他不注意，打了他的头一下，儿子也吓了一跳。我说："你也被吓住了吧，是不是觉得被侵犯了，很生气？"儿子明白我在批评他。我又说："你在班上的行为，是不尊重人的表现，会被大家讨厌的。大家都不和你玩，多孤单啊。"

儿子当时只是觉得好玩，没想到这种行为很不礼貌。经过我的教育，他保证不再犯这种错误了。

男孩的冒险行为并不都是良性的，有一些冒险行为属于恶意攻击。这种恶意攻击的行为让男孩获得冒险乐趣的同时也伤害了他人。因此，父母不能纵容男孩的这种行为，要对其进行批评教育。你在陪儿子一起看电视、听故事时，可以利用其中的价值观、是非观教育儿子懂礼貌，不随便恶意攻击他人。多一些相关的教育，男孩就会慢慢学会自律。

第43招

强化男孩的生存技能

穷养真经

生存技能是男孩必备的基本能力之一，因为只有不断强化自己的生存能力，才能不断迎接生活的挑战，迎接其他方面的技能，才能在日益复杂的现代社会生存下去。

有人曾经说过这样一句话：“一个不能靠自己的能力改变命运的人，是不幸的，也是可怜的，因为这些人没有把命运掌握在自己手中，反而成为命运的奴隶。”事实的确如此，父母知道要爱孩子，要培养优秀的孩子，可却不知道如何去爱孩子，如何把孩子培养成一个优秀的男子汉。如果你无法教会男孩掌握命运的武器——技能，那么你的爱与期望只能是泡影。

现代竞争激烈的社会不需要那些经不起挫折的温室小花，也不需要“书呆子”，更不会需要那些不会创造只知消费的废人，而是需要一个真正掌握各种技能的社会精英。通常来说，父母应该教会儿子各种各样的技能，例如独立生存的技能、自我保护的技能、社会交往技能、心理调节的技能、开拓创新的技能等。而所有这些技能中，父母首先而且必须强化的就是男孩的基本生存技能，因为人只有先学会如何生存，才能再去拓展其他方面的技能。

著名教育家赵忠心教授在他的调查报告中，曾讲过这样一个故事：

有一次，一家单位组织一群小学生进行社会实践活动。但是在出发前，来送这些孩子的家长比孩子还要多，男女老幼有上百人，只看到孩子们在车上坐着，家长在车下一个劲地往车上递东西，有食品、水杯、小电器，而且嘴里一直重复着“别喝生水”“不要乱跑”“睡觉注意盖好自己的被子”“晚上出去上厕所要带着手电筒”……等到孩子的车离开了，家长还都眼巴巴地看着车子远去的方向恋恋不舍。

其实父母应该相信自己的儿子有基本生存的能力，离开父母的保护和照顾他一样会活得很好，甚至更出色。而且很多时候，父母有必要让儿子去亲身体验一下艰苦的生活，以便促使他们更加珍惜自己优越的生活和学习条件，增强自身责任感。

在国外的一些学校教育中，他们有一项特殊的课程——野外生存训练。如今，这项课程已经日渐成熟，并且已成为中小学生的必修课全面推广。这些野外训练会根据训练强度和时间长短以及孩子的年龄设定，训练的科目也很多，包括峭壁攀爬与下落、行军与露营训练、丛林识途与越野、划艇与漂流的技巧，等等。通过这些野外训练，不仅锻炼了孩子的技能、体力、应变能力，而且还激发了孩子挑战自然的勇气，练就了他们勇敢坚强的品质。

当然，中国父母也要根据自身的家庭状况和社会环境来寻找适合自己儿子的生存技能方法。下面就给父母提供一些强化男孩生存技能的方法：

方法一：让男孩学会自理

有一位母亲有些无奈地这样谈起了自己的儿子：

我和爱人的工作特别忙，所以儿子生下来不久便被寄养在乡下的爷爷奶奶家，到他要上幼儿园的时候，我才决定接他回市区住。也不知道是不是在乡下随意惯了，儿子养成了不讲卫生的习惯。我们一让他洗澡，他就推三阻四的，更不用提饭前刷牙漱口、洗手这些重复几百次的习惯了。因此儿子牙齿被虫蛀了不少，经常闹肚子。在学校里，干净整洁的校服没有几天，他就穿得又脏又破。虽然我不断的提醒、警告、责罚，但都没有效果，儿子仍然把自己弄得一塌糊涂。我眼看着别人家的孩子都干干净净、神采奕奕的，再看我们家的“小脏猪”，心里就十分苦闷。

如果男孩子从小不能养成生活自理的习惯，整日不修边幅、行为邋遢，那么他性格上也必然是散漫的，长大后就更别指望他的自理能力有多强。因此，父母应该放开儿子的手，教会他如何打理自己的生活，让他学会“为自我服务”。

例如父母应从小培养儿子爱劳动的好习惯，给儿子充分的活动自由而不是管制和过度关注，积极和儿子建立“朋友关系”，以平等的身份同儿子对话，同时鼓励儿子亲手做些力所能及的事情，多给儿子提供服务他人的机会，例如整理房间、准备长辈的节日礼物等，还可以和孩子定下一些规则，全家人最好一起遵守，等等。

方法二：培养男孩自主理财的好习惯

在当今市场经济的新形势下，很有必要让男孩树立正确的金钱意识和培养男孩自主理财的好习惯，因为只有懂得如何正确使用和获得金钱，做到不奢侈、不浪费，他才能更好地经营自己的生活。

其实，学会理财是男孩强化生存技能的最重要的一个环节。那么父母如何教会男孩掌握自主理财的本领呢？下面这些方法不妨尝试一下，或许一段时间之后你就会发现它们有多么神奇：

1. 让男孩做一份自己的财务计划。例如先制作月份财务预算表，然后得到这些以前的消费记录资料以后，让他开始建立计划，接着月底时再次评估执行计划的成果，同时，在计划之余，最好让孩子事先准备一些随心所欲的零用钱。

2. 让男孩学会尽量节省花费。父母可以告诉儿子，坦然面对金钱的得失，学会节省；另外让儿子停止购买“无用之物”，反省他的购物习惯。

3. 让男孩养成存钱的好习惯。可以让男孩使用储钱罐，或者给他在银行开户，养成定期存钱的好习惯。

4. 给男孩赚钱的机会但不接济他。给儿子一些需要付出一定努力、有一定难度的赚钱机会，不要太高报酬，只是让他们感受“钱来之不易”。父母千万不要怜悯花钱无节制的孩子，让他学会对自己负责。

方法三：让儿子懂一些野外求生术

在一次学校组织的郊游活动中，十岁的美国小男孩斯洛及几个伙伴与队伍走散，误入了密林之中，无法与其他人取得联系。黑夜来临之后，他们还是在森林里转悠，甚至像是越来越走向森林深处。但是这些小家伙们并没有惊慌失措，而是运用他们的野外生存知识，在黑暗的森林里一边躲避野兽的危胁，一边等待外界救援。终于，经过漫长的三天二夜之后，他们成功获救了。

可见，野外生存术对于孩子来说有时也是非常必要的，因为毕竟“天有不测风云，人有旦夕祸福”。说不定什么时候意料之外的情况就发生在自己孩子身上。因此，为了在遇到这类野外危险时孩子能化险为夷，父母一定要在平时教给儿子一些野外求生术。例如迷失方向怎么办，如何寻找水源，如何躲避野兽的追击等等。

第44招

相信儿子会创造奇迹

穷养真经

一个懦弱的人是不会有成功未来的，一个甘居弱者的人同样很难创造精彩的生活。只有不断强化男孩的强者心态，才能让他在竞争激烈的社会中闯出一片自己的天空。

瑞查德·M·德沃斯曾说过这样一句话："如果不敢去跑，就不可能赢得竞赛；如果不敢去战斗，就不可能赢得胜利。"心理学家斯科特·派克也曾说过："在这个世界上，只要你真实地付出，就会发现许多门都是虚掩的！微小的勇气，能够完成无限的成就……如果你幸运与生俱来就有勇气这种品性，那么很值得恭贺；如果你还没有养成这种性格，那么尽快培养吧，人的生命很需要它！"没错，勇气是男孩取得成功的必备素质，更是他主动进取的动力。因此在平时的教育中，作为父母的我们不应该因为担忧儿子的安全，而牺牲锻炼孩子勇气的机会。

约翰是住在北达科他州的一个农场的一位美国高中学生。有一天，他独自在父亲的农场里操作机器时，不慎将自己的衣袖绞在机器里，结果两只手臂被机器切断。约翰忍着剧痛跑到几百米外的房子里，并且用牙齿打开门栓，爬到了电话机旁边，由于此时他已经无法用手拨电话号码，只得用嘴咬住一支铅笔，一下一下地拨动，终于拨通了求救电话。

当救护人员赶到时，约翰被抬上了担架。临行前，他冷静地告诉医生："不要忘了把我的手臂带上。"原来，为了不让血白白流走，他把断臂伸在了浴盆里。之后，约翰进行了断肢再植手术，并在一个半月后回到家里。当他能微微抬起手臂时，就回到学校继续上课了。家人和朋友都为他的勇敢行为感到自豪。

约翰自救的行为和他所表现出来的勇敢坚定的品格值得所有男孩学习。就像我们所看到的那样，孩子并不像我们想象中的那么弱小。只要我们激发出男孩内心的勇气和强者心态，给予他们足够的空间和表现的机会，那么男孩就会证明给所有人看：我是个真正的男子汉！

丘吉尔说："勇气是人类最重要的一种特质，倘若有了勇气，人类其他的特质自然也就具备了。"没错，勇气能够激发男孩出的各种能力，那么我们如何培养男孩那种勇者心态和强者心态呢？

方法一：不要拦截孩子尝试的机会

"小心，小心，我来！"这句话是许多父母的口头禅，可能作为父母的你是出于保护孩子的心理，或出于对孩子的不信任、省事的心理，常常在男孩试图挑战自己的能力之前，就拦截了他尝试的机会，让他既来不及证明自己，又来不及学会该有的能力。因此，我们应该给男孩练习"我是强者"的机会。

有一位父亲的教子经验是这样的：

有一次我带儿子去欧洲旅游，当时他只有 4 岁，但为了训练他的独立和承担责任的勇气，我给他准备了一个小手拉行李箱，里面都是他自己的东西。我要求他不管在哪里，他必须自己整理那个小箱子。如果整理时落下了什么东西，他必须负责后果和损失，我们不会帮助他。

在将近一个月的旅行中，儿子第一个星期就丢掉了一盒蜡笔、一副红色塑料框眼镜和一支迷彩服的小望远镜。虽然他为此很沮丧，但我坚持遵守规则，没有帮他补上。当儿子从这个教训中确认自己真的必须负责，并且要有勇气承担错误时，从第二个星期开始，除了被海风吹走一顶棒球帽之外，就再也没有落下任何东西了。而由于棒球帽丢失不是他的错，所以我立刻帮他再买了一顶！

孩子的一生还很长，而且我们不知道他要面对多少的困境和难关。但孩子的生活我们不能代替，必须要让他自己凭借足够的勇气和智慧去解决他遇到的困难。因此我们应该把"勇气和进取"放在培养男孩素质的重要位置上，让他用强者的心态和勇者的步伐走出自己的人生路。

方法二：告诉儿子“我相信你会创造奇迹”

芒提·罗伯兹从小就跟着驯马师的父亲过着流浪式的生活。就在他中学快毕业的那个学期，有一天，老师布置了一项作业，要求大家写一篇作文，谈一谈自己以后的理想和志向。

芒提·罗伯兹花费了一个晚上的时间去详细“规划”他的未来，精心描绘了他的宏伟蓝图，他写道：希望自己将来能拥有一座属于自己的牧马场，甚至他还绘制了一张占地达200英亩的牧马场的图纸，并在上面标出了包括马厩和跑道等所有建筑物的名称和位置。他还打算建造一栋占地4000平方英尺的大房子。

可当第二天他把文章交给老师的时候却得到了最差的成绩，老师对他说：“你的理想就是白日梦，尤其是你这样家庭情况的小男孩，你既不聪明，也没有钱，而且整日流浪。不要做梦了，如果你愿意重新写一个比较切合实际的理想的话，我会重新给你打分的。”

芒提·罗伯兹回到家之后把自己的理想讲给了父亲听，父亲让他深思熟虑自己的理想，并且对他说：“无论如何，我都认为这对你来说是一个非常重要的决定。我相信你会创造奇迹的！”就这样，芒提·罗伯兹自己去思考，并且最终决定不放弃自己的理想。30年之后，芒提·罗伯兹已经实现了自己的理想，并且他时常把他的房子借给当地的慈善机构来举办募捐活动，以帮助处在危险中的青少年募集资金。

其实，任何一个男孩，从他来到这个世界开始，就是一个奇迹。在成长过程中，他会继续不断地在奇迹中创造出更多的奇迹。而作为父母的你，一定要相信自己的儿子是一个能创造奇迹的人！

方法三：告诉儿子“人生允许失败”

很多社会学家最担忧中国独生子女的情商，很害怕他们因为不能承受失败、挫折而选择逃避或不战而降。社会学家的担忧不无道理，因为现在大多数的孩子一直到上小学之前都几乎没有承受过竞争的压力。

虽然现在无论是学校还是家庭都在教育男孩怎样获取往前冲、往上爬的能力，但却不太重视也不太强调万一孩子没有冲上去或半途滑下来该怎么办。因此男孩们在隐约感觉到自己可能不太具有成功或上进的实力，或觉察到自己有滑下来的危险时，就干脆选择停滞不前，拒绝继续尝试。有的男孩因此看轻自己，不再具有斗志；有的甚至只知嫉妒别人，偏离了取得成功的正道。

那作为父母的我们应该怎么帮助男孩面对这种状况呢？那就是除了提供无条件的爱与支持外，更重要的是告诉孩子“人生允许失败”，失败并没有什么，只要你有勇气和能力，成功就会出现在你面前。

第45招

引导男孩创造自我、超越自我

穷养真经

竞争已经渗入到了人们生活中的方方面面，有无竞争意识已经关系到男孩在未来社会的地位，所以，父母必须重视男孩竞争意识的培养，让他不断超越自己，创造奇迹。

一位商界名人说过这样一句话："唯一能持久的竞争优势是胜过竞争对手的学习能力。"这句话用在教育男孩身上同样适用，即一个男孩要想获得持久的竞争能力，就要不断超越自我。父母们也要清楚一点：教会孩子战胜自己比战胜他的对手更重要。

很多父母也许都听过"鲶鱼效应"的故事：

喜欢吃沙丁鱼的挪威人，一直在千方百计地想办法把活的沙丁鱼从茫茫大海中带回到市场上，但是渔民们发现每次捕获的大量活的沙丁鱼都会在中途因窒息而死亡。有一条渔船却总能让大部分沙丁鱼活着回到渔港，人们不知道其中的原因，因为这艘渔船的船长一直严守着秘密。直到有一天这位船长去世，谜底才揭开。原来聪明的船长在装满沙丁鱼的鱼槽里放进了一条以沙丁鱼为主要食物的鲶鱼。鲶鱼进入陌生的环境后，便开始四处游动，而害怕生命受到威胁的沙丁鱼就变得很紧张，左冲右突，加速游动。这样一来沙丁鱼又吸收了氧气，自然不会死了，就能活蹦乱跳地回到了渔港。

沙丁鱼为什么在有天敌的情况下，反而能存活得更久呢？很显然，当它生命受到危险时，它的神经和动作都会变得异常敏感，为了活命，它不能安于现状，必须想办法突围，就这样在一次又一次的奋力挣扎中，它获得了活命的机会。

同样，父母在育儿过程中，也可以恰当地运用“鲶鱼效应”的原理。打个比方，你就是“渔夫”，而你的儿子是“沙丁鱼”，为了让他变得更加出色和有能力，你必须放进去一条“鲶鱼”，让他在“鲶鱼”的激励下，变得充满生命的激情和活力，进而变成一个有上进心、好胜心、自信心的男子汉。

当然，这里的“鲶鱼”并不是真的要你为孩子树立一个对手或者敌人，而是教会他怎样一步一步地去挑战自己，怎样这一次做的比上一次更好，怎样在优胜劣汰、错综复杂的社会中具有很强的竞争能力。

方法一：帮助孩子找到自身的竞争优势

小坤总觉得自己是一个一无是处的男孩，例如：学习上，他觉得自己无论怎样努力都赶不上别的同学。课堂上也不敢回答老师的问题，总是会担心自己回答不上来或者回答错误被同学嘲笑；下课也不大和同学们一起玩，如果有同学邀请他加入他们的游戏，他就会说：“这个游戏我不会玩，你们玩吧！”然后就一个人回到座位上坐着去了。

爸爸觉得儿子的这种状况如果再不改观，那么他很有可能会变成一个胆小怕事、裹足不前、一事无成的人。于是小坤的爸爸开始在一点一滴的生活中去鼓励和肯定自己的儿子，让儿子首先学会相信自己，然后再相信自己的能力。慢慢地在爸爸正确的引导和鼓励下，小坤变得越来越有自信，而且在爸爸“一次考试进步 3 分”的要求下，学习成绩也越来越好了。

父母教孩子人生的第一课，就应该是让他相信自己，相信世界上任何的事情他都能凭借自己的努力去完成，而做到这一点，父母就要在现实生活中仔细观察男孩身上的优势和闪光点，然后对此表示出肯定和支持。

世界上没有一无是处的孩子，而且哪怕是孩子身上最微小的那个优点，经过父母的细心调教和正确引导，都有可能成为改变男孩人生的奇迹。

方法二：引导男孩向竞争对手学习

有人说，对手就是一面镜子，能照出自己的不足，更能完善自己。因此，父母们应该正确引导男孩向自己的竞争对手学习。

今年刚读初一的张刚下决心要将自己的学习成绩提升到班里前三名。他爸爸问他："刚刚，现在班里前三名都是你的竞争对手，但要想赶上或者超过对手，就必须'知己知彼'，所以你首先必须了解你的竞争对手，然后虚心向他们学习。你知道你们班前三名都是谁吗？"张刚说："我知道。"接着，他说出了前三名同学的姓名。爸爸又问："第三名同学与你相比有哪些优点？"刚刚说："他学习很刻苦，而且喜爱学习，主动性很强，课堂上总是勇于举手发言，而且虚心好问"。爸爸又问："第二名同学和你相比有哪些优点？"张刚说："她上课注意听讲，而且能够对所学的知识融会贯通，举一反三。"爸爸又问："第一名同学与你相比有哪些优点？"张刚说："他基础知识很强，而且很有时间观念，很有毅力，遇到难题不解出来不罢休，喜欢钻研，而且他知识广博，喜欢看课外读物。"于是爸爸说："刚刚，现在你知道应该怎么做了吧？记住，了解对手，心里才能有底；学人之长，才能胜利有望。"张刚顿时恍然大悟，信心十足地说："爸爸，我明白了。下次考试你看吧，我一定会追上他们的！"爸爸也信心十足地看着儿子说："好儿子，我相信你能成功。"

在爸爸的启发和帮助下，张刚看到了竞争对手的优势，并且找出了自己存在的差距，学习的时候能够准确地知道自己的不足和怎样改正，比他们学得更努力、更刻苦。最终，他在期末考试时名列前茅。

由此可知，父母在教育孩子时，应该引导男孩对自己的竞争对手不要怀着敌对的心态，而应视为学习的动力、目标以及榜样，然后不断完善自己、挑战自己，多学习对方身上的优点，这样才能在竞争的舞台上获得属于自己的胜利。

第46招

让男孩坚信：天生我才必有用

穷养真经

很多时候男孩在遭遇挫折或困难时，会突然变得自卑和失去勇气，这时，就需要父母不断鼓励孩子，教他学会自我激励，唯有这样他才能走出低谷，重新认识自己。

麦克家有个刻着“与众不同”四个字的红色餐盘，要是谁做了得到一家人认可的事情，吃饭时就可以使用这个盘子。这天，麦克带好朋友大卫回家。大卫骑来了一辆漂亮的新自行车，那正是麦克存钱想要买的车子。大卫得意地说，他这次测验及格，自行车是父母奖给他的。其实，麦克这次测验也及格了，但仍需要自己省钱买车。母亲担心麦克会有不公平的想法，便对他说：“我知道你可能会不愉快，尤其是你学习那么用功，还通过了测验，这都是我和你爸爸最感到骄傲的事，因此你有资格用红盘子吃饭了。”麦克若有所思地看看自行车，再看看大卫，然后小声对母亲说：“妈妈，红盘子更棒，因为那是我自己努力得到的。”说完，就开心地和大卫出去玩了。

麦克的父母用红盘子吃饭来激励孩子，通过孩子及时的自我激励来化解外界环境对他的影响，目的是培养孩子对自身行为的正确认识。

这个故事告诉我们：自我激励是习惯内化的结果，男孩重视的不再是父母的表扬或者物质上的奖励，而是对自己努力的肯定，并能正确面对物质诱惑。相反，不恰当的物质奖励会使男孩变得完全依赖于他人的赞许。

男孩是否能给自己喝彩，会不会自我激励，影响着他未来的发展空间和高度。给自己喝彩的男孩，即便天赋平平，也能够在挫折面前不低头，遇到困难把它踩在脚下当台阶，进而走向成功。不会给自己喝彩的孩子，即使天赋超群，但因认识不到自己的能力，看不清自己的优势，行为上也会表现出懦弱的特点，这样的孩子没有困难时不前进，遇到挫折时容易逃避，缺乏自信，将来可能会一事无成。

事实上，男孩取得好成绩或有所进步时，最好的奖赏是能在当晚告诉家人，分享他的成就。因此作为父母，我们不仅要告诉孩子我们为他而骄傲，更要告诉他天生我材必有用的道理，让他学会依靠自己的力量来强化自己的行为。另外，帮助男孩形成这种力量的最佳做法是：指出他所做的事情值得给予荣耀，然后提醒他要从内心里承认自己。不过，帮助男孩认清自己的能力是一个长期而细致的过程，而且离不开父母的尊重、信任、指导及影响。

方法一：注意男孩的个性培养，客观地看待自己

张智是初一的学生，自小体弱多病，所以体育成绩比较差，但文化课成绩在班里却一直是名列前茅。一次上体育课，老师要求同学们沿着操场跑两圈，当所有的同学都跑了两圈时，张智只跑完了一圈，老师要准备下面的活动，所有的同学都站着等待张智。

此时的张智见几十双眼睛盯着自己，虽然老师和同学们嘴里没有说什么，但他感觉到别的同学对自己的轻视和嘲笑，心里十分难受。

放学回家后，张智的心情还没恢复，妈妈了解了事情的经过后，对张智说："孩子，你的学习成绩在班里名列前茅，只是身体太弱了。以后加强锻炼，争取做个全面发展的优等生！"听了妈妈的话，张智的心情好了许多。

每个孩子身上都有长处和短处，都是优点与缺点并存。当男孩因自己的短处遭到打击时，我们要及时调整他的心态，让孩子全面看待自己，认识到自己的过人之处，这样男孩才能够从打击中快速恢复，不沉浸于负面的评价中，这有助于他自我激励的形成。

另外，我们不要处处想到儿子"不能干什么"，以致时时提防，怕这怕那，过分地呵护孩子，而是要多想想儿子“能干些什么”，创造条件让他去探索，去游戏，让他们走出家庭，参加到集体活动中去，以便在交往中发展各种能力，逐渐养成良好的个性品质。

方法二：引导男孩自我激励

我们要时常告诉男孩，求人不如求己，因为没有人有义务和责任一直给予你鼓励和支持，重要的是要学会自我激励，这样孩子在没有外人鼓励的前提下，也可以获得大的进步。

在拿破仑·希尔的《思考致富》一书里面，首次揭示出六个自我激励的黄金步骤：

1. 确定你的目标；

2. 确确实实地决定，你将会付出什么努力与多少代价达到目标；

3. 规定一个固定的日期，一定要在这日期之前完成目标；

4. 拟定一个实现你理想的可行性计划，并马上进行；

5. 将以上四点清楚地记下——不可以单靠记忆，一定要白纸黑字；

6. 不妨每天两次，一次在晚上就寝之前，另一次在早上起床之后，大声朗诵你写下的计划的内容。

爱迪生曾写信给拿破仑·希尔：“我感谢您花了这么长的时间去完成‘成功学’，这是一个很健全的哲学，追随您学习的人，将会获得很大的效益。”虽然上面六条是经济学中的步骤，但是同样适用于家庭教育，父母完全可以将其作为参考，利用到对孩子的教育当中，让孩子读懂这个黄金步骤，在此基础上，制定自己的学习步骤，从而实现自己的理想。

方法三：教男孩学会积极的心理暗示

一位母亲的教子经验是这样的：

儿子阳阳是初二的学生，老师经常夸他心态棒，不骄不躁，宠辱不惊。其实，阳阳只是学会了自我激励。在阳阳刚上学的时候，我就教他每天早晨说三遍“我最棒”，一直到现在，阳阳每天早晨也是如此。

在成绩差时，阳阳内心就有个声音鼓励他好好学习；遇到挫折时，来自体内的声音会让他坚持。不管遇到什么困难，他都会精神抖擞，勇敢面对；而在表现出众的时候，又能够不骄不躁，努力更上一层楼。我教给阳阳的积极的心理暗示起了重要作用。

孩子的一生不可能一帆风顺，帮助他们的最好办法，就是让孩子学会自我激励。积极的心理暗示，为男孩提供了充沛的原动力，使他可以冲破重重障碍，成为一个自强不息的人生斗士。

第七章

团结就是力量

——独立生存的同时也要学会与人合作

你知道应该放手让男孩做自己能做的事情吗?

你了解培养男孩主见和领导力的重要性吗?

你教会男孩做事有计划了吗?

你注重提升男孩与他人的合作能力吗?

你曾要求男孩学会自我反省吗?

……

一个真正疼爱孩子的父母一定会像老鹰那样教给孩子捕食的能力，而不是过度地保护和溺爱他。因此，穷养男孩的秘诀就在于用一颗真正关爱的心去引导他如何独立生存。

第47招

让孩子做力所能及的事

穷养真经

男孩虽然年龄小，但是很多事情他已经能自己做，而且通过做这些事情，他的动手能力、独立能力、思考能力、创新能力等都会有所提高。所以，父母不要以保护孩子为借口，包办孩子的任何事情。

孙睿已经3岁多了，可是爷爷奶奶爸爸妈妈一家人都围着他转，无意识地让他成了一个名副其实的“小皇帝”。

有一天，孙睿要自己穿鞋：“妈妈，睿睿穿鞋。”一边说着，一边拿鞋往脚上套。妈妈突然意识到，其实有很多事情孩子是可以自己做的，穿鞋、吃饭、洗手、洗脸，甚至穿衣戴帽，都应该是可以的。可是自己习惯了呵护孩子，却在无意识中剥夺了孩子自己早日学习自我独立的权利。

于是妈妈和家人商量后，让孙睿学着去做自己能够做的事情。一开始，爷爷奶奶有些不舍，说孩子还小担心孩子做不了。不过好奇心很强的孙睿每学会做一件事，心里有很大的成就感，事后有更多的好奇心去学习更多的事情。

可见，我们要从小让孩子养成好的生活习惯，让他做自己力所能及的事，慢慢让他摆脱对大人的依赖，在自己的天空中自由飞翔。当然，孩子自立的过程需要父母的鼓励和帮助。当父母试着放开手，让孩子自己的事情自己做，就会让他体验成功的喜悦，并感受到自己如何优秀！

方法一：培养孩子的生活自理能力

父母不要总是对孩子说“你还小”“你不懂”“你不行”，而是要给孩子一定的锻炼机会，让孩子学会自己照顾自己。例如让孩子学会自己吃饭，自己穿衣服，自己洗手……父母的责任是密切地关注他，扶持他，鼓励他。在尝试的过程中，培养其独立意识，增加其自信，使其逐步成为独立自主，对个人、社会负责的，迈向自我实现的个体。

相反，如果孩子独立吃饭，把饭粒洒了一地，妈妈立即夺过碗取而代之；孩子第一次洗碗，摔破了一个饭碗，父母就对着孩子摇头："看你笨手笨脚的，还是妈来帮你洗……"此时，孩子会觉得自己无能，随之依赖性增强，责任心萎缩。日久天长，他会变得一步也离不开父母。父母过多包办，只会压抑了孩子身上最为宝贵的责任心。

在教育孩子的过程中，父母应该树立这样的观念：孩子能自己做的事，绝不代劳；同时，让孩子表达意见，让孩子自己选择、做决定。

方法二：培养男孩学习的自主能力

有一位母亲的教育经验是这样的：

儿子在写语文作业的时候，遇到不会写的字常来问我，我并没有一说了事，而是找来字典耐心地教他使用方法，教他遇到不认识的字怎么查。此后，字典就成了孩子的半个语文老师。当孩子做数学应用题不会列式而求助于我时，我并不急于帮助他列出算式，而是启发他反复分析例题，深刻理解各项已知条件和所求未知数之间的等量关系，并分析所做习题与哪一类型的例题比较接近，有哪些共同点和不同点，在列式过程中注意体现出哪些区别等等。讲完这些道理后，还是让他自己去动脑筋列算式。通过这种一点一滴的培养，儿子逐渐养成了依靠自己而不依赖别人的好习惯。从小学四年级开始，儿子在学习上遇到困难题已习惯于自己钻研，经常"啃"书本到深夜。

电脑、钢琴、家教……父母愿意不惜代价地为孩子进行教育投资，就是希望孩子学有所成。父母重视教育是很可取的，但要真正提高孩子的学业，最重要的还是要让孩子自己有学习的责任感。因为努力学习是孩子分内的责任和义务，也是对家庭的责任，父母绝对不能助长孩子的依赖性，削弱孩子的自主性和责任感。

方法三：增强抗挫折能力

有一个男孩在日记中这样写道：

我5岁时来到在美国留学的爸爸、妈妈身边，原来在家我是“小皇帝”，所有人都围着我转。但是到了国外，刚住下十多天，妈妈就带着我去打工，我的工作是负责送报纸。妈妈告诉我：“我们是穷学生，必须打工挣学费。”在国外九年来，我跟着爸爸妈妈打了许多工，从看孩子到浇花拔草，有时还要为街头给游客画肖像画的父亲当模特。现在爸爸、妈妈都有了固定的工作，不需要打工了，可一些老雇主还非要妈妈去帮忙，我也一直跟着妈妈打工，打工生活使我学到了许多国内独生子女学不到的本领。现在的我学会了自己的事情自己做，完全不让家人操心；不仅养成了勤俭节约的好习惯，也懂得了优越的生活不会从天而降，要靠自己努力争取，我已经是一个独立生活能力较强，也具有一定责任心的中学生了。

只要父母敢于狠心压担子，放手锻炼孩子，孩子们就会逐步坚强起来，养成可贵的责任心和自理能力。

第48招

让男孩独立解决难题

穷养真经

对于男孩来说，刚开始独立解决问题的时候可能有点难，因为面对突然而来的问题不知道如何应对，但是经过摸索，就会慢慢总结出一套自己解决问题的方法。相反，如果父母全部帮他一一解决，那么孩子就会成为被牵线的木偶，没有了思考能力。

父母往往误认为男孩遇到的问题越少，才越幸福越成功。因而难以理解男孩们为什么那么喜欢自己解决问题，以及问题解决以后那样的欣然与满足，好像问题越多他们越高兴。孩子是我们的未来，他们将独立地面对未来的社会，独立地面对一切问题。虽然我们不能给予孩子未来的一切，能给予孩子的只是独立解决问题的能力，但是当我们真正给予孩子解决问题的能力时，就等于给予了孩子未来的一切。

曾有一则报道，由于父母因急事没有回家，面对这个突发事件，不知所措的儿子竟然在门外等候了近6小时。

邻居回来的时候，楼道里没有灯，漆黑漆黑的什么也看不清楚，开始她没在意，上到4楼才隐约听见哭声，上去一看，原来是一个孩子坐在门口哭，问了他好几次怎么回事，他才说是爸妈不在家，他开不了门。邻居起身一看，门上原来贴着父母留下的纸条，让孩子回来后去奶奶家里，可能是孩子没看见字条。这位好心的领居把男孩领回了家。

事后，这位邻居说："幸亏我昨天晚上回来时，看见孩子坐在家门口。要不，在那里坐一晚上还不冻坏了……"

这个男孩在回家的时候，由于父母不在家，居然只会在门口等，而不知道去邻居家，或者给亲戚打电话，如果不是邻居及时发现了他，说不定他真会在门外冻上一个晚上。为什么现在的男孩这么缺乏解决问题的能力和应变的能力？究其原因，就是父母太溺爱孩子，在日常生活中对孩子的事情包办代替太多了，孩子的任务只有学习。在这种环境下，孩子自然变成只会读书的书虫，缺乏生存能力和独立解决问题能力。

谈到"独立解决问题"，听起来似乎是成年人的问题，其实真正需要学习"独立解决问题"的正是孩子。这些未来的主人，面临的是一个需要自己探索的社会，他们会遇到各种各样的绊脚石，如果有脚不会走、有脑不会想，茫然不知所措，那是孩子的失败也是我们的失败。

由此，培养男孩独立解决问题的能力也是迫不及待的。那我们如何去做才能培养孩子独立解决问题的能力呢？

方法一：放开手脚，适当地做下"懒"父母

当男孩的身心发展到一定的水平，他们已经具备了自己解决问题的生理和心理条件，家长剥夺了孩子的锻炼机会，就会在无意识中扼杀了孩子独立解决问题的能力。所以父母在日常生活中应放开手脚，适当地做个"懒"人。凡是孩子自己的事，放手让他独立去做。比如说，让孩子自己穿衣服，也许孩子会把扣子系得乱七八糟，但是只要有了第一次的乱七八糟，孩子才会从中汲取经验，才会系得更整齐。也许在此过程中，孩子会出错，甚至有的会惹出许多不必要的麻烦，父母也不能去包办代替，可以暗中给予帮助。

方法二：鼓励男孩自己解决人际问题

孩子是在与人打交道的过程中，学会与人相处，学会解决问题的。做父母的要相信孩子会通过在实践中的锻炼，最终找到解决问题的办法。

一天，妈妈让欧阳去附近书店买本书。欧阳买回了书，并找回了一张10元的钱币。回到家，他把书和钱一块儿交给妈妈。

妈妈拿到钱，发现钱的一角缺失了，便对欧阳说："欧阳，你把这钱拿回去，让老板给换张好的。如果老板不给换，你要考虑好如何跟老板说，他才会换。”

一会儿，欧阳回来了，手里依然拿着缺了角的钱。

妈妈问欧阳怎么回事，欧阳生气地说：“我让老板给换张好的，老板说我无理取闹，不给我换。”

妈妈说：“你再去一次，想想如何和老板交涉。”

欧阳又出去了，一会儿回来了，仍然没有把钱换回来。

妈妈让欧阳说一下过程。

欧阳有点气愤地说：“我让老板给我换钱，不然，我就不买他的书了，可老板还是不给我换，怎么办呢？”

妈妈说：“再想想还有什么办法？”

欧阳又去了，不过这次回来时，手里拿着一张完整的钱。

妈妈忙问：“这次是怎么办到的？”

欧阳兴奋地说：“我告诉老板，是他不诚信在先，如果他不给我换钱，我把这件事情告诉我的同学，让他们不来买他的书，他就会损失一大批顾客。老板听我说这些，就给我换钱了。”

妈妈高兴地拥抱着欧阳，称赞欧阳真能干。

如果孩子在生活中碰到的一些小事，让父母代劳，也许问题很快就能解决，但是，孩子以后遇到同样的问题还是不会独立处理。让孩子遇到问题时自己学会解决问题，不仅能让他们学会独立思考，还能锻炼他们独立解决问题的能力。

方法三：鼓励男孩勇于尝试

父母过度包办，男孩就会害怕失败，凡事不敢轻易尝试。父母要鼓励男孩对任何感兴趣的事进行尝试，在失败中成长，在尝试中突破自我。每一次新的尝试，都是一次新的自我实现，是男孩独立性的体现。

李雨是个娇生惯养的男孩，他过着“饭来张口，衣来伸手”的生活。同学们都在玩滑板，李雨很羡慕，却没有胆量滑。妈妈鼓励他：多摔几次就会了，别怕摔跤，越摔胆子越大。李雨只好硬着头皮去练习，几天后，他就学会了滑板。

如今众多的男孩都处于被过度保护的状态中，变得不敢去尝试。父母想要弥补曾经包办的过错，就要鼓励男孩勇于尝试，改变害怕失败的心理。男孩有了新想法，想去尝试又害怕失败时，父母要给予鼓励。

不要总是说“这个你不行，别做了”“那个你还不会，别动了”，这样的话语只会渐渐熄灭男孩做事的兴趣和欲望，时间一长，男孩对自己的能力丧失了信心，也就开始依赖父母，不愿意自己动手了。

因此，在男孩做事时，父母要少说一些负面评价，多给予孩子一些正面鼓励，一个欣赏的眼神，一个鼓励的行动，就是给予男孩一次成长的机会。即使男孩尝试失败了，也别轻易责备，要鼓励他重新来过，因为孩子只有在战胜失败中才能不断成长。

第49招

培养男孩的领导能力

穷养真经

大多孩子具有从众心理，容易人云亦云和随大流，但这种缺乏主见的行为，往往是因为他们曾经表达与众不同的意见时，受到了父母的打击和反对，导致缺乏了自己的个性和自信。因此，培养男孩的主见性非常重要，而主见更是培养男孩领导力的关键。

美国著名的体育运动心理中心主席安德逊教授和许多运动员、学生、军校学员和公司经理一起工作相处过。根据经验，他确信领导者不是天生的，而是后天培养出来的。而男孩因为体内睾丸素的作用，天生就具有领导欲，假如父母能够好好开发和培养男孩的领导能力，那么相信当社会变革、国际交流、个性发展等诸多挑战与机遇降临到男孩的面前时，无论他是否处在领导者的职位，他都能凭借自身良好的能力自如地应对。

一群在山里野餐的小男孩迷路了，在潮湿与饥饿中度过恐怖的一夜之后，他们无望地失声痛哭。“人们永远也找不到我们”，一个小男孩绝望地哭泣着说，“我们会死在这儿。”然而，10岁的汤姆站了出来，“我不想死！”他坚定地说，“我爸爸说过，只要顺着小溪走，小溪会把你带到一条稍大点的小河，最终你一定会遇到一个小市镇。我就打算沿着小溪走，如果愿意，你们可以跟着我走。”结果，孩子们在汤姆的带领下，成功地走出了大森林。

人们或许认为，像汤姆这样的男孩子是天生的“领袖者”，而其他人注定是随从。但事实上,就像安德逊教授认为的那样,领导者不是天生的而是后天造就的,一个男孩能不能成为“伟大的领袖”,与他的父母如何正确引导和培养是分不开的。

一天,儿子看了西班牙斗牛表演,兴致盎然地对爸爸说:“长大了我要做个斗牛士。”爸爸却对此不屑一顾:“你难道不知道这有多危险,很容易丢掉性命的。”儿子任何不切实际的想法,都被爸爸打入冷宫。长此以往下去,他开始变得毫无主见,行为也愈发地懒散和被动了。

领袖人物一般都有个特质,那就是自己先勾勒出一幅宏伟的蓝图,并激励大家和他共同去完成,而这个蓝图其实就是他的梦想。所以,当你的孩子信誓旦旦地表示他要成为国家主席、警察局局长、航天英雄时,你千万不要因为它不切实际,就“一棒打死”,你要先鼓励和肯定他的种种“奇思异想”,然后一步步锻炼和培养他的领导能力,说不准某一天这个梦想就成为了现实。

那么有哪些方法可以帮助迷茫的父母们培养男孩们的领导能力呢?

方法一:引导男孩积极地思考

男孩内心深处都有当领导的欲望,所以培养他的领导能力的第一步,就是给他积极的肯定,不断累加他的自信心,并引导他积极地思考,进而培养他处理事情的能力。

一天,林林和小朋友踢足球输了,原以为一直在旁观战的爸爸会说:“唉,你太笨了。”万没想到,爸爸边替他擦汗边夸奖他:“儿子,你带球过人的技术真棒,奔跑很积极,如果再加强射门练习,会踢得更好。”接下来,爸爸让小林林把这次比赛自己表现的优缺点写下来,找出自己的不足。林林通过仔细地回顾比赛,发现自己在射门的时候表现得比较弱,于是爸爸就针对他这一弱点,对他进行了射门训练。现在,林林不仅是足球队的前锋,还是小区里的孩子王,一呼百应。

父母积极的肯定,就像一剂强心针,扎在男孩的身上,瞬间就给他注入了很多的力量和信心,例如儿子考砸了,你没有批评他,而是鼓励他说:“这次考的成绩虽然不好,但是你的英语成绩非常棒。以后只要在语文上多下些工夫,我相信你一定能进前三名。”说不定正是你的这句话,儿子开始发奋努力,真的考进了前三。

父母在鼓励和肯定男孩的同时，更要教会他如何思考问题，运用哪些办法解决问题，这样才能一点一点地把男孩体内的领导潜力激发出来。

方法二：要经常鼓励男孩多多表现自己

如果有一天你的儿子跑到你的面前说："我要参加班里的班长竞选！"这时，你会怎么做呢？当然，首先就是要肯定儿子的这种进取意识，然后让他多在班上发言，积极回答老师的问题，并且鼓励他和同学处好关系，在班里树立威信等。

一位妈妈这样介绍她的育儿心得：

儿子班上刚上任的班主任正在班里选班长，在班里当"官"一直是儿子的梦想，于是我就鼓励他："儿子，上课老师提问你要多思考，主动举手回答问题，给老师留下一个好印象，这对你的竞选很有帮助。"

一个星期后，儿子竟然兴奋地告诉我，老师选他当班长了。我虽然笑着恭喜儿子，但是心里一直在犯嘀咕，这新来的老师怎么这么快就选出班长了呢？后来这位老师家访的时候我才知道是怎么回事。

原来，老师告诉大家，每天在上课前早自习时间背《唐诗三百首》，上课老师抽查，谁背诵的好，老师让他领诵。当"官"心切的儿子信以为真，回家后认真地背诵。第二天，老师真的检查，结果只有儿子一个人背下来了。这位新老师对我说："本来想考察一段时间再定班长人选，一看这孩子这么出色，就让他做班长了。"

当上了班长，这对儿子是一个极大的激励。从此他办事、学习变得更加积极、主动，每天带领同学背诵课文，课外时间还带大家搞一些文艺活动和公益活动，事事都走到了同学的前面，结果在学期末就被评为了"市三好学生"。

方法三：给男孩实践的机会

我们都知道：实践是检验真理的唯一标准。其实，实践也是培养男孩领导能力的最佳舞台。

因此，父母们应该多给自己的小男子汉一些实践机会，让他在自己所擅长的领域统领他人，帮助他树立自信心，提升他人际交往的能力，久而久之，他的领导能力自然会加强。

父母可以让孩子参加运动队、课外活动小组和其他社区组织等类似的活动，相信在这些实践活动中他们将会获得待人处世的经验，并且慢慢会知道如何才能更好地成为一个领导者。

第50招

锻炼孩子的计划能力

穷养真经

如果孩子在做任何一件事情之前，都能有计划、有安排、有准备，那么办事的效率一定会大大提高。父母应该经常引导男孩做事要有计划，让他更多体会计划带给他的好处。

“妈，我袜子呢？赶快帮我找找，我上学要迟到了！”“老爸，嘿嘿，这个月零花钱提前‘消灭’了，能不能再资助点儿”“死定了，昨天老师布置的作业还没写完呢”……每当儿子这样“无助”的时候，你是不是都有一种无力感：“这孩子怎么这么不会安排自己的生活呢？”

其实，要解决这些问题并不难，最好的办法就是教会男孩对自己所做的事情有时间规划，培养和提高他的计划能力，有准备、有措施、有安排、有步骤地去解决问题。

由此可见，学会做计划对一个孩子是多么重要，不但能让他养成良好的做事习惯，而且能极大地提高他做事成功的效率。

那么，父母如何来指导孩子科学地制定行事计划呢？

方法一：培养男孩的时间观念

小伟是一个时间观念很差的小男孩，每天放学后就出去玩，而且一玩就是大半天。吃完晚饭他就坐在沙发上看电视，妈妈让他去写作业，他就搪塞着说：“我看完这一集就去，这一集动画片马上就完了。”结果一看就是一个多小时，等他去写作业的时候，已经晚上九点多了。等他写完了作业，还是没有马上洗漱，而是翻翻漫画书，听听歌。终于等到他躺下睡觉的时候，时钟已经指向了晚上11点半。第二天早晨，妈妈又要像往常那样要喊他很多遍，才起来。而小伟睡眼惺忪地起来后，连早饭都来不及吃，就要往学校赶。

一段时间下来，小伟不但因为上课注意力不集中，导致学习成绩下降，而且因为总是迟到被老师批评，他的情绪也变得很低落。幸好，妈妈及时发现了这个情况，告诉儿子要有时间观念，并且为他制定严格的作息时间。从那之后，小伟按着作息表生活，时间观念强了很多，上课注意力也集中了。

计划执行力是建立在良好的时间观念上的，一个没有时间观念的男孩，做起事情来很容易磨蹭、拖延，无法很顺畅、很完整地把一件事情做好，所以父母要做的第一件事情就是让你的儿子建立较强的时间观念，让他知道做事时怎样去根据实际情况制订计划、实施计划。

方法二：告诉孩子做事之前要有计划

洋洋从上幼儿园开始就是一个有“健忘症”的小男孩，做起事来毛毛糙糙、丢三落四。一次偶然的机会，他的爸爸看到这样一个故事：

一天，一位德国孩子对他的爸爸说：“爸爸，我周末想去游乐场。”爸爸看着儿子没有直接回答他，而是问他：“孩子，这一切你都计划好了吗？你打算和谁一起去？去什么地方？怎样去？”假如儿子说：“爸爸，我还没有计划好。”这时，爸爸就会说：“儿子，还没有计划好的事情就不要说。如果你真的要去，那请你计划好。”

洋洋爸爸从这个故事中得到了很大的启发，从此之后他开始着重培养儿子制订计划和执行计划的能力，如他答应儿子周末去动物园，但是儿子要做好计划——什么时间出发、哪些家庭成员参加、需要带些什么、什么时间回家……经过爸爸一段时间的训练，小洋洋做事变得越来越有计划性，而且还在爸爸的提议下买了一本笔记本专门列他的计划，以便更清晰地知道自己下一步该做什么、怎么做。

一般来说，小男孩做起事情来不像小女孩那样细心，一般是想到什么就做什么，很少还会为此去做计划。因此，我们对待那些爱忘事、粗心、马虎的男孩子，最好的方法就是让他们学会做事之前做好计划。如果男孩对你这种“做事前要有计划”的提议表示反对或者不屑，你一定要坚持自己的意见，并且要不断提醒他，让他通过亲身体验自己行为的后果，来真正体会做计划的重要性。

方法三：做好男孩执行计划的“监督员”

作为父母的你是不是总遇到这样的情况：刚刚还在你的建议下写作业的儿子，竟然趁你不注意，偷偷溜进客厅，打开了电视，有滋有味地看起了动画片。或者昨天还答应你要节省零花钱，结果今天就把零花钱全花光了。父母在养育男孩的过程中难免会遇到这样的情况，因为小男孩的自制力本来就很差，他们很容易“三分钟热度”，因此要想让他耐心、仔细地按照先前制定的计划执行，父母就必须做好他的“监督员”。

怎样才能做好孩子执行计划的“监督员”呢？首先，你不能心慈手软，一定要坚持自己的原则；其次，你不能被儿子的借口所蒙蔽；最后，你要对于男孩某些侥幸心理给予彻底消灭，让他知道只有按计划执行才能把事情做好，否则便很难成功。

第51招

把选择的权利还给孩子

穷养真经

随着男孩年龄的不断增长，具有一定的思考能力和自我意识时，他就会面临越来越多的选择。当然，很多时候这些阅历较浅的孩子做出的选择并不正确，那么此时就需要父母从旁协助，引导男孩如何正确选择。

郑板桥的教子诗“流自己的汗，吃自己的饭，自己的事自己干，靠天靠人靠祖宗不算是好汉”家喻户晓，每个父母都感同身受。但却很难做到这一点，而且也忽略了孩子这样一个特点：孩子有能力天天学习，天天长进、完善。

如果父母希望望子成龙，那么就必须鼓励儿子，允许他们变化，允许他们自己作出决定。如果你总是不让孩子照料自己的生活，自己的事情不能自己做主，就会人为地推迟孩子学会料理自己生活的时间，使孩子产生对父母的依赖感，缺乏自我决策的意识。

小男孩函函刚上二年级，课余时间特别喜欢打乒乓球。他对踢足球根本不感兴趣，但他却有个足球迷的父亲。

父亲看到函函经常去练习打乒乓球，就教训他：“小球没有出息，去练大球！”

函函不愿意踢足球，父亲就强迫儿子和他一起去足球场练球，弄得函函总是不开心。

现实生活中，像这样的事情常常发生。儿子想学跳舞，母亲却非要他放弃跳舞改学钢琴；儿子喜欢文科，父母却以“学好数理化，走遍天下都不怕”为借口，为他选择理科……一个人不能选择自己喜欢做的事情是痛苦的，对此，作为父母的我们应该感受最深。

一位专家曾对一所中学的150名中学生的自主性状况做过一个调查，结果很让人担忧。学者的问题是：如果在学习和生活中遇到难题，一时解决不了时，怎么办？被调查的150名学生几乎异口同声地回答：有困难当然是找父母解决；而对于今后准备从事什么职业，90%的学生说要问过父母后才能回答。

试想一下，在这种环境下成长起来的男孩怎么能在竞争激烈的社会中站稳脚跟呢？孩子虽小，但他也有自己的喜好和选择权，让孩子按父母的意图去行事，甚至可能引起他们的敌对情绪和反抗。因此，要想让男孩将来能开拓出更广阔的发展空间，父母就要从即刻做起，把选择的权利还给男孩。

方法一：限制男孩的选择范围

孩子由于年龄小，知识、经验还很缺乏，面对过多的自由和选择，反而不利于他选择和做出决定。因此，我们应该给孩子一定范围的选择权利，也就是让孩子在限定的范围中进行选择。这样，孩子会逐渐树立起适当的选择意识。

方法二：让男孩自己做选择

美国前总统富兰克林幼年时长的非常帅气，尤其是他那一头金黄色的卷发更是惹人喜爱。特别喜欢富兰克林这头漂亮卷发的母亲，爱用各种服装来打扮年幼的富兰克林。但是，富兰克林并不喜欢母亲为他选择的衣服。

有一次，母亲想给富兰克林穿绉边的套装，富兰克林大胆地说出了自己的不满。又有一次，母亲想说服富兰克林穿苏格兰短裙，富兰克林又拒绝了母亲的好意。最后，富兰克林和母亲一致同意穿水手服。

关于这段故事，富兰克林的母亲萨拉在《我的儿子富兰克林》一书中这样写到：“我们做妈妈的对于衣饰的品位虽然高雅，可是我们执拗的儿女却并不喜爱。”可敬的是，富兰克林的妈妈并没有强迫孩子听从自己的意见，而是非常尊重孩子的意见。萨拉是这样解释的：“我们从来不曾试图对他施加影响来反对他的喜好，或者按我们的模式规定他的人生道路。”

从这件事上可以看到，只要父母肯放手让孩子自己去做决定，信任他、尊重他，不横加干涉，孩子就会让父母惊喜于他的成长。所以要想让孩子具有自主性，父母应该适当放手，让孩子自己去做事情，信任他、尊重他，不要横加干涉，孩子会在家长的信任中成长起来。

方法三：让男孩在体验中成长

当孩子面对难题的时候，父母可以不给他们太多的建议，而是让他们自己去体验、比较，在几种结果中确定自己的选择。

当然，男孩在自主选择时，因为社会知识和生活经验不足，难免会出现一些偏差，这时候父母切忌“因噎废食”，就此剥夺他们选择的权利。父母应该明白这样两个道理：第一，只有经过不断地尝试才能提高判断力和选择能力。第二，选择和责任是相辅相成的，责任感是在自我选择中形成的。如果父母不给男孩选择的权利，只是让他们被动地接受，那么他也就不会产生任何的责任感。而缺乏责任感的男孩将来会有出息吗？答案一定是否定的。

尊重你的孩子，还给他自主选择的权利，让他在自己的选择中不断磨炼克服困难、战胜困难的顽强意志和遇事冷静、有主见的良好心理素质。这样，男孩才能成为有出息的男子汉。

第52招

反省自己，宽容他人

穷养真经

自我反省的能力是男孩不断认识自我、完善自我、不断进步的前提条件。不过，在男孩尚未形成完整的自我意识时，还需要父母正确引导他们如何进行自我反省，以便帮助孩子认识错误，改正错误，走向成功。

自我反省意味着站在自身之外，审视那些已发生的事情，并提出“为什么”、“怎么样”“如果……那会怎么样”之类的疑问。自我反省需要你重温过往经历，和自身进行无言的对话，以理解这些经历及其相互之间的关联。自我反省可以使你更好地认识和了解自己，这有助于你理解自己的生活。但是，许多人认为，自我反省是一件很困难的事情。

如果一个人不能够反思自己的言行，评估其优劣，并弄清自己需要在哪些方面作出改变，就不可能向前发展，或者取得任何进步。一个人只有清楚地了解自己的情绪感受和行为表现，才能有助于理解他人的感受和行为，从而有助于预见与他人之间可能出现的任何问题。理解自己的过去，有助于更好地面向未来。

一个不善于自我反省的人，会一次又一次地犯同样的错误，不能很好地发挥自己的能力。而一个善于自我反省的人，往往能够发现自己的优点和缺点，并能够扬长避短，发挥自己的最大潜能，最终成为一个成功的人。

父母可以从以下几点，培养孩子自我反省的能力：

方法一：让孩子自己承担做错事的后果

许多男孩做错事后，父母喜欢为他们承担后果，如孩子迟到了，由妈妈代替孩子向老师道歉“不好意思，我起晚了。”这不仅会让男孩失去责任心，更会使他不会反省自己的错误，从而一而再、再而三地犯相同的错误。因此，明智的父母从不替孩子承担后果，而是让他自己来承担做错事的后果。

一个有点懒的小男孩，周末为了多睡一会儿，就把他的小闹钟拨慢了一个小时，因此他美美地多睡了一个小时。但是，他却忘了把它调回正常状态。

周一，快到上课的时间了，妈妈发现儿子还在睡觉，再看看他的小闹钟，妈妈马上明白了是怎么回事。但是，她没有叫醒儿子。当这个小男孩像平常一样背着小书包来到学校时，他发现同学们已经上完一节课了。结果可想而知，他被老师狠狠地批评了一通。

回到家后，心情沮丧的小男孩开始埋怨妈妈没有叫他起床，这位聪明的妈妈对儿子说：“儿子，每天睡觉前你为什么不把闹钟调好？你总习惯别人提醒你做你自己的事，但别人是不可能一辈子提醒你的。你要学会自己提醒自己，做错事后自己反省自己的错误！”

从此以后，这个孩子很少犯同样的错误。

孩子总是习惯别人提醒他做这做那，但事实正如那位妈妈所说：没有人一辈子提醒他。因此，只有让孩子养成不断提醒自己、不断反醒自己的好习惯，他才能更好地成长。

方法二：父母以身作则，敢于认错反省

父母敢于向孩子认错，认真地反省自己的行为，会给孩子树立良好的榜样，培养孩子优秀的自我反省的能力。

立立是个初中一年级的男孩，他是学校足球队的队员。有一次，学校足球队因为备战市内的校际联赛便延长了训练时间。父母不知道事情的原委，在家里等得非常着急，正要出门寻找时他回来了。

妈妈上前对立立就是一顿指责，立立也很生气，他大声吼道："我一训练完就回来了。"得知事情缘由的妈妈立即向他道歉，说："儿子，对不起。妈妈不该不分青红皂白地指责你。"立立大手一挥，跟妈妈开了个玩笑，"立立是宽宏大量的，原谅你啦。"

父母做错了事情要敢于承认，及时进行自我反省，尤其是在孩子面前更应该如此，这样才能积极地影响孩子。例如父母误会孩子了，不要试图在孩子面前蒙混过关，而应该开诚布公地向孩子道歉。

第53招

扩展眼界，了解世界

穷养真经

随着现代社会国际交流合作的日益加深，以及社会发展的需要，我们必须要给男孩一个国际化视野，让他学会积极接纳和选择国外的一些新鲜事物，最重要的是开阔自己的眼界，以便用更清晰、准确的眼光看待这个世界。

随着教育的全球化、人才国际化的快速发展，父母们对男孩的期望也越来越高，希望自己的男孩高瞻远瞩，打开眼界。所以，也有一些父母很早就开始拓展男孩的“国际化视野”。

有的父母从男孩咿呀学语，就开始教他英语，希望将来能出国留学，善于进行国际间的文化交流和沟通。有的父母恐怕自己的男孩落了后，让孩子参加各种不同的兴趣班，掌握不同的技能，以便适应将来的需要。

英国政府曾经提出“世界范围内的教育”口号，就是把教育的目标定为培养孩子在全球化经济社会中生活和工作的能力，给他们灌输全球化意识，提高他们国际化环境下的交流技能。我们的教育专家们也特别提出：让下一代学会理解不同政治、文化背景和宗教信仰的民族，他们才能拥有更大的生存空间。

那么如何培养男孩的“国际化视野”呢？除了让男孩掌握一门或多门外语、出国留学之外，是不是就没有更好的教育方式了呢，当然不是，为了不让自己的男孩输在起跑线上，父母提高男孩的国际化意识，可以有多种教育方式。

父母培养孩子的世界化意识，不要太急功近利。要结合男孩的实际，选择适合自己孩子的教育方式，让他接受多种文化的洗礼、不同价值观念的冲击，这样他会吸收多元文化，视野变得更开阔。

方法一：引导孩子了解世界

二年级的波波是英格兰的球迷。世界杯期间，他一直很关注着自己崇拜的球队，还不停地给爸爸分析每个人的状态，像鲁尼、兰帕德、特里等。爸爸问他："你知道英格兰在哪吗？"波波抱起脚下的球就在上面找起来了。原来波波玩的球，是爸爸专门买的一个画着世界地图的球。爸爸又问："你知道英格兰的全称叫什么吗？"波波摇头，爸爸又问："鲁尼的家乡在哪个城市？"看到波波还是摇头，爸爸就跟波波说起了这些知识，包括从英格兰的全称到鲁尼的故乡利物浦，又到英格兰的地理位置、风土人情，以及英国绅士等……波波听得入迷了。

从孩子的兴趣着手的教育是最成功的。聪明的波波爸爸，就是从他的兴趣开始，让波波兴致盎然地了解了他的偶像球队的国家风貌。让男孩多了解各个国家和地区的文化习俗、价值观念，并给予理解和尊重，男孩在以后的生活中，就会学会与不同文化、不同意识形态以及不同宗教信仰的人们互相尊重、互相宽容、互相合作。

父母要善于激发和引导孩子的兴趣，并在兴趣的基础上，时时为他开启一扇通往世界的窗户。比如，对有些爱画画的男孩，父母有时间可以带他去参观画展，欣赏世界不同的名画，扩大孩子的视野。

方法二：男孩不能没有世界地图

如果你的家里还没有挂上世界地图，那就赶快行动，为了男孩挂上这幅伟大的地图。就像男孩的玩具不能没有刀、枪、车、坦克一样，也不能没有世界地图。没有世界地图，了解世界的第一步怎么实现呢？

从这一幅地图开始，父母就让男孩慢慢走近世界，心中装着世界。平时，父母可以和男孩做游戏，把周围的遮盖起来，让男孩辨识不同的国家。或者让他画各个国家的地图，打乱后再一个个的辨识，并说出每个国家的特点。当然，孩子在画的同时，说的同时，思考的同时，就会把世界装入了内心。一张世界地图，使小小男子汉已然胸有丘壑。

方法三：激发男孩对科技的兴趣

希望自己的男孩能成为科学家或者某个领域的专家，也是很多父母对孩子的期望。随着经济全球化、人才国际化的发展，将来对具有国际理念的科技人才的需求量也会越来越大。怎么让你的男孩能够对科技知识产生兴趣呢？父母要多让孩子接触不同知识的书，激发他的兴趣。周末时，带他去科技馆参观，男孩的好奇心及极强的探知欲，就很可能调动起来了。家长还可以通过正面给孩子讲一些科学家的实例，在潜移默化中影响他。男孩的兴趣就很有可能在家长的引导下由此而萌生。

当然，如果你的男孩正在接受着你的国际化视野的培养，那么，他学习会更主动、视野更开阔，对世界的认识也更全面，对国际上先进的科学技术会掌握的更好。

方法四：引导男孩及时关注国际形势

通过网络、电视、报刊、书籍等途径，让你的男孩养成看国际新闻的习惯。这样，他可以了解各国的文化，将来也更容易融入全球化的教育环境，更具有国际化的大视野。同时，这个过程，也教会了他从全球、从全世界的角度关注人类命运，关注社会进步，让他在未来迎接全球化和信息发展的挑战更有信心。

第54招

锻炼男孩的交际能力

穷养真经

人际交往能力是人类在生产、生活的过程中起到重要作用的一种能力，尤其是在现在这个开放、多元化的现代社会，人际交往能力显得尤为重要。因此，父母必须从男孩很小的时候，就教会他如何与别人更好地相处。

交际能力是人类在生产、生活的过程中起着重要作用的一种能力。卡耐基曾说过："一个成功的管理者，专业知识所起的作用是15%，而交际能力却占85%。"放眼现实世界，我们确实可以感受到：成功的管理者或企业家无不具有突出的交际能力。美国哈佛大学教授霍华德·加德纳把人的智力定义成八种，其中之一就是人际沟通智能。他把交际能力提升到了与数学逻辑、语言智能等同等重要的地位，而不单纯地把交际能力视为一种非智力因素。由此可见，交际能力在一个人的一生中扮演着多么重要的角色！

然而，在现实生活中，有不少男孩不善交际，不会交际，甚至害怕交际，有的成年之后，还视交际如险滩。

一位男孩父母这样描述自己教育儿子的苦衷：

我儿子平常在家时行为、举止正常，只是一见陌生人就胆怯退缩，不敢说话，躲在一边。在班里，他从来不主动与同学说话，也不与同学玩。上课时，他也不敢举手发言，老师叫他回答问题时，他说话的声音像蚊子一样；下课了，他从不出教室，一个人缩在角落里不敢动。有一次，儿子因其他原因受到了老师的批评，这本来是很平常的事，但他却因此不想再上学了，学习成绩也在不断下降。我真不知该如何才好。作为一个男孩，如果这样发展下去，我真为他的将来担心！

其实，交际能力并非天生的技能，它和后天锻炼是分不开的。当男孩在很小的时候，父母就要重视对这种能力的培养，让孩子从小就拥有良好的人缘，学会与人和谐相处。

在我们的身边，这样的男孩不占少数，那么，我们应该怎样培养孩子的交际能力呢？

方法一：培养孩子的交际能力，增强自信心

父母要经常鼓励男孩主动与别的孩子打招呼，一起玩游戏，一起分享玩耍的快乐。如果男孩怕生，父母可以想办法先缓解他的紧张感，让他身心放松，慢慢地由不熟悉到熟悉。作为男孩的父母，我们还要学会经常给男孩一个这样的暗示：只要你主动、友好地与别人相处，别人就会喜欢和你做朋友。这样有助于增强男孩与别人交往的自信心。

方法二：为孩子提供更多与人的交往机会

父母可以适当地带男孩进入自己的社交圈，带他适当地参加一些成人聚会，这对培养孩子的交际能力也是非常有好处的。正如下面这对父母所做的那样：

李楠夫妇从来不让自己的儿子小远回避自己举行的家庭聚会。无论是自己家的聚会还是去赴会，他们都尽量让儿子参与进来。例如，每次在家里聚会，他们都让儿子到门口去迎接客人，并告诉儿子来客的身份和称呼。时间长了，小远学会不少礼仪，客人进门之后，他还会主动给客人让座、倒水等，俨然一副小主人的模样，一点儿都不怕生。

此外，李楠夫妇还经常带着小远出席一些外面的聚会。在赴会之前，他们都会告诉孩子这是什么类型的宴会，告诉他在宴会上该怎么说话。

在李楠夫妇的教导下，小远的思维方式得到了锻炼，变得非常有礼貌，人见人爱，人见人夸。李楠夫妇对此非常有成就感。

如果所有的父母都能像李楠夫妇这样对待孩子，就可以让男孩得到更多的交往机会，体验到交往的乐趣，从而渐渐提升与人交往的能力。

方法三：鼓励男孩主动去交朋友

在对待男孩的交友问题上，很多父母总乐意让孩子找爱好、志趣乃至性别相同的孩子交朋友，甚至代替孩子来选择他们的朋友。实际上，这样做的局限性和危害性都非常大，会无形中限制孩子的活动空间，而且这种思想的灌输也极易导致孩子形成自私的性格。

5 岁的张杰是个性格温顺、内向的孩子，可在幼儿园里却总是交不到朋友，爸爸妈妈为此伤透了脑筋。他们不知道，其实造成张杰性格孤僻的原因，正是因为他们忽视了对孩子进行早期社交能力的培养。原来，张杰从小到大，家里人很少带他出去玩，一怕孩子沾染上细菌，二怕孩子被陌生人拐跑。

结果就是张杰见到陌生人就吓得哇哇大哭。张杰 3 岁时，家里请了个小保姆带他。保姆人很老实，不太爱说话。爸爸妈妈平时工作也挺忙，很少和孩子在一起，家里更是很少有外人来做客。慢慢地，张杰就学会了自己在家里玩，很少出去了。上了幼儿园后，张杰对周围的环境极不适应，总是一个人坐在角落发呆，不爱参加集体游戏，而小朋友们也觉得他是个怪人，不愿与他亲近。

孩子们长大以后要走上社会，需要与各种各样的人打交道，如果在成长阶段就限制他们的交友空间，那么孩子从小就学不会如何与各种不同的人相处。当他们在遇到兴趣不同的人的时候，会不自觉地产生排斥心理，不知道怎样处理与他们的关系。

因此，望子成龙的父母，请放开你的手，让男孩自己去交朋友吧，因为天才的成长离不开交际能力的培养。

第55招

让男孩学会换位思考、体谅他人

穷养真经

欧洲著名的心理专家阿德勒认为：假使一个孩子未学会合作之道，他必定会走向孤僻之途，并产生牢固的自卑情绪，严重影响他一生的发展。由此可见，父母引导男孩学会与人合作是多么的重要。

一位教育家曾经说过："21世纪的成功者是全面发展的人、富有开拓精神的人、善于与他人合作的人。"这位教育家把合作能力当做成功者必不可少的一种素质，这是非常正确的。随着社会的发展，社会分工越来越细，人与人之间的合作也越来越多。现在无论是企业还是其他机构，都讲究团体作战，很少有单枪匹马战斗的了。所以，我们若想让孩子更好地适应这个社会的发展，在他们小时候就应该培养他们的合作能力。

但是，现在的孩子大多数都是独生子女，平时爸爸妈妈娇惯着，自我意识非常强烈，普遍缺乏合作能力，所以在和同学、朋友相处时，事事都以自我为中心，根本不会考虑他人。

场景一：子晨今年5岁，是一个不合群的孩子。在幼儿园，每次老师让大家团体活动的时候，他都要第一个玩那些他喜欢的玩具。如果没有抢到手，他就会哭闹，甚至还会和别的孩子打起架来。有一次，他和另一个小男孩都想玩毛毛熊，但是谁也不让谁，最后毛毛熊都让他们撕抢坏了。因为不合群，子晨在幼儿园基本上没有朋友，大家谁也不愿意和他一起玩。

场景二：手工课上，幼儿园老师把孩子们分成了三组，看哪一组最先把手工做好，但是每一组只有一个小剪刀。为了争抢小剪刀，某一小组的两个男生打了起来，谁也不肯让谁，最后，他们这一组在规定的时间内没有把手工做好。

上面这些事例都是生活中经常出现的，这对孩子的消极影响非常大。一个社会学家曾经说过："一个人如果缺乏团结合作的精神，那么他不仅在事业上很难有建树，甚至连适应社会都很困难。"这句话是非常有道理的，善于合作的人人际关系会比较好，在遇到困难时也会比别人多几条路；而那些不善于合作的人，在顺境中也常常断送自己的出路。所以，我们应该在小时候就培养孩子的合作能力，让他们学会在团体中发展、壮大自己。

现在的孩子缺乏合作精神，最大的原因就是父母平时对孩子比较娇惯，养成了他们强烈的自我意识。所以，父母若想培养孩子的合作能力，就要让他们学会分享、体谅以及宽容。这样，孩子才能学会接受别人，而不是总把自己放在第一位。

方法一：让男孩学会分享

一位母亲曾经这样谈到自己的育子经验：

我儿子是一个合群的孩子，大家都非常喜欢他。每当有了好吃的，他会带给其他的小朋友尝一尝；有了好玩的玩具，他也愿意和大家一起玩。正因为懂得和大家分享，我儿子的朋友特别多，人缘儿也特别好。

在儿子小时候，我就教育他要懂得分享。吃饭的时候，我让他学着给爷爷奶奶夹菜；有了好吃的，我鼓励他拿出来和朋友一起分享；坐公交车的时候，我教育他把座位让给老爷爷老奶奶。正是生活中的这些小事，让儿子成为一个懂得分享、关心他人的好孩子。

要培养孩子的合作能力，首先就要让孩子学会分享。这样，他们在团体中才不会斤斤计较自己的得失，也能够和他人友好地相处。现在大多数的孩子都是独生子女，大人把好吃的、好玩的都留给他一个人，这就在无形之中强化了他的独享意识，慢慢地，他会成为一个不懂得分享的人。所以，我们要对他们进行正确的引导，让他们从小学会分享。

方法二：鼓励孩子多参加团体活动

男孩生性好动，父母可以鼓励他多参加一些团体活动，如足球、篮球、辩论赛等。通过这些团体活动，既可以培养男孩广泛的兴趣，还可以让他们认识到团结合作的力量，从而让自己更好地融入到团体之中。此外，父母也应该告诉孩子团结合作的重要性，让他们知道一个人的力量是有限的，集体的力量才是无限的。等他们认识到了团结合作的重要意义，就愿意把自己融入到集体中了。

方法三：引导男孩如何与他人合作

孩子的年龄小，不懂得如何合作，需要父母的指导和帮助。例如几个孩子在一起搭积木时，父母可以让他们一起商量，确定分工；孩子们争抢玩具时，父母可以让他们轮流或者一起玩……通过这样的方式，孩子能够学到合作的方式，从而也愿意去和其他人进行合作。

方法四：让男孩学会换位思考、体谅他人

一位父亲曾经这样谈到自己的育子经验：

我儿子今年10岁，是一个自我意识非常强烈的小男孩，从来不肯体谅他人。有一天放学回家，儿子非常生气地对我说："芳芳真是太讨厌了。"芳芳是邻居的女儿，和儿子是同班同学，还是同桌。我问儿子："芳芳怎么了？"儿子说："芳芳这两天老是生病，害得我一个人擦黑板。而且老师还安排我给她补课，真是太麻烦了。"儿子班里有一个规定，每一桌为一组，轮流擦黑板。因为芳芳生病不能上课，所以这几天的黑板都是儿子擦的。我对儿子说："上次你参加运动会时不小心摔了一跤，休息了好几天，那些天不都是芳芳给你补课吗？你也应该换位思考一下，体谅一下别人。"儿子听了我的话有些惭愧，说："爸爸我知道了，现在我就给芳芳补课去。"

在合作过程中，让孩子学会换位思考体谅他人也非常重要。当他学会了体谅别人，能舍身处地的为他人着想，他就能更好地处理各种矛盾，从而更好地融入到集体之中。

第八章

提升男孩的自控能力

——引导儿子明辨是非、抵制诱惑

作为父母，你是否教会男孩在诱惑面前说“不”？

作为父母，你是否帮助男孩判断是非，不随便轻信别人？

作为父母，你是否帮助男孩改掉懒惰、好动的坏毛病？

……

男孩自我控制能力的培养与提升不是父母一朝一夕就能完成的，这是一个长久的、需要耐性的教育过程，更有很多可以选择的合适的教育方法。

第56招

教男孩如何抵制诱惑

穷养真经

幼小的孩子面对身边各种各样的诱惑时，往往难以抵制得住，容易受到诱惑带来的伤害。例如很多小孩子抵制不住糖果的诱惑，很轻易地就被他人哄骗走。所以，教会我们的男孩拒绝诱惑就显得非常重要。

五光十色的大千世界里，可谓无奇不有，在男孩们的周围自然也存在着很多的诱惑。那些美好的诱惑，激励着他们去追寻，但同样生活中还有很多干扰他们学习、影响他们幸福未来，甚至危害他们身心健康的不良诱惑存在，比如：吸烟、酗酒、黑社会团体、毒品、色情……

这些不良诱惑就像“吸血鬼”一样，先是让我们的孩子舒舒服服地上当，然后在不知不觉中沦陷，成为它们的奴隶。因此，父母必须教会自己的孩子学会分辨和自觉抵制社会生活中那些看似“光鲜”的不良诱惑，这样孩子们才会健康、快乐的成长。

一位戒毒中心的医生在自己的博客中这样写道：

身为一名戒毒医生，每天都会看到一些吸毒的人被送进来，这对我来说已经是习以为常的事情了。但最近两年，看着越来越多十几岁的花季少年被送进来，我的心被刺的更痛了，不禁要问：这些还应该在明亮的课堂里认真读书的孩子们，为什么会染上这样致命的“恶习”呢？

前两天，一个15岁的清瘦少年被父母送进了戒毒中心，据他的父母讲，这个男孩虽然从小爱玩好动，但学习成绩一直不错。随着他进入青春期，外面各种各样的不良诱惑就像旋涡一样，不断‘吸’着他‘下沉’。上初三的时候，这个孩子可能是因为学习压力突然加大，脾气变得很暴躁，而且又爱上了网络游戏。因为爸爸妈妈在家管得严，他就经常跑到外面去上网，于是在网吧里遇到一些不学无术的不良青年。和他们混熟之后，这个男孩开始吸烟、喝酒、打架。有一次，其中一个“哥们”给了他一支烟，这孩子想都没想就吸上了，从那之后，他就再也离不开这种烟，而且为了能够有足够的钱让自己‘享受’，他竟然开始偷家里的钱，要不是妈妈发现后报了警，可能永远都不知道自己的儿子竟然吸毒。

青少年由于其自身意志力的薄弱，再加上模仿力强，没有很强的分辨能力和认知能力，所以他们很容易把不良现象和行为当成追求“酷”“时尚”的一种表现和途径，这也是造成小小年纪的他们成为“瘾君子”的主要原因。

天底下恐怕没有父母会希望自己的儿子成为人们口中的“烟鬼”“酒鬼”“吸毒者”，但面对处在叛逆期、青春期、多变期的男孩们，父母们又不知道怎样才能让自己的儿子远离那些有害生命的不良诱惑。

请父母们不要着急，下面这些方法或许能带给你一些启示：

方法一：用决心和恒心为男孩创造“无烟环境”

晓博是一名初二的学生，有一次他妈妈在为他整理书包时，发现了藏在夹缝里的香烟。其实像这样的情况妈妈已经发现了很多次，但儿子就是屡教不改，这让她深深意识到问题的严重性。这一次，晓博的妈妈并没有像上次那样狠狠地教训儿子，而是忍住心中的愤怒和疼痛，仔细盘问他究竟是怎样学会抽烟的。

“我们班会抽烟的男生经常聚在一起买烟，而且他们经常在我面前得意洋洋地炫耀，还总是对我说抽烟的感觉有多棒，还说不抽烟的男生根本就不算是男生，像个‘娘们儿’。他们总是拉帮结派，看谁不抽烟就故意对他刁难。所以为了和大家打成一片，也为了不让那些男生笑话，我才学会抽烟的。”听了儿子发自肺腑的回答，晓博的妈妈感到异常震惊和担心，现在的初中生竟然一个个成为了烟不离身的“小烟鬼”，还自诩是一种成熟男人的表现，这样下去对他们的学习、生活和身体健康都会产生不良的影响。

像晓博这样的青少年绝不止一个，现在的男孩好像认为抽烟就是一种成熟的标志，是一种“爷们”的表现，而且他们还有很多的理由：“我爸也抽烟。”“现在哪个男生不抽烟，你看来我们家的客人，只要有男的，都会递烟。”……

男孩们为什么能这么“理直气壮”地为自己的行为辩护？其根源就在于我们没有给他创造一个真正的“无烟环境”。所以父母与其整天对孩子说“吸烟有害”，不如从现在开始用你的决心和恒心为孩子创造一个无烟环境。男孩生存在这样的环境中，再也找不到抽烟的借口，就会在家长的潜移默化下，逐步戒掉吸烟的坏习惯。

方法二：以身作则，给孩子做好榜样

人们常说：“少量饮酒，健康之友；过量饮酒，罪魁祸首。”但这句话用在青少年身上并不适合，因为处在生长发育时期的男孩们，身心发展尚未成熟，身体各器官对酒中的有害物质极为敏感，所以喝酒带给他们生理和心理上的不良后果要比成人严重得多。

但由于青少年对酒存在一些错误的认识，或者受朋友、同学的影响与鼓励，或者是因为学习、生活上的压力，进而他们希望借由喝酒来获得某种安慰。这时，父母就要给孩子做好榜样，用自己良好的生活习惯去影响自己的儿子。

有一位父亲是这样做的：

我不是个酒鬼，但平时高兴的时候或者家中来客人的时候，我总爱喝点小酒，有时候也会喝醉，甚至会没有形象地耍酒疯。我爱人虽然说过我很多次，但我不以为意，觉得男人不喝酒、不吸烟就不是真正的男人了。

不过，随着儿子年龄的增长，我发现我的这些坏习惯对他产生了很坏影响。上初三的他竟然喝酒、吸烟、打牌……为了让孩子改正坏毛病，我决定先要改正自己的坏习惯。于是，我和儿子“约法三章”，在他18岁之前，我不会再喝一滴酒，吸一支烟，而他也要遵守这个约定。从约定起效之后，我真的戒烟、戒酒，虽然这个过程很痛苦，但是我要让儿子看到我的决心和诚意。果然，这小子的坏毛病都渐渐改掉了。

方法三：早预防、早发现，让男孩远离毒品

罂粟花虽然美丽，却可以杀人于无形。毒品对青少年的危害不单单是一个人，对一个家庭来说更是灭顶之灾。那怎样才能让我们自控能力差的男孩们远离毒品呢？父母首先要做的就是早预防、早发现。

从男孩还没有进入青春期开始，父母就要多给他讲解一些“吸毒有害”的知识，也可以带他去参加一些“青少年预防毒品”的讲座和展览，或者让他观看一些这方面的教育影片。

男孩一旦进入青春期，受到的诱惑就会更多，这时父母一定要培养孩子良好的生活习惯，切忌让他接触一些不良环境和交一些品性很差的朋友，以免孩子在不知不觉中受到毒品的侵害。

第57招

引导孩子正确地判断他人、明辨是非

穷养真经

如果一个人没有正确的思考，他就不会有正确的行动，而且思考能力是可以通过后天培养和强化的。因此，帮助男孩提高思考能力是每一位父母都必须重视的家教关键。

中国有句古话叫做“纸上得来终觉浅，绝知此事要躬行”，把这句话应用在男孩的思考能力方面一点也不为过。为什么会这样说呢？因为父母可以给予孩子生命，可以替他打点好衣食住行，为他找最好的学校，让他进入更好的教育环境，但却不能把儿子当成玩偶，代替他思考，也只有“思考”这件事是父母无法全程参与的，而需要男孩自己去执行。

不过，作为男孩最早启蒙老师的爸爸妈妈们却可以帮助自己的孩子发散思维，让他拥有更为出色、缜密的思考能力，而且善于思考的男孩更易成功，也更会掌握自己的命运，试问天底下又有哪位父母不希望自己的儿子成为一名出色的男子汉呢！

让我们先来看一下下面这个小测验，测一测你是善于引导孩子思考的父母吗？

有一天，四个男孩在放学回家的路上玩超级“剪刀石头布”，并且用四肢替代了手掌。四人边玩边走，其乐无穷。而作为其中一个男孩的爸爸或者妈妈，你可能要接儿子早点回家，需要做饭，监督儿子做作业等等，这时，你会选择怎么做呢？

A：强迫儿子马上跟你回家，并告诉他你的种种理由。

B：用成人的口气哄骗这个小团伙，然后带走自己的儿子。

C：你耐心地等待他们玩到家门口。

D：你选择在一旁兴致勃勃地观战，然后到家门口后，和他讨论你小时候只用单手玩“剪刀石头布”，接着你们讨论如何在游戏中获胜。

很显然，A、B、C三种选择都不恰当，A、B虽然节约了你的时间，但是却让孩子很扫兴，而C却让你少了一份与孩子交流的绝佳机会，当然这三种选择都会让男孩失去思考的机会。所以，最佳的选择是D，原因就是男孩非常善于逻辑思维，而且很会举一反三，尤其是当他对某件事情发生兴趣或兴致正高时，他所有的神经和思考细胞就会特别活跃，这不仅会让他在情绪方面产生很大的快感，而且更有利于深层次地启发思维，让他更积极地展开想象，变得更具有创造性，更善于记忆。

因此，我们在教育男孩的过程中，不仅要教他如何更快、更有效地掌握知识，还要锻炼他如何发散自己的思维，变得更善于思考。以下给父母们提供的这些方法对培养男孩灵活、敏捷的思考能力，以及开发他的智慧都有着很好的实效性和应用性：

方法一：引导孩子独立思考

皮皮是一名小学五年级的小男孩，他特别喜欢解答数学难题。有一天晚上，老师布置的家庭作业里有一道非常有难度的数学题，他思考了半个多小时都没有把这道题解答出来。很快妈妈规定的睡觉时间到了，正在上初中的姐姐走过来问他：“皮皮，你做什么呢？”皮皮回答说：“数学应用题，这道题很难，不过很有意思。”姐姐看了一眼题目，说：“这道题我做过，我来帮你算。”皮皮马上拒绝说：“不用了，我自己想一想吧！”半个小时后，皮皮还在苦苦思索这道题目，姐姐有些生气地说：“你怎么这么死心眼，我不管你了，我睡了，答案给你放在这里了。”说完，姐姐就把写好的答案放在弟弟的作业本边，转身回去休息了。

可是皮皮根本看也没看一眼答案，继续埋头思索，困了他就用冷水洗把脸，终于在一个多小时后把这道题目解答了出来，然后带着满足的笑意进入了梦乡。

事例中的小男孩可以不用费那么长的时间和精力去想解答方法，但是他依然选择自己独立思考和完成这道难解的数学题。假如我们在实际教育的过程中，每当自己的孩子遇到疑难问题时，父母都对孩子有问必答，那么只会让他养成依赖父母的坏习惯，而且再遇到问题时他首先不是去独立思考、去自己寻找答案，而是寄希望于别人，这样的孩子又怎么会具有学习的主动性和积极性呢？

方法二：鼓励孩子发表自己的意见

养育男孩的过程中你会发现，有些男孩发表自己的意见时，常常会受到父母和老师的影响，变得犹豫不决、没主见、随大流，自然他们的思维独立性的发展也受到阻碍。因此，父母要想改变男孩的这种坏习惯，就要努力给他创造一个和谐、民主的家庭氛围，让孩子可以畅所欲言，同时也要正确引导和鼓励孩子多发表自己的意见。

有一天，爸爸带着9岁的儿子去看画展。平时，儿子就对画画比较感兴趣，所以只要爸爸一有时间就会带着他去少年宫或者博物馆看一些画展，并且鼓励他积极思考，让儿子说出自己对作品的看法。这次爸爸带儿子来看的是一个个人画展，但事先爸爸并没有告诉儿子，而是在观赏完一遍之后，故意问儿子："儿子，看过之后你觉得哪些画风格比较好？"儿子有些疑惑地说："爸爸，我觉得这些画都是一个人画的，都很好。""哦？那你说这些画都好在哪里呢？没关系，说说看！"爸爸鼓励儿子说。儿子想了一会儿，说："这些画布局好，气魄大，颜色对比很强烈，可见作者很大胆，有自己独特的想法。"爸爸听完儿子的评价满意地笑了。

可能很多父母都有这样一种感觉，当儿子和成人待在一起的时候，他往往不敢把自己内心最真实的感受或者意见表达出来。而像上面事例中的那个男孩能够大胆地说出自己的见解，这和他父亲平时的积极鼓励其思考、大胆表述是分不开的。

因此，为了培养和提高男孩的思考能力，父母应该鼓励孩子大胆说出自己的想法，无论他表述的是对是错，都不要中途打断他或者轻视地纠正他，要等他完全表述完之后再给他恰当的指导。当然在孩子正确的表述过程当中，你要不时地用眼神、表情、动作、语言给予他适当的肯定和表扬，以增强他的自信心。

方法三：培养男孩的判断能力、推理能力

逻辑推理能力是思考能力的重要组成部分，而男孩天生在这方面就比女孩稍强一些，因此父母应该特别注重培养男孩的判断、推理、分析方面的能力，平时注意多给男孩解释一些概念性的东西。

有这样一则笑话：

有一天，爸爸问儿子："你长大了想当什么呀？"儿子神气地回答："我要当兵！"爸爸问："为什么要当兵？当兵会被敌人打死的呀？"儿子一听，就说："那我就当敌人！"

这个男孩就是没有弄清楚敌人的概念，才会做出错误的推理、判断，以至于闹出了笑话。

父母在培养男孩的判断推理能力时，还可以有意地在日常生活中让男孩多做一些有意思的推理题目和推理游戏，也可以让孩子看一些推理性节目和书籍。

第58招

培养男孩的独立个性，避免盲从

穷养真经

未成年的孩子面对是非黑白时并不能做出准确的判断，他们对于好人和坏人也很难分辨清楚。因为孩子的想法比较简单和纯真，很容易轻信别人。所以，我们必须帮助孩子判断是非，引导他正确的分辨黑与白、好与坏。

一位母亲不解地询问儿童心理医生说："我的儿子为什么不会判断是非，他已经快3岁了。我发现这个孩子不聪明，平常总喜欢跟随他父亲或奶奶去评判别人。这孩子为什么没有独立的判断能力呢？"其实，这位母亲的疑惑很多父母都会有。

事实上，男孩在3岁以前判断是非是很困难的，因为这个阶段的孩子心理发育水平有限，还不能判断事物的好坏曲直。孩子的道德观念是在3岁之后才逐渐形成，并且随着社会交往的增加，逐渐内化形成自己的道德标准。

卡尔威特认为，让孩子成为一个聪明的人比让他成为一个老实人更重要。事实上，老实的、循规蹈矩的人并不一定能够妥善地处理好自身与社会的关系，也不太可能达到与社会规范相协调的地步。他还说，孩子正处在半幼稚、半成熟的成长阶段，是独立性和依赖性、自觉性和幼稚性错综复杂、充满矛盾的时期。当孩子的人生观、世界观还未完全形成时，他们眼前的世界却已是纷繁复杂的了。因为光明与黑暗同时存在，所以我们应时刻提醒男孩，切莫轻信陌生人，以免上当受骗、受害。

有一次，老卡尔外出工作，非常想念父亲的小卡尔在见到父亲回家时，非常兴奋。所以，父亲的马车还没有到家门口，小卡尔便已经在那里等父亲了。老卡尔刚从马车上下来，小卡尔便向他跑来，兴奋地一跃而起想扑在父亲的怀里。可是，老卡尔没有像往常那样将他抱起，而是故意闪开了。小卡尔扑了个空，重重地摔在了地上。

小卡尔从地上爬起来后并没有哭，而是不解地看着老卡尔。那时，小卡尔只有四岁多一点。他不明白一向爱他的父亲为什么会这样做。见老卡尔这样“无情”，妻子满脸不高兴。她责怪道：“卡尔每天都在念叨你，为什么一回到家就这样对他？”老卡尔没有回答她，只是微微地笑了一笑。小卡尔狠狠地瞪了父亲一眼，转身就往房里跑去。

这时，老卡尔叫住了他：“卡尔，等一等”。小卡尔头也不回地站在那里，似乎在等父亲的解释。老卡尔说：“爸爸是在和你开玩笑，也想让你明白一个道理。”小卡尔生气地说：“开什么玩笑？有什么道理？”老卡尔说：“我这样做是想让你明白，不要轻信任何人，哪怕是你的父亲。”

听父亲这样说，小卡尔转过头来不解地看着父亲。于是，老卡尔便进一步向他解释：“当然，爸爸是你最可信赖的人。但等你长大后有许多平时看似对你好的人并不一定会在任何时候关心你、帮助你，就像刚才爸爸对你那样。”

或许老卡尔的做法对于只有四岁多的小卡尔来说还很难理解，但我们相信这件事一定给孩子留下深刻的印象。

现实中很多男孩父母告诉孩子，世界是如何美好并且执意让孩子相信一切，但这种片面的说法，只会使孩子失去分辨力，这样的孩子将来也不会成为一名成功者，因为轻信只会让孩子变得愚蠢和无能。那么有哪些方法可以帮助孩子判断是非，不轻信别人呢？

方法一：培养独立个性，避免盲从

一味盲目地从众，可以扼杀一个孩子的积极性和创造力。而能否减少盲从行为，运用自己的理性判断是非并坚持自己的判断，是孩子将来成为成功者还是失败者的分水岭。

有一次，日本著名指挥家小泽征尔去欧洲参加指挥家大赛，在决赛时，评委交给他一张乐谱。演奏中，小泽征尔突然发现乐曲中出现了不和谐的地方，他本以为是演奏家出错了，就指挥乐队停下来重奏一次，但仍觉得不自然。

这时，评委都郑重声明乐谱没有问题，而是小泽征尔的错觉。面对几百名国际音乐权威，小泽征尔不免对自己的判断产生了动摇。但是，他考虑再三，坚信自己的判断没错，于是坚定地说道：“不，一定是乐谱错了！”他的喊声一落，评委们立即向他报以热烈的掌声，祝贺他大赛夺魁。原来，这是评委们精心设计的“圈套”，以试探指挥家们在发现错误而权威人士又不承认的情况下是否能坚信自己的判断。

当对情境不了解或出现认知偏差时，此时的从众就是“盲从”。而经历尚浅的孩子更容易由于认知偏差导致盲从，狂热的“追星族”即是一例。

另外，男孩自身个性的不完善也是容易盲从的一个主要原因。研究表明，具有独立个性、良好自我观念的男孩，自我评价较高，自信心较强，具有较强的判断果断性，他们的从众率较低。因此，培养孩子独立的个性和立场独立性的认知方式有助于避免盲从。

方法二：训练孩子明辨是非的能力

社会这个大熔炉是最锻炼人的活教材，最能训练孩子对具体的行为进行观察分析的能力。

有一天早上，奶奶送小孙子去幼儿园。天公不作美下起了雨，打车非常难。好不容易等到一辆空车，奶奶招手，车停了。但一位叔叔以飞快的速度坐了进去，奶奶带着小孙子也坐了进去，两人便争执了起来。当然这位叔叔最后还是让了他们。下车后，小孙子就对奶奶说：“奶奶，我今天要批评你了。”“为什么要批评我？”“叔叔先坐进去呀，就应该让叔叔坐。”“我还不是为了你。”“那我们可以再等一等嘛。”

看吧，小孩子就是这样认真，当他具有了一定的道德评价能力，就会对身边发生的事作出评价，提出他的看法，这是一个明辨是非的很好开端。

方法三：让男孩不要轻信陌生人

孩子为什么会轻信陌生人呢？一方面是因为他们生活阅历不足，另一方面是源于他们的天真和可爱，对身边的人缺乏是非辨别能力，分不清哪些是好人，哪些是坏人，也难以想象社会上有些人总是带着假面具出现，利用花言巧语引诱纯真的孩子受骗上当，最后酿成悲剧。

有这样一次事故，8岁的小男孩豆豆，被一个陌生人用甜言蜜语欺骗，带着他去找妈妈，在小巷里转了几圈之后，这位看起来面色和善的“叔叔”突然拉下了脸，把小男孩绑架到一间黑屋子里准备向其父母进行敲诈。豆豆吓得又哭又闹，这个“叔叔”担心恶行暴露，竟然用手紧紧捂住孩子的口鼻，最后将豆豆活活捂死。

孩子年幼无知，根本无法理解自己身边会有坏人出现，很容易上当受骗。所以，我们应该通过电视、新闻或者一些益智故事书，启发和提醒孩子注意身边的人和事，不得随便轻信陌生人。同时，还可以将发生在身边的事说给孩子听，以引起孩子的注意。

第59招

业荒于嬉，别让懒散毁掉男孩的一生

穷养真经

天生懒惰的男孩是没有的，男孩懒惰很多时候都是后天环境造成的，如父母的溺爱、娇惯，父母包办孩子的一切事情，逐渐地男孩就开始过惯衣来伸手，饭来张口的逍遥日子，变得懒散起来。因此，父母必须让男孩自己动手去劳动、去思考、去学习，以便培养他勤劳的好习惯。

父母应特别注意自己的榜样作用。衣服随便乱丢、家里卫生状况一团糟也懒得打扫的父母是教育不出勤快的孩子的。

“我们孩子懒着呢！每天什么也不干。现在他都上高中了，每天晚上还是我给他收拾书包，早晨是我给他整理屋子。这个暑假，他休息在家，每天懒洋洋地赖在床上，让他扫个地都不干。我犯愁了，以后要是孩子上大学住校了，这么懒可怎么办呢？”

可能许多男孩父母都会像上面那位男孩的妈妈一样抱怨：我的孩子太懒了，懒得起床、懒得理发、懒得收拾东西、懒得叠被，甚至懒得吃饭……其实，不该把罪过全扣在孩子头上，要知道，懒孩子不是天生的，而是父母在后天的生活中有意或无意培养出来的。

为什么这么说呢？父母不妨听一听男孩们的心声：

男孩诚诚：“有一个星期天，妈妈从菜市场买回一堆菜。我想帮她择菜。可我刚拿起一捆韭菜，妈妈就从我背后冲了出来，说：‘这里的事情不要你管，你回房做功课去，下周一就要考试了，赶紧复习！’于是，我只好无可奈何地走开了。”

男孩小平：“其实，我以前也爱干活儿，记得上小学时，我在学校做卫生，总是特别积极，经常受到老师的表扬。后来有一次，我回家帮我妈扫地，刚扫了两下，就被我妈说了一顿。妈妈说：‘你在扫什么呢？东一下，西一下，灰扫得满屋都是，你这么干活儿还能挨老师夸呢？我看，你们老师就是白使唤学生！好了，儿子，快放下吧！妈不用你干了。’既然我妈不用我，我就只好不干了，怎么能说我懒呢？”

父母不妨仔细地回想一下男孩小时候的行为：他小时候是不是非常渴望学习新的东西、认识周围的环境、探索新鲜的事物？是不是对很多事都跃跃欲试？而你是不是总在他参与劳动时勒令他停止？你的目的可能是怕他做不好或者怕他弄坏东西、弄脏衣服，或者影响到他的功课，于是加以制止。殊不知，这样就使男孩失去了尝试的机会，从此便心安理得地等待你的伺候。这也许才是男孩变懒的真正原因！

懒惰是成功的绊脚石，懒惰的男孩习惯于等、靠、要，从来不会想要主动争取，最终也只能是一事无成。男孩只有勤奋、刻苦、上进，才会达到梦想的目标。因此，父母应积极帮男孩克服掉懒惰的坏习惯。

育儿专家建议懒男孩的父母可以从以下几个方面着手培养男孩的勤快劳动的品质：

方法一：教男孩自己的事情自己做

曾有一项调查问及某校的小学生：当你遇到困难你会怎么办？结果有90%的小学生都回答：“找父母”。在当前社会，孩子的自主精神和自主能力都非常薄弱。有关资料显示：在我国的家庭中，孩子对父母的依赖非常严重，几乎处处都离不开父母的照顾。孩子穿衣，父母过来伸手帮助；孩子吃饭，父母也要为他夹菜；孩子做作业，父母在一边陪读……就这样事事包办，你的孩子不懒才怪！

望子成龙的父母们，如果能意识到自己因爱而导致的错误，就该狠下心来，放开你的手！从现在起，就告诉你的男孩：自己的事情要自己做。

你可以根据男孩的具体年龄，为他在家庭里安排一个长期固定的家务，从而逐渐地培养孩子爱劳动的习惯。例如洗碗、铺床、扫地等，并且要规定具体的标准。

放手让孩子做一些力所能及的事情，可以调动孩子对生活的热情和处理事情的能力。随着自理能力的增强，他会感受到自己安排生活的快乐和满足，成为生活的主人，并在不知不觉中摆脱懒惰的毛病。

方法二：少些唠叨，多些表扬

有些父母一旦意识到了男孩的懒，便忧心忡忡，认为应当马上改变孩子，开始不停地唠叨孩子："你怎么不自己收拾房间？""为什么不洗袜子？""你真是越来越懒了"……结果，嘴皮子都磨破了，男孩却依然无动于衷，还会对劳动产生反感。

这时，你不如少些唠叨，多些鼓励和表扬。例如："我儿子长大了，能帮妈妈收拾屋子了。"男孩在听到你这么说后，会变得不好意思起来，立即表现出劳动的主动性。接着，你可以继续以较高的热情鼓励他说："哟！儿子收拾屋子的速度还挺快，收拾得也蛮干净！"……不管他将事情做得是否令你满意，你都要称赞他、鼓励他、表扬他，这样会大大提高他做事的积极性。如果男孩的劳动没有做好，父母可以在鼓励的同时教给他做事的具体方法和技巧，切记不要"泼冷水"，否则会使男孩失去耐心感到厌烦。

方法三：让男孩体会劳动的乐趣

为了培养男孩的勤快劳动的品质，父母一定要多给男孩提供一些机会，让男孩体会到劳动的乐趣。有以下两点值得借鉴：

1. "推进"。父母可以根据男孩的特长为男孩选择一些劳动的机会。男孩有哪些长处，你就该为他选择相关联的劳动。比如男孩喜欢看母亲烧菜，父母就可以鼓励他也动手试一试；比如男孩对修灯具、修家用电器等事很好奇，就可以允许他成为父母的助手，一起动手。

2. "弥补"。父母应了解男孩有哪些弱点，然后针对他的弱点为他选择一些可以弥补他弱点的劳动。比如你的男孩性格内向，你可以安排他去市场买菜、去商店买东西等。久而久之，既锻炼了男孩的个性，又培养了他的劳动能力。

不要以为整天让孩子坐在书桌前就会把学习搞好。相反，在劳动中，男孩会变得心灵手巧，富有创造性，同时，还能促进其学习能力的发展。

另外需要提醒的是，“小懒虫”不是一天两天形成的，所以对他的改变不是一朝一夕就能完成的。父母对待这个问题一定要有足够的耐心，持之以恒，克服懒惰就是迟早的事情。

第60招

帮“好动”的男孩集中精力

穷养真经

家里有个“好动”的男孩，是很多父母最头疼的事情。其实，通过科学正确的引导，男孩的“多动”是可以得到有效控制和纠正的，不过，父母一定要找到督促男孩集中精神的正确方法。

我们先来看看这位父母的烦恼：

儿子有调皮、爱动的毛病，家里经常被他搞得乌烟瘴气。他几乎整天都闲不下来，常常爬上爬下、翻箱倒柜，把玩具都拿出来，这个玩两下，那个摸一摸，然后把满屋弄得乱七八糟。另外，儿子做作业也很难专心，他一会儿爬桌子，一会儿钻到床下，一会儿看看电视，一会儿听听广播，总之很难安静地写上几个字。为此，我把能想的招数都用遍了。比如，带儿子去学美术，安排他上英语课，给他讲道理……可这些，一点儿作用都没有。

爱动是男孩的天性，他们整天活蹦乱跳，不知疲倦。其实，在男孩3～5岁时，多动是正常现象，父母不必太担心。但是，当男孩长到6～7岁，仍然不能控制自己的好动现象，就可能会影响到将来的学校生活。这时，父母应该多加留意：究竟是自己的儿子“好动”，还是患了“多动症”呢？

“好动”与“多动症”是完全不同的概念，我们具体可以从几个方面区分：

1. 好动的活动具有目的性，是有序的；而多动症的活动则是无目的、杂乱的。

2. 好动的男孩即使特别顽皮，他的好动行为也并不离奇，能为常人所理解；而多动症男孩的多动，则夸张得让人难以接受。

3. 好动具有选择性，比如，男孩在课堂上好动，而当他在看电视或玩游戏时则能专心致志；多动症男孩的“多动”则没有选择性，不论什么场合都无法安静下来。

无论你的男孩是“好动”还是“多动症”，如果你不能及时帮他纠正，都会对他的学习、交友、求职造成影响。以下是三种解决方法，适用于爱动的所有男孩，男孩父母应该好好掌握，逐步协助男孩提高自控能力。

方法一：通过游戏锻炼男孩的自控力

聪健端端正正地坐在小椅子上，听妈妈给他讲《渔夫和金鱼的故事》：“从前，有一个老爷爷和老婆婆，住在蓝色的大海边……”聪健一边听妈妈讲，一边用手挖起鼻孔。

妈妈帮他把手放好，继续讲：“突然有一天，老爷爷撒下渔网，却捞到了一条鱼儿……”

聪健一边用手挠着头，一边左右张望，很显然他有些坐不住了。妈妈再次把聪健的手放好，然后说：“老爷爷抓的鱼很漂亮，你猜猜，他抓到了什么鱼？”

聪健歪头想了想，说：“可能是金鱼吧。”妈妈笑着说：“我儿子真是太聪明了，你说对了！”经过妈妈这么一夸，聪健把注意力重新投入到听故事上来……

在日常生活中，父母可以通过与男孩一起互动的方式，来培养他的注意力和自制力。除了讲故事外，还有很多游戏，非常适合多动的男孩。

例如，冰棍游戏。游戏很简单：由妈妈、爸爸、男孩一同加入到这个游戏中。爸爸被指定为“抓人者”，去抓妈妈和孩子。当爸爸抓到他们中的其中一个时，就大叫一声“冰棍，冻”，然后被碰到的人就必须站着不动，直到同伙的人上前去解救才能跑动。比如爸爸抓到了孩子，喊一声“冻”，孩子只能乖乖站在原地，一动不许动。等到一旁的妈妈上来救援时，就拍一下孩子的肩膀，说：“解冻”，孩子才可以继续自由活动。如果期间孩子犯了规，就被视为犯规。

类似的游戏还有好多，比如父母小时候常玩的“红灯绿灯小白灯”“捉迷藏”等，都可以在娱乐中锻炼男孩的自控力，使孩子在活动量充足的过程中，不致因“发疯”而失控，闹中有静，相得益彰。

不过，对于一些实在无法掌控自己行为，平衡能力和学习能力都有障碍的男孩来说，仅凭游戏的锻炼是不够的，还需要找专业治疗多动症的医生，以药物、心理诱导、食疗等方式加以调节。

方法二：激发孩子更多的精力

小轩的妈妈说，她的儿子在小学三年级前经常考双百，可过了三年级，便患了“多动”这个怪毛病——总是坐不安稳、站不稳当，嘴里还经常不自主地发出声音，同学们没少笑话他，这使小轩很恼火，常常暴跳如雷，与同学们大打出手。由于“动”个不停，小轩的学习成绩也一落千丈，性格变得非常敏感，动辄就哭泣、愤怒……

听说体育运动可以宣泄掉多动男孩过剩的精力，小轩妈妈就开始带着儿子早晚进行跑步练习。小轩体力很好，总是把妈妈远远地甩在身后。无奈之下，小轩妈妈为儿子买了一个跑步机，这样就可以在家里进行长跑练习了。

经过半年的跑步训练，小轩的情况有所好转，心情开朗了很多，身体强壮了不少，最主要的是，他的自控能力也增强了。

对于多动的男孩，父母要进行正面引导，使他们将过多的精力释放出来。在平时，可以多带他们参加一些课外活动，例如长跑、打篮球、踢足球、跳远、爬山、游泳等体育锻炼，或者参加合唱团、武术班等。在安排男孩进行活动时，要随时指导和纠正他们的偏差行为，教他们学会有目的的活动。此外还应注意，要保证男孩的安全，别带他们进行危险系数高的活动。

方法三：及时表扬他的优点，惩罚他的错误

多动的男孩自控能力很差。他们明白许多道理，但做起事来却非常冲动，根本不考虑后果，所以不断地“犯老毛病”。为此，父母要让他们建立起良好的行为规范，即通过表扬让他们巩固优点，建立良好的行为；通过惩罚让他们改掉错误，改变多动的情况。

以下是一位多动男孩的母亲的育儿经验分享：

我儿子非常好动，为了纠正他的行为，我为他制作了一个“奖罚表”，并与儿子“约法三章”：如果他每天的小动作少于30次，我就在当天的表格上为他画一个“星星”；反之，如果他小动作不断，不专心做事，我就给他画一个“圆圈”。

当他连续获得三个“星星”时，就可以为他买一些爱吃的零食，当他连续获得五个“星星”时，就可以带他去游乐园；而当他出现小“圆圈”时，就禁止他看电视或吃冰激凌等。

在这样的规定下，儿子变得安静多了，有时竟然可以连续七天都获得“星星”。渐渐地，儿子的多动症得到了控制。

上面这位父母的方法属于“行为治疗”的一种，其原则就是利用鼓励和批评，让男孩学会有目的的活动。每个人都有自己的优点或长处，患有多动症的孩子也是如此。不管是优点、长处还是闪光点，都要及时表扬、奖励，目的是为了巩固已有的好的表现。除了表扬已有的优点外，还要关注取得进步之处，哪怕是微小的进步，也要给予肯定或表扬，其目的是为了鼓励孩子改正缺点，不断取得进步。

帮助多动男孩建立良好的行为，是一项艰难的工程，父母要有思想准备，要有极强的耐心，切不可以采取放弃教育的态度，任其自由发展。

第61招

教男孩控制脾气，不任性而为

穷养真经

通常来说，由于男孩的年纪小，心智尚不成熟，再加上父母的骄纵溺爱或者教育方式的不恰当，导致他们难以控制自己的脾气，变得任性、专横。面对这种情况，父母最好寻找正确的方法来让孩子学会控制自己的脾气。

子默今年 10 岁，是一个非常任性的小男孩。在家里，爸爸妈妈什么事都要依着他，要不然他就会没完没了地吵闹下去。因为每天长时间看电视，子默的眼睛有些近视，妈妈劝他要多休息少看电视，他随口就说："我想看就看，你们不用管！"

前两天家里来了客人，妈妈做好饭后，让爸爸和客人先吃，告诉子默晚点再吃。这下子默不高兴了，当着客人的面就摔了筷子，气得妈妈直跺脚："你这孩子太任性了，真是快把我气死了！"

从心理学角度来说，孩子的年纪小，心智发育不成熟，对很多事情都缺乏判断能力，所以多多少少都会有些任性。当孩子的要求得不到满足时，他就会用哭闹、摔东西、在地上打滚等方式来表达自己的情绪和要求。

尽管任性在某种程度上是男孩的普遍现象，但是如果我们放纵他的话，很可能对男孩的性格造成消极的影响，甚至会影响到他长大后事业的成功，因为一个任性的人往往把自己放在中心位置，很难和他人进行友好的合作和协商。

一般来说，男孩骄纵任性的性格主要与以下因素有关：

第一，父母过分的娇惯和迁就。在很多家庭中，父母都把孩子放在中心位置，当自己的孩子提出不合理要求时，父母也不忍心拒绝，而是放任、迁就他。慢慢地，孩子就会形成骄纵任性的心理以及行为定式。

第二，孩子对他人的模仿。当几个孩子在一起时，如果其中一个孩子出现了任性的表现并且取得了不错的结果，其他孩子就会进行模仿。

第三，父母对孩子不尊重，粗暴地对待孩子。有些父母对孩子要求非常高，孩子无论怎么努力都达不到父母的要求，慢慢地，孩子心中就会产生逆反心理，从而变得任性起来。还有些父母动不动就斥责自己的孩子，孩子为了保全自己的面子，从而产生任性、对抗的行为。

世界上没有父母喜欢骄纵、任性的“小皇帝”，但是当你已经有了一个任性的“小男子汉”时，应该采取哪些正确有效的方法帮助他纠正这种坏习惯呢？

方法一：教育男孩分清是非

妈妈带5岁的儿子去超市买东西，看到一个小男孩因为爸爸没有答应他的要求，正趴在地上打滚。妈妈对儿子说：“好孩子不应该骄纵任性，你看这个小男孩又哭又闹，大家都在看他，多不好啊！”

很多时候，孩子的骄纵任性是和其他同伴学来的。当他们看到同伴用哭闹的方式逼迫爸爸妈妈满足了自己的要求，他们也会使用同样的方法。所以，我们应该让男孩分清是非，并对任性产生一种排斥的心理，这样，他们就不会模仿自己的同伴了。

方法二：不要过分迁就孩子

现在大多数的孩子都是独生子女，而且在中国人心目中，男孩是家里的“香火”，是父母最为看重的家庭成员，所以有些父母会更喜欢儿子，也更会迁就和娇惯自己的“宝贝蛋”，即使孩子提出一些不合理的要求也答应下来。正是这种无原则的迁就，让孩子形成骄纵任性的心理以及行为定式。

在和儿子相处时，父母应该与他订立一个“约法三章”：当儿子有了某种要求时，应该和父母讲明理由，而不是用哭闹的方式逼父母“就范”。如果儿子不同意父母的意见，可以和父母进行讨论，也可以请其他家庭成员发表意见，但是不能发脾气、耍小性子。

方法三：不要让孩子感觉有“靠山”

5岁的嘉佑看到同伴在吃口香糖，也让爸爸买给自己。爸爸说：“口香糖不适合小孩子吃，爸爸不能给你买。”嘉佑一看爸爸拒绝了自己的要求，马上趴在地上打起滚来。看到儿子如此的任性，爸爸也生气了：“你这孩子怎么这么任性，快点儿起来！”因为听到了嘉佑的哭声，爷爷奶奶赶忙过来，非常心疼地扶起孙子，安慰嘉佑说：“我的宝贝孙子想买什么？爷爷奶奶给你买。”爷爷还有些生气地对爸爸说：“你说你这么大人了跟孩子怄什么气，真是的。”

当孩子受到批评时，往往有人偏袒他们。有时候是爸爸批评妈妈护着，有时候是爸爸妈妈批评爷爷奶奶护着。久而久之，男孩感觉自己有了“靠山”，就会越来越任性。因此父母批评孩子时，谁也不能偏袒、干涉，即使双方意见不统一，也应该避开孩子去商量。

方法四：让孩子多和他人交流

随着居住环境的进一步改善，现在很多孩子生活在高楼里面，没有什么机会和他人进行交流。这也在某种程度上让他们形成了唯我独尊、骄纵任性的个性。所以，我们应该鼓励孩子多交朋友，学会和他人如何相处。

第62招

玩网游要适度，防止上网成瘾

穷养真经

上网玩游戏似乎已经越来越成为男孩子的消遣方式之一，有些甚至已经到了“走火入魔”的地步。因此，家长要引导男孩从虚幻的网络世界回到现实，帮助他们戒掉网瘾，是父母最迫切需要解决的事情之一。

每当儿子到假期，李先生就坐立不安。因为一放假，他的儿子李帆每天就对着电脑浏览网页。因为怕儿子在网上接触到不良信息，李先生只要一看到儿子坐在电脑前，就在儿子房间内走来走去，一边监视着孩子的所作所为，一边对孩子唠叨个不停。但在这种“高压”之下，儿子依旧聚精会神地浏览网页、玩在线游戏，丝毫没有离开电脑的意思。一气之下，李先生在电脑上设置了密码。李帆知道后，对父亲的做法非常气愤，他再也不在家里上网了，网吧成了他的栖身之地……

互联网是时代进步与发展的产物，它一方面为孩子提供了丰富的图文、声音等信息资源，创造了精彩的学习、娱乐与交往的时空；另一方面，互联网中庞杂的信息，诸如色情、暴力等内容，也在潜移默化地侵蚀着孩子的心灵。如何发挥网络资源的正面作用，消除或减少其负面影响，成了男孩父母面前的一个难题。

现在是网络时代，父母不能再像以前一样限制自己的孩子去接触网络，但当男孩睁大眼睛好奇地对着网络世界时，父母又难免会担心。生怕网络世界中的不良因素在不经意间伤害到自己的儿子，更害怕自己的儿子因一时的好奇而泥足深陷，最终变得一发不可收拾。正因为如此，很多父母不得不施行“陪网”甚至“限网”政策。

为了避免男孩沉迷于网络，有的父母在家里装了一大堆的拦截不良信息的软件；有的父母则给孩子买电脑却不开通网络，只让孩子在电脑上看看教学光盘；有的父母害怕孩子去网吧上网，在休息日把孩子关在家里，不让孩子出门……但没过多久，父母就会发现，这样的方法都是治标不治本的，密码和大门虽然可以阻止孩子接触网络的行动，但与此同时，也关住了男孩渴望自由的心和探知未来世界的好奇。而且，这种过分阻拦的行为对于正处在叛逆期的孩子来说，无疑是一种反向推动力，将他们逐渐推入网络的陷阱。

在这样一个网络时代，教育家建议广大父母，要正视网络，不要孩子还没有怎么着，你就已经惊慌不已。

对于父母来说，最理智的方式就是：合理地引导，不要以限制为主要手段，而应该从根本入手，引导你的孩子自觉地回避网络上的一些“暴力”信息，还给孩子一个纯净的网络世界。

那么，究竟该用什么方法才能引导男孩健康上网、安全上网，避开那些纷繁杂乱的网络陷阱呢？我们都知道“大禹治水”的故事，在面对洪水的时候，大禹没有像前人一样采取“堵”的方式，而是另辟蹊径，以“疏通”的手段治理好了洪水。父母在面对爱上网的孩子时，也应该效仿大禹，放弃“蛮堵法”，而采取正确的“疏导法”。

方法一：耐心的沟通，打开男孩封闭的心门

研究发现，凡是喜欢上网的男孩都有一些共同点：性格孤僻、内向，不善于交际，情感淡漠，叛逆、逆反心理强烈。这些都是由什么引起的呢？答案只有一个：与父母缺乏沟通！要引导孩子正确使用网络，父母一定要懂得如何与你的孩子进行沟通，只有你的男孩愿意听你说话，你的话才能成为对他有益的教导，反之，则只能误导他走上叛逆的歧路。

沟通前，首先要求父母对网络有一个正确的认识，了解网络的利与弊。接着，再以温和的态度告诉孩子如何正确地使用电脑上网，如何避开网络中的不良信息。让孩子知道，对这个时代而言，网络是一种最便捷的查询工具，上网本没有错，只是不应该沉溺其中。

下面是一位父亲的成功教子经历：

一年前，我的儿子迷恋上了网络。一味地纵容他上网肯定不行，而贸然地制止又会引起儿子的抵触心理。经过深思熟虑，我决定潜入孩子的世界——偷偷地做儿子的网友。

于是，我以“上官”的网名加儿子为好友，经常有事没事找他闲聊。只用一个月的时间，我便取得儿子的信任，成为了与他无话不谈的“老大哥”。一次，儿子告诉我：“我真的很孤单，我的父母总是很忙，每天只把工作当成头等大事，根本不关心我，所以我才借助网络在寻找关爱……”我听完儿子的讲述，真的很自责，后悔没有关心孩子的心理状况。于是，我又作了一个决定——永远维持自己在网络上的身份，做孩子幕后的朋友，默默地支持、鼓励、引导他的行为。同时，在生活上我要多给予孩子关注，让他体会到家庭的温馨、父母对他的爱。

有一天，儿子给我留言：“我可能要与你暂别一段时间，因为我要考高中了。我不想让关心我的爸爸妈妈失望，必须以优秀的成绩回报他们。”看见留言的那一刻，我笑了，儿子懂事了，没有枉费我的良苦用心……

与女孩相比，男孩更容易沉迷于网络。对此，父母最错误的方法就是不分青红皂白地指责和限制。其实，不少男孩在最开始接触网络时，对网络的喜爱程度并不是很深，但由于父母的过度限制，反而激发了他们的好奇心或叛逆心理。

对于孩子来说，家庭和父母远比任何一所学校和老师重要。父母一定要时时刻刻去关注你的孩子，不要抱着有学校、有老师教育这样的念头，对孩子放任不管。父母对孩子付出爱，孩子也一定能感受到父母的爱，家庭中的爱会在孩子心底生根发芽，成为孩子成长中最大的动力，孩子自然也不会去虚拟的网络寻求精神的滋养了。

方法二：培养孩子辨别是非的能力

网络其实并非洪水猛兽。如果能引导孩子学会健康上网，不仅能够开阔视野、促进交流，而且可以促进男孩的个性化发展。那么，父母具体该如何做呢？

男孩刚学会上网时，父母可以在一旁加以指导：为孩子推荐一些有益的网站；帮助孩子了解国内外的重大新闻；为他选择一些利于学习的辅助资料；帮孩子下载一些有意义的学习或娱乐视频等。通过父母的指导，孩子可以学会搜集、选择、整理、归纳和运用信息，对提高自己的学习大为有利。

长此以往，孩子还能拥有去恶求善、辨伪存真的能力。这样，在纷繁复杂的网络信息时代，他们就会自觉接受健康信息的陶冶，父母再不必担心自己的儿子会受到不良信息的影响了。

方法三：投其所好，与儿子建立亲密关系

下面是一位男孩爸爸面对上网成瘾的儿子的一段经历：

儿子今年 13 岁，半年前开始接触网络游戏，很快就达到了痴迷的程度，经常旷课逃学去网吧上网，学习成绩不断下降。无奈之下的我只好每天接送他上下学，限制他的零花钱，把家里的电脑设上密码……但儿子依旧沉迷于网络游戏，即使没有办法坐在电脑前玩，他也会买各类的游戏书看。

于是，我开始改变自己的教育方式，尝试玩儿子喜欢的游戏，换位思考去体会儿子的爱好……久而久之，我觉得原来儿子与我之间除了亲情之外，还拥有朋友一样真挚的友情。

成为朋友后，我开始在言谈之间提及一些关于沉迷于网络的坏处和一些孩子因染上网瘾而失足的故事，潜移默化地去改变儿子的认知。当儿子对网游的危害有一定认识后，我又开始转变思路，向儿子讲述一些计算机中有趣的小知识，教儿子在电脑上画漫画，做图片。渐渐地，儿子不但走出了沉迷的网游世界，还学会了很多实用性的计算机软件。

这位父亲的做法很明智。他在与孩子聊天的时候，从不揪住上网这件事情说个没完，而是投其所好，先置身于网络中体验男孩的爱好，并以此为话题，与他建立稳固的“朋友”关系。最后，再通过正确地引导，教给孩子如何利用网络来增长自己的知识，开阔自己的视野。

任何事情都有利有弊，网络也如此。只要你运用得当，网络不仅不会影响孩子的健康成长，还会成为他学习、生活上的辅助工具，更能成为维系父母与孩子亲情的纽带。

第63招

请及早与你的儿子谈“性”

穷养真经

父母如果能与自己的男孩谈论“性”，就可以帮助孩子解除心中的疑问。当男孩能够理性地面对“性”的问题时，说明他已经渐渐地从幼稚走向了成熟。

可能大多数男孩父母，尤其是男孩的妈妈，都会觉得对儿子谈“性”是件特别尴尬的事情。其实不然，男孩进入青春期后，在生理和心理方面尚不成熟，对性问题十分好奇，同时也存在着很多疑惑，很希望搞清楚。这时，如果父母能与儿子谈谈性问题，为他解释清楚与性有关的各个细节，就可以解除男孩心中的疑问。反之，如果父母熟视无睹或加以干涉，男孩则会通过其他不正确的方式自己去寻找答案。

有调查显示，有八成以上的男孩，他们的性知识主要来源于言情小说、影视作品、黄色漫画、网络信息以及色情光盘等。要知道，这些信息来源都是很危险的，通过它们获取的知识非常夸张、有失常理，甚至还有些变态和暴力，不能从根本上让男孩认识性，如果男孩照此学习和模仿，难免会出现性偏差行为。

只有父母才是男孩“性”的启蒙者，也是儿子最重要的性辅导老师。因此，父母不要随意丢弃自己的权利，让一些不合格的误导者教坏你的儿子，从而使男孩对“性”产生错误的想法和观念。父母应以自然、正常的态度，教给儿子正确的性观念，让孩子在很自然的情况下获取性知识。这样，他的人生才能有一个健康、美好的开始！

真正的“性”辅导是对男孩人格魅力的塑造和对其责任感、毅力的培养。所以，性辅导的主战场应该在家庭中进行，而父母就是最合适不过的老师，我们的言行、态度、思想以及从前的经历，都将是影响男孩的教材。

男孩父母，应该多学习一些有关性方面的知识来充实自己，掌握一些与性教育有关的知识。有了足够的知识储备，与孩子谈论性问题时才会有自信心。

方法一：教儿子了解性知识

有一位男孩在睡觉时发生了遗精现象，他认为自己生病了，非常担心，但由于病情发生在私密处，他又不好意思告诉自己的父母。于是，他便在书摊上买来一些不健康的书籍，想从中寻找到答案。

一天，男孩的母亲在整理他的房间时，发现了这些不健康的书籍，母亲恍然大悟，这才意识到是时候告诉孩子一些性知识了。于是，这位母亲以非常轻松的口吻给儿子写了一封信。信上，母亲以自己和男孩的父亲举例，把有关的青春期性知识全告诉给了男孩。男孩明白了这些后，不再为自己感到担心，心情释怀多了。

男孩父母应该给儿子更多的知情权。正因为他不知道的东西太多，才试着去尝试。父母可以开诚布公地与孩子讨论性及性器官的基本常识，把正确的价值观、判断是非的标准清楚地告诉给孩子，从而让他懂得如何尊重、爱护自己和他人。

方法二：不要呵斥男孩的过早性行为

这是一位男孩父亲的育子经历：

我儿子今年 15 岁，正值青春期。一次我去他房间找东西，忘记了敲门，却发现儿子正躺在床上，尽管他的身上盖着被单，但我能清晰地看出他的手正放在下体上……我马上转移视线，假装没在意他的行为，随便在他的书柜中翻出一本《红楼梦》就离开了。过了一会儿，我决定找儿子谈谈。我特意以《红楼梦》为话题，对儿子这样说道：“《红楼梦》这本书挺有意思的，里面有个人物叫贾瑞，他得了重病，有一位道士来给他治病，送给他一面神奇的镜子。这个镜子从正面照会出现一位漂亮的姑娘；而从反面照，就会出现一具可怕的骷髅。道士嘱咐贾瑞，千万不要照正面，可他不听，每天都贪恋美女，结果不久便送了命。这就是因为他太不节制自己了。”儿子听完后，脸上流露出懵懂的神情。

接着，我不再拐弯抹角，与儿子面对面地谈起“性”问题来。我深入浅出地告诉儿子：男孩在青春期有哪些心理特点；男孩与女孩有什么区别；女孩的身体有什么特点……使儿子对男性和女性有了比较全面的认识。接着，我便对儿子解释什么是手淫。我告诉儿子：“手淫是男孩长大后出现的一种正常的自慰行为。很多男孩子都有手淫的行为，没什么见不得人的，但是要懂得节制，否则既荒废了学业，也可能造成自己体弱多病。”儿子听完我的话后，好像一下子变得轻松了。

慢慢地，儿子手淫的次数变少了。看到他平安地度过性萌动期，走上了健康之路，我由衷地感到欣慰。

当你发现自己的儿子有“手淫”等行为时，千万不要大声怒斥他。如果那样做的话，要么会让孩子对性更加好奇，要么会让他觉得自己是罪恶的、可耻的。

这时，你应该及时对孩子讲出事情的危害性。告诉男孩如果恣情纵欲，会影响到他的健康。如果你依旧觉得尴尬、无法开口的话，可以将一些性教育书籍、科普杂志摆放在他的桌子前。男孩看到后，既会充分认识过早性行为可能带来的伤害，又会对你无声的关爱和理解心存感激。

方法三：正面引导男孩度过性冲动时期

男孩不可能永远长不大，不可能永远没有欲念。所以，他在青春期出现了“性冲动”是非常正常、健康的事情，也是一种成长的现象。父母只要加以正确引导，分散其注意力，男孩的“性冲动”现象就会有所缓解。父母可以先从净化儿子身边的环境做起，把儿子的一些具有刺激性的书籍、刊物、音像等物品“借”走。此外，还可以多带孩子参加一些体育活动、集体活动；多让他读一些与自然科学、社会科学等有关的书籍，长此以往，他的心思就会集中到学业上了。

第九章

要帮助不要“包办”

——给孩子独立的空间去实践

过度地帮助孩子，为孩子包办一切，实际上是对孩子的溺爱，而溺爱却是要不得的，尽管有时爱与溺爱仅仅是一念之差。父母对孩子的溺爱主要表现在下列方面：

1. 生活上过分关注：生活上关注、帮助是必须的，有的父母要把鸡蛋剥好了放在孩子手上，孩子才能吃，溺爱到这种地步实在是有些过分了。

2. 个性上过分迁就：孩子犯了错不敢理直气壮地说，更不用说惩罚了，于是孩子离家出走，欺骗父母，甚至导致吸毒犯罪。

3. 物质上过多给予：一些父母对孩子的物质要求是有求必应。问题出在哪里？完全出在父母身上！

第64招

充分发挥孩子的想象力

穷养真经

有人说："想象是一切希望和灵感的源泉。"事实的确如此，想象力会把孩子带入一个更神奇的世界，让他感受到与现实生活中不同的乐趣，这种想象力会激发他的创新能力和思考能力，让他更加喜爱创造。

心理学家说，想象力是人生的智慧翅膀，它可以使孩子冲出狭窄的生活空间，认识更为广阔的世界，超越时间和空间的限制，还可以丰富他们的经历，增长他们的见识。

想象力是指在现实知觉的基础上，经过大脑的组合，创造出新形象的能力。不少父母都赞叹发明家和科学家的想象力，实际上，每个孩子都有巨大的想象力，只不过常常被父母忽略了。

想象力还是一种创造性的能力，是孩子应该具备的强大的智慧力量。爱因斯坦说，想象力比知识更为重要，因为知识是有限的，而想象力却推动着知识的进步，是知识进化的源泉。

孩子正处于想象力最丰富的时候，虽然缺乏一些专业知识的基础，但有可能正是因为孩子没有固定的思维方式，才可以天马行空，激发孩子丰富的创新能力。

生活中的很多发明创造，都是从最初的想象开始的。在平时的生活中，父母要给孩子充分的空间，放飞孩子幻想的心，哪怕孩子提出了不符合实际的想法，也要给孩子适当的鼓励，以此保护孩子的想象力，激发孩子的智力。

方法一：尊重孩子的想象力

孩子喜欢问为什么，这是他们想象力萌芽的标志。家庭教育只有顺应孩子的天性，才会真正有效，这就要求父母面对孩子怪异离奇的想法时，要懂得尊重孩子自由想象的权利，这是对孩子创造天性的最大保护。

铭彦很喜欢画画，一天，他正在专心画画，爸爸走到他身后，看见他正在画一个小孩和一只小兔子玩。

爸爸饶有兴趣地赞美道：“儿子，你画得真好，你可以告诉爸爸小兔子正在和谁捉迷藏吗？”孩子抬起头，开心地说道：“和我啊。”“爸爸和妈妈都想参与到你们中间去，怎么办啊？”

铭彦托着下巴想了想，说：“那我把爸爸妈妈都画上去吧。”“嗯，铭彦真聪明。”爸爸说着摸了摸铭彦的头。铭彦从爸爸那里得到了鼓励和支持，对绘画的兴趣更加浓厚了。

爸爸的做法不仅保护了铭彦的好奇心和想象力，并且引导孩子在画画的同时提升想象力。当孩子用稚嫩的声音说出自己的想法时，父母要尊重孩子，抓住激发孩子想象力的机会，不可对孩子敷衍，更不要嘲笑孩子。给予孩子合理的解释，在尊重孩子原始想法的基础上，试着反问孩子为什么有这样的想法，这样可以引导孩子进行更丰富的想象。

父母尊重孩子的想象力，也就是保护了孩子的积极性，增加了他们的自信心。对于孩子的想法，父母要真诚地鼓励，不要有不重视的表情或做法，让孩子在父母积极的回应中，学会发挥自己的想象力。

方法二：拓展男孩的知识经验

想象力是建立在丰富的表象基础之上的，如果男孩大脑中没有足够的表象储备，就不会激发起他们的想象力。表象是外界事物在男孩头脑中留下的影像，它们是很具体的、形象的，是想象的基础和材料。

当父母为男孩读一篇散文的时候，孩子的头脑中会形成自己的想象。但是不同男孩子的想象是不同的，这是因为不同男孩的知识经验是不同的，表象越丰富，想象也就会越丰富。

因此，父母要让孩子更多地接触新鲜事物，使他尽可能对事物产生基本的认识，然后转化为自己的知识储备，在今后遇到类似的事物时，就可以调动自己的想象力。

在日常生活中，父母要引导孩子学会观察、记忆，孩子接触和认识的事物越多，想象力就越丰富。此外，父母还要有意识地丰富孩子的词汇，因为即使再丰富的想象力，也是要靠语言表达出来。词汇贫乏的孩子，会因为找不到合适的表达词汇而缺乏想象力。

父母要为儿子提供一些有想象色彩的书籍和作品，在家庭中进行类似于故事接龙的游戏，让孩子自己编故事的结局等，通过这些活动，锻炼孩子的想象能力。

方法三：用游戏激发男孩的想象力

男孩子一般都喜欢游戏。游戏时，他们会将自己对现实生活的理解进行创造性的反映，想象力也会得到发挥。孩童时期是想象力最活跃的时期，男孩在游戏中扮演不同的角色，玩得越好，想象能力就会越强。

高飞问爸爸轮船是怎样发明的，爸爸没有立即回答，而是说要和孩子进行一个游戏。爸爸端来了一盆水，并把一只很轻的鞋子放在装满水的盆子里，鞋子立即漂起来了。

爸爸看着孩子好奇的神情，顺势问道："如果我们将水盆看成大海，那么那只鞋子就是什么？"高飞马上回答说是轮船。于是，爸爸接着给孩子讲起了古人如何在看到漂浮在水上的木板后，想到用木板制造船只，后来随着技术的进步，人们发明了用更结实的钢板来制造轮船。

高飞看着水上的鞋子，在爸爸的引导中，想象力也随之调动起来。

父母也可以参与到孩子的游戏中去，扮演一定的角色，使游戏变得更加复杂，这样孩子的想象能力也会变得更加丰富。比如父母和孩子玩打电话的游戏时，父母鼓励孩子编电话内容，孩子也许会联想到自己最近听到的大灰狼的故事，对妈妈说自己的门口有只大灰狼。游戏的时候，孩子特有的想象力会让世界变得丰富多彩，也会给父母带来惊喜。

第65招

不要随便扼杀男孩的好奇心

穷养真经

培根曾经说过：“知识是一种快乐，而好奇则是知识的萌芽。”好奇心会催生男孩不断思考、探索、冒险和找寻谜底的欲望。因此，我们唯有保护好男孩的好奇心，才能激励他不断寻求知识的求知欲。

如果一个男孩生下来就什么都知道，看见冰箱贴就知道它靠磁铁吸在冰箱上，看见遥控器就知道那是指挥电视的，看见煤气灶就知道那是做饭用的，看见擦脸油就知道那是护肤用品……那么生活对于这个孩子来说，恐怕也了无情趣。缺乏新鲜事物的刺激，他会感到很无聊。他会呆呆地坐在那里，什么都不想做。

有这样一个故事：

世界上第一架飞机的发明者莱特兄弟，小时候是一对富有好奇心的孩子。有一次，兄弟俩在大树底下玩，两人产生了爬上树去摘月亮的想法。结果，当然不仅没有摘到月亮，反而把衣服都钩破了。他们的父亲见此情况，不仅没有责骂他们，而是耐心地开导他们。

在父亲的引导下，兄弟俩日夜为制作能骑上天的“大鸟”而努力。这期间，父亲不失时机地买了一架酷似直升飞机的玩具送给他俩，这更加激发了他们对制造升空装置的浓烈兴趣。他俩不断地学习升空技术方面的知识，翻阅了大量有关飞行的资料。在父亲的鼓励下，经过多次试验，兄弟俩终于发明了世界上第一架飞机。

著名教育家陈鹤琴曾说过：“好奇动作是小孩子得着知识一个最紧要的门

径。”小男孩由于好奇自然会提出些问题，可是有些父母会对孩子说：“问这么多，烦不烦？”也许，男孩的好奇心就在父母的不断呵斥声中被毁灭了。其实，我们也可以像莱特父亲那样，注意倾听孩子的问题、想法，尊重孩子的观点，积极地引导孩子的好奇心，培养孩子独立思考、探索新知的能力。这样，孩子就能在不断地发现和思考中增强创新能力。

另外男孩的好奇心，能够激发他们的学习欲望和热情。强烈的好奇心能使男孩产生学习的兴趣。孩子只有对学习产生了兴趣，才能从学习中体验到快乐，才会热爱学习，并主动学习。

方法一：正视男孩的“破坏行为”

孩子的好奇心在很多时候表现为好动。由于年幼无知，孩子的好奇心常常会导致破坏性行为的发生。

一天，3 岁的球球在阳台上玩耍，他突然心血来潮，想知道爸爸养的那些花，埋在土里的根长得什么样，便把花连根拔了。爸爸回来以后，告诉他：这些花之所以开得这么鲜艳，全靠花根吸取土壤里的水分和营养，如果根离开了土壤，花就会因缺乏水分和营养而枯死。说完爸爸就让球球和他一道把这些花重新栽到花盆里。爸爸没因球球行为的后果去指责他，不仅保护了球球的好奇心，而且使球球学到了知识。以后，球球还成了爸爸养花的好助手。

其实在大多数情况下，孩子的这种行为正是他好奇心的表现，把玩具汽车拆开是因为他想知道汽车里面是什么样的，什么东西使汽车转动，如果把轱辘卸下来，汽车会怎样？孩子的头脑中充满了新奇的念头，于是他会毫不犹豫地付诸行动。因此成人不能轻率地将孩子的某些违规行为定性为“破坏”，而应该真诚地相信每个孩子都怀有良好的愿望。同时设法了解孩子行为背后的真正原因，看到他真实的需求和动机。在肯定和鼓励孩子探索行为的基础上讲清道理，给他提供问题的答案，满足他的好奇心。如果条件允许，也可以多提供一些廉价、安全的玩具，让孩子尽情地探究和摆弄。

方法二：积极回应男孩提出的问题

“地球是从哪里来的？”“闪电和打雷是怎么回事？”“大海的颜色为什么是

蓝的？”“螃蟹为什么会横着爬？”“太阳怎么不掉下来呢？”……随着男孩年龄的增长，语言表达能力的增强，他和成人的对话中增加了许多的问号，“是什么”、“为什么”、“会怎样”等类似的问题五花八门，大有打破沙锅问到底的劲头，搞得大人很头疼。其实这种追根究底的精神，正是智力教育的精髓，父母应给予支持和引导。

对孩子的提问，父母要表现出浓厚的兴趣，切不可默然处之。其次，父母在回答孩子的问题时要具有启发性，要注意引导孩子，把孩子的好奇心转移到善于分析和积极思考方面上来；而不能理解的问题，父母不必勉强解释，可以告诉他，这些事，你以后读的书多了，懂得的道理多了，就能理解了。这样可以鼓励孩子进一步学习知识。

另外，面对孩子的好奇心，父母要注意倾听和观察，做忠实的听众和热切的督导员。其中，倾听是对男孩好奇心的最好支持。孩子问问题的时候，成人采取不理睬、厌烦甚至嘲笑的态度是错误的。一些研究表明，正是由于大人的消极、不耐烦态度使孩子感到沮丧，从而放弃了对问题的提问，使孩子的好奇心随着年龄的增长而渐渐泯灭了。

因此，父母切忌说出“你没看我正忙着吗，一边玩去！”“你怎么这么烦呢！”“你真傻！”等伤害儿子自尊心的话语。当孩子向你提问题的时候，你应该放下手头的事情，做出注意倾听孩子说话的姿态，弯下腰，目光注视儿子，用点头和微笑鼓励他，并且用语言表达对问题的兴趣，如“这个问题很有意思。”“哦！”“是吗？”等。

第66招

鼓励男孩多动手实践

穷养真经

“实践是检验真理的唯一标准。”空有理论知识的孩子只能是“纸上谈兵”，并不能解决实际问题，只有多动手、多实践，男孩才不会被书本禁锢住，也才会发现更多、更新的知识。

古语云：“纸上得来终觉浅，绝知此事要躬行。”动手实践能力能够激发孩子的创造力、想象力、执行力。如果父母过分保护，不让孩子自己动手，不仅会影响男孩的动手操作能力，还不利于孩子自信心的增长和兴趣的培养。家庭是孩子的最早的课堂，父母应该放手让男孩自己动手实践。

青云是家里的独生子，妈妈将近40岁时才有了他，因此对他很疼爱，不仅生活中对他呵护备至，而且学习上的事情也经常为之代劳。小时候做作业，妈妈一般都不让青云自己思考，而是自己将他的作业答案写出来，然后再让他抄写到作业本上。她认为这是为孩子好。

一天，青云在学校里学习了“轴对称”和“中心对称”，老师要求学生每个人回家后，都要通过剪纸的方式来真正地理解这两个概念。

回家后，青云兴冲冲地拿出纸和剪刀，要剪“轴对称”的“蝴蝶”图案和中心对称的“圆”图案。妈妈看见他拿着剪刀，怕他伤到自己，尽管青云一再要求自己剪，可妈妈还是从他手中夺去了剪刀。青云觉得很无奈，妈妈根本就不给自己亲自动手的机会。

家庭生活实践对男孩品德和行为习惯的形成有着不可估量的作用。正如有人比喻说：家庭是第一个染缸，学校是第二个染缸，社会是第三个染缸。第一个染缸是人生的第一道着色，以后的人生都是在底色的基础上着色的，所以家庭这一道着色对一个人的思想品德和行为习惯的形成有着极为重要的影响，甚至会影响一个人的一生。

因此，父母要特别注意把对男孩的早期教育和家庭生活的实践活动结合起来，为孩子创造一个良好的家庭教育环境，让孩子在一个和睦、文明的家庭环境中接受教育，健康成长。

方法一：父母要改变重知识轻能力的观念

文文的爸爸交给文文一个任务：亲自实践一下，看一张纸到底可以对折几次？文文的第一反应是无数次。爸爸说在理论上确实是无数次，但实际上是不会超过八次的，文文不信，爸爸让他自己折一下试试。

爸爸为文文拿出了一张纸，文文不断地对折，到了第七次的时候就已经不能对折了。他认为爸爸给他的纸太小了，于是拿了张大点的纸对折，可还是最多对折到七次。

他还是不甘心，觉得如果纸张薄点可能还可以多对折几次。没想到，他费尽九牛二虎之力，用了最高超的折纸技巧，最终还是只完成了八次，要想超过八次是不可能的。

文文在这次动手实践中，懂得了原来书本上的知识和自己的亲自实践是有区别的。通过爸爸的引导，他喜欢上了动手实践，在动手的同时还锻炼了自己的思维。

教育更需要的是实践，实践是检验真理的唯一标准。孩子亲身体验后的记忆更为强烈，感受也更深刻，所以实践是一种积极有效的教育方式。只有孩子亲身体验了，才会得出自己的体会，从而将书本知识转化为自己的经验。

喜欢动手、乐于实践是男孩的天性，但是有不少父母喜欢孩子老老实实地待在家里，不喜欢孩子动手实践，理由是害怕他们受到伤害或是破坏家庭的整洁。深层的原因是由于学校和社会一再强调孩子的分数，一直以来都是“重知识，轻动手操作”，使父母也产生了教育的认识误区。

教育家洛克强调儿童学习中的两个习惯：热爱求知，实地观察和亲身体验。这也说明了让孩子动手实践的重要性，因此，父母要重视培养孩子的实际动手能力，让书本上学到的知识变得鲜活起来。

方法二：给男孩动手实践的机会

父母要减少对男孩的溺爱，不要包办孩子的事，给孩子更多动手实践的机会。父母不要怕孩子吃苦，要舍得他们去锻炼。孩子在自己动手的过程中，各种实践能力都会提升。

孩子的好奇心很重，父母要给孩子去探索的机会。鼓励孩子在探索过程中自己去解决各种问题、疑惑。父母只给予间接指导，让孩子亲自去试验、实施。

方法三：相信孩子一定能行

美国著名小说家海明威的父亲的教育方法有其独到之处。他对小海明威的教育既严格又灵活，他会随时根据具体实际情况而改变教育儿子的方式方法。他认为，事事依赖别人，会窒息儿子的才能，不能使其有所作为。

于是，在海明威4岁的时候，父亲严肃地对他说："孩子，别老是跟着我，自己玩去吧！"说着，递给小海明威一根鱼竿，鼓励他说："你能行，自己去玩吧。"后来，父亲又给他一管猎枪。小海明威在父亲的指点和鼓励之下，很快就迷上了钓鱼、打猎和探险。

最终，在爸爸的信任下，海明威健康地长大了，并将自己的知识运用到了小说创作中，在丰富的人生体验的帮助下，他完成了多部杰出的作品。

男孩在自己动手实践的过程中，会培养出独立精神和勇于创新的意识。父母把信任传达给孩子，孩子就会树立一种"我能行"的心态，并在实践中不断印证这种感觉，最终干成一番大事业。

另外，实践的过程也是对男孩综合能力的检验，他们在实践中才会真正地发现和了解自己。男孩对自己没有信心，害怕失败就不敢尝试，这时，父母的态度对男孩来说就显得格外关键。当孩子信心不足时，父母不要对此冷嘲热讽，更不要吝啬自己的信任，而是要鼓励和支持他，告诉他，"你能行。"让孩子肯定自己的能力。在父母的信任和鼓励下，孩子的素质就会不断提高。

第67招

满足孩子的好奇心和探索欲

穷养真经

相对女孩，男孩天性比较调皮，好奇任何未知的东西，喜欢费尽心思地去研究，结果把家里搞得一团糟。其实，这种“搞破坏”只是孩子另一种好奇心和探索欲的表现，父母应该尽量理解和配合。

“你说这孩子奇怪不奇怪，他竟然问我月亮是谁生的，你说这问题让我怎么回答？我只要回答他一个问题，他就会打破砂锅问到底，没完没了，真是个麻烦的‘小问号’。”

“我儿子纯粹是个‘破坏大王’，刚给他买了个电动小汽车，可没两天就被他拆成一堆零件，还把小闹钟、收音机大卸八块。有一次竟然故意把镜子打破，说是为了尝试‘破镜重圆’……”

……

以上是家长们说起自家的男孩时，经常会说到的一类话。是的，几乎每家的男孩都不会很“老实”，他们总会对一些无关紧要的事情感兴趣，喜欢寻根问底；他们总会拆散自己的玩具，希望把它们改造成具有特殊功能的“超能玩具”；他们还喜欢拆开收音机，看是谁躲在这小匣子里说话、唱歌……

面对孩子的“破坏”你会怎样呢？生气、呵斥孩子再也不许拆东西，还是帮孩子一起完成他的“杰作”？著名幼教专家汪秀丽曾提醒家长，千万不要粗暴地干涉孩子的探索欲，这样的“破坏性”其实是值得鼓励的，拆卸自己感兴趣的东西，是学习探索的一种表现，而不是故意要破坏。比如很多男孩喜欢把玩具拆开，去看车子里面到底是什么、车子为什么会动等，他是沉浸在了自己喜欢的事物里，想通过自己的双手去寻找答案。

那么，对于男孩的“破坏性”，父母应该采取哪些积极的方法去引导和鼓励呢？

方法一：尊重男孩的“破坏”能力

漫画家蔡志忠四五岁的时候，有一次趁父亲不在，溜进书房玩耍。看到桌子上瓶瓶罐罐里的墨汁，蔡志忠玩兴大起。他拿毛笔蘸满红墨汁，东寻西找作画的地方。最后，他选择将客厅通往书房的墙壁作为画板。片刻之后，一个个小圈圈组成的小人跃然墙上。

父亲回来后看到了蔡志忠的“大作”，不由得火冒三丈，简直就要雷霆大发。但还是平静下来，严肃地批评了蔡志忠两句，事后还给他买了一块小黑板和一些画笔。

蔡志忠喜出望外，从此，这块小黑板成了他想象力自由驰骋的天地。

如果蔡志忠的父亲没有给儿子买小黑板和画笔，而对他一顿打骂，那也许一位天才的艺术家就会因此而夭折。因此，每一位家长都要客观对待男孩的“破坏”能力，千万不能让孩子的潜能泯灭在自己的棍棒下。

男孩往往都会这样，你越理解他、尊重他，他就越听你的话。因此，对待男孩的“破坏性”，家长应客观地分析其动机，在尊重、鼓励其探索能力的前提下，正确地引导孩子的好奇心。

方法二：发现并挖掘男孩“破坏性”背后的天赋

路野从小不喜欢汽车、手枪等男孩标志性的玩具，而单单对玩积木非常着迷。他会将同学盖的“大楼”转变成一座“宫殿”；他会把爸爸坏掉的小皮箱挖个洞，给他的小白兔当卧室……

对儿子这些破坏行为，路野爸爸没有过分地批评孩子，反而是积极引导。比如，经常有意识地带儿子去参观各种风格的建筑；给他买精美的建筑画册；跟他一起搭积木，并比赛看谁搭得又快又别具风格……这种教育方式也正是路野所喜欢的。在爸爸的支持和引导下，路野渐渐地对建筑着迷。从此，研究积木建筑便成了他的业余爱好。

更让爸爸欣喜的是：在一次儿童积木比赛中，路野的设计作品竟然获得了特等奖。从那以后，路野也有了自己的理想，长大以后一定要做一名出色的建筑师。

父母千万不可小瞧孩子的“破坏行为”，因为在男孩“破坏欲”的背后隐藏着很多天赋：探索能力、创造才能、思维能力、动手能力……只要家长用正确的方法予以引导，孩子一定会在某些方面表现出特殊的才能。

此外，父母仅做到不打击孩子的“破坏”行为是远远不够的，孩子毕竟还小，还意识不到自己的才能和天赋。再加上男孩的自控能力比较差，遇到一点困难，便会打退堂鼓，如把小闹钟拆开后安装不上便想放弃。因此，除了用正确的方法引导外，家长们还要采取积极的手段，激发孩子“破坏性”背后的天赋。

方法三：多带孩子接触大自然和社会

一位父亲是这样评价大自然与孩子的关系：

“森林对孩子来说是最好的教科书，也是最好的游玩场所，在这样一个广阔的天地里，孩子想怎样玩就怎样玩，在草地上、在阳光下，他会感到自由自在。我经常带孩子到这样的地方去，告诉他各种各样的树木和鸟类的名称。我们经常会摘一朵花，共同研究花朵的构成；敲下成熟的果实，一起解剖果子；找一块岩石，察看它的结构和纹理构造；观察昆虫的生活习惯，窥视鸟类如何在树上做巢；拍摄一些孩子未曾见过的花草、树木和风景等。这些都可以启发孩子的好奇心，锻炼他们的注意力，激发孩子的创造性思维。”

大自然是孩子最好的学习课堂。父母尽可以利用大自然和社会给孩子上一堂精彩的课。节假日和双休日，可选择带孩子到郊外游玩，或者是参观少年宫、博物馆、展览馆等场所，让孩子在观察事物的同时发现问题，满足他们的探索欲，充分激发他们的潜能。

第68招

有时候犯错也是一种进步

穷养真经

雨果曾说过这样一句话："尽可能少犯错误，这是人的准则；不犯错误，那是天使的梦想。"是的，人人都会犯错，孩子更不例外，及时总结失败经验也是一种进步，因为可以从错误中领悟一些之前不懂的道理。

雨果在《悲惨世界》里写过这样的话："尽可能少犯错误，这是人的准则；不犯错误，那是天使的梦想。尘世上的一切都是免不了错误的。错误犹如一种地心吸力。"吃着五谷杂粮，生活在尘世间，谁也免不了犯错，虽然它俗不可耐。男孩作为一个不断发展的人，他们常常犯错也就可以理解为正常的行为，尽管有时会让父母感到失望和愤怒。

溧阳今年5岁，有一天，妈妈在整理他的房间时发现玩具箱中多了一辆微型电动小汽车，妈妈问他是从哪里来的，溧阳说是幼儿园的小朋友杨杨借给他玩的。可几天过去了，妈妈却一直未见溧阳把小汽车还给杨杨。后来，妈妈和幼儿园的老师谈起这件事，才得知杨杨的小汽车已丢了好几天了，杨杨为此还大哭了一场。妈妈听后并没有立即去责骂孩子，而是和老师共同商讨对策，通过在幼儿园里玩假想游戏"小白象要回家"，使溧阳认识到了自己行为的性质与危害，主动承认了错误，把小汽车还给了杨杨，还向杨杨道了歉。

这一事例中，孩子犯了错误，妈妈不是一味批评指责，而是采取有效措施，让孩子自己发现错误，进而改正错误。不过，生活中很多父母却做不到容忍孩子犯错误，他们要求孩子做事100%正确，一旦发现儿子犯错误，就恶语相对甚至棍棒相加。

其实对孩子而言，这样做是极不公平的，因为犯错误是他们成长过程中的必修课。我们应当允许他们犯错，并让他们在错误中吸取教训，今后不再犯同样的错才是我们要达到的主要目的。不过，要让男孩在错误中获益，父母们一定要避免两个不好的倾向：一是竭尽全力来预防孩子犯错，二是过度惩罚。父母应该采取以下更行之有效的教育方式：

方法一：适当宽容，积极引导

在男孩第一次犯错后，我们应及时予以疏导，防止再犯，比如告诉他“现在你知道瓷碗会摔碎，那么以后就要小心，因为这样不但造成浪费，而且碎碗渣子还会割破手脚”。要知道，允许男孩犯错误，保住了他可贵的学习动机和积极性，也保住了他的自尊，实际上是给他以继续求知探索的鼓励；而批评与指责却可能从此遏制他的探索欲望，或令他逆反地故意重复同样的错误。

父母在男孩认识到错误后，可以要求孩子做一件好事来弥补，此方法比父母一味批评打骂要管用。比如在发现儿子说谎后，父母除了告诉孩子“说谎不是一个好孩子”的道理外，可以要求儿子去做一件帮助他人的事情，从而满足男孩“做个好孩子”的愿望，以补偿之前的心理落差。

方法二：孩子犯错，父母切忌“落井下石”

邓可在初一期末被老师判定为“必须留级”，他有三门课程没有及格。爸爸说：“你看看你，光长了个傻大个子，怎么学习这么差？你妈妈有病，就是为了你还坚持上班，好多挣点钱；爷爷奶奶那么疼爱你……你说，你对得起谁？”

后来，邓可忍不住对自己的老师说：“老师，我不能留级，我要补考！父母总是唠叨我，说我不如表哥、表姐学习好，我不服气！我知道，我贪玩，喜欢踢足球，也爱上网玩游戏，可同学们也都是这样的，这也不是什么不好的爱好呀？上学期我的考试都及格了，我觉得我不笨，就是没有抓紧时间……暑假里我要用功复习，补考我一定能够及格！”

后来经过老师的调解和建议，父母和邓可反复交谈后，达成了亲子之间的协议：邓可保证要管好自己，自觉学习，每天做家务劳动 1 小时，每周与同学一起活动一天；父母保证不再随便批评邓可，他们建立一本“家庭日记”，父母和儿子之间有什么意见，随时写下来；每周挑选一个晚上全家人进行对话交流，有什么问题就心平气和地说出来，并要共同商量解决的办法……这样执行了一个暑假，邓可终于通过了补考，初二时他在学习方面有了很大进步。后来，也顺利升入了高中。

男孩犯错就如同登山者遇到雪崩一样，这结果本身已经是对孩子最好的惩罚了！父母就是孩子登山时的绳索和氧气瓶，要给他心理支持，给他前进的希望，就可“起死回生”。千万要小心谨慎，切忌“落井下石”！

方法三：让男孩自己分析失败原因

犯错本身并不可怕，关键是如何对待它们。如果能够以积极、正确的态度来看待，它们就可能成为孩子前进的动力。反之，则可能使孩子产生一种消极的心理效应，甚至对他们的心理发展造成不良影响。因此父母最好要让男孩自己总结犯错的原因。要做到这一点，父母需要从以下几个方面去做：

1.平静地作出反应，多肯定、鼓励孩子。

2.培养对待错误的正确态度，要有意识地将孩子的错误作为教育的契机，引导孩子鼓起勇气，大胆承认错误。

3.引导对错误的正确归因。

4.提供解决问题的方法，鼓励独立思考和操作。

5.给予足够的时间，让孩子自己改正。

6.树立榜样，用自己的信心和勇气感染他们，鼓励孩子大胆、勇敢地面对失败。

第十章

人无才不立
——培养学习兴趣，增强学习动力

男孩对学习不感兴趣，怎么办？

男孩没有明确学习目标，怎么办？

男孩学习时不会制订计划，怎么办？

男孩学习上出现挫折，怎么办？

……

男孩在学习的过程中总会遇到各种各样的问题，很多问题是幼小的他们难以应付的，这时就需要父母为他们“出谋划策”，帮助他们认清学习的重要性，提高他们的学习主动性。

第69招

帮助男孩应对学习挫折

穷养真经

如果男孩陷入学习的困境，对他学习上的消极影响是非常大的，甚至会让他丧失学习兴趣。因此，当男孩学习上出现挫折时，父母应帮助儿子调整心态、解决问题，让他重新找回学习的动力和信心。

男孩子通常都比较争强好胜，喜欢事事都争第一，容不得别人比自己强。使得一些心理素质差的男孩在学习上遇到挫折时往往就会一蹶不振，甚至抱着破罐子破摔的心态消极应付。因此帮助男孩应对学习上的挫折事不宜迟。

上世纪七十年代，中国科技大学的“少年班”全国闻名。在当年那些出类拔萃的“神童”里，就有今天IEEE最年轻的院士、微软全球副总裁张亚勤。二十年过去了，当年并不知名的张亚勤享誉海内外。因为一直以来张亚勤在挫折面前勇于进取，不怕失败，从而铸就了他今日的成就。

可见，如何正确应对学习上的挫折对孩子一生的影响是非常大的。当前，世界的主流教育学者都认为：教育的关键是如何把握先天的基因和后天的环境之间的能动关系。少数孩子由于父母基因的遗传，会显现不同的特点，拥有极高的智商，从而引起外界许多人的关注。但是绝大多数智力正常的孩子，相互之间的智能水平相差无几，因而每个孩子的潜力也不会有很大落差。然而当孩子踏入校门，我们会惊讶地发现：在知识量、学习动力、面对挫折的态度，以及自我形象方面，并非每个智力正常的男孩都一样，抗挫折能力差的男孩在这些地方表现得尤其脆弱和消极。

而作为孩子家长，无论你的孩子学习成绩是好是差，你都要给予他信心，相信他在学习上一定能迎头赶上。不过也要让孩子明白一定的先决条件：承认自己的落后，明白追赶必须付出艰辛和痛苦，坚信自己能提高和改进，旁人还要不断地鼓励，让他看到努力是值得的。除此之外，父母还要掌握以下教育方法：

方法一：分析原因，对症下药

有一位母亲的教子经验是这样的：

我的儿子很希望能把自己的学习搞上去。可是，尽管孩子看起来也努力地学习，可成绩仍然不理想。有一次，儿子在测验之后甚至悲观地对我说："妈妈，我不是学习的料。干脆就不用再努力了。"听了儿子这一番话，我认识到问题的严重性。儿子也懂事了，也有自尊心。如果不尽快帮助他找到提高学习成绩的方法，孩子恐怕真的会因为屡屡受挫而变得悲观，一蹶不振，那问题可就严重了。我找出孩子考试测验的卷子，和孩子一起分析错误的原因。结果发现，儿子综合分析类的题目错误率较多，主要是理解分析能力方面欠缺导致的。鉴于此，我抽出时间，指导孩子强化解题能力的训练和综合分析能力的训练，比如多练习分析段落大意，多讲解数学应用题的做法，帮助儿子提高学习的信心。经过一段时间的针对性训练，孩子的成绩大有起色。

由此可见，当孩子在学习上遇到困难的时候，父母除了鼓励孩子更加努力地学习，也要帮助孩子找到好的学习方法，提高学习效率，振奋孩子的学习精神。

方法二：大自然是最好的心理调剂师

一位父亲是这样教育儿子的：

每当儿子学习上遇到不快的事情时，我就会多陪陪他，一起看电视节目，谈天说地；或者带他去打羽毛球，在运动中化解孩子的郁闷之情；或者领着儿子到公园漫步散心，给儿子讲三国故事，讲义士武松的故事，讲岳飞精忠报国的故事。我启发儿子，要放眼未来，多看人生美好之处，不要被一时的困难挫折吓倒，也不要斤斤计较眼前的小事。大自然美丽多姿的风光景物感染了他，我的关心也安慰了他。很快，儿子的烦恼就烟消云散了。

由于孩子的性格不同，对挫折的认识也不同，例如悲观的孩子认为挫折就是失败，乐观的孩子认为挫折就是插曲。因此，我们要利用大自然培养孩子对待学习、生活的乐观精神，并且尽量想办法为孩子减少挫折的烦恼，化解学习的难题，增强他对学习的信心和勇气。

方法三：父母对孩子有信心，孩子才会更积极

虽然大多数父母都懂得不应该过于逼迫孩子学习，但是当面对别人家孩子令人欢喜的学习成绩时，回头再看看自己的孩子——没有特长、考试受挫、升学无望，很多男孩父母觉得脸上无光，颜面尽失，不禁对孩子的学习心灰意冷，甚至怒从心头起，动手打骂孩子，使孩子本已受挫的心灵再一次蒙受打击。

其实，在孩子学习上受挫的时候，作为父母，我们正确的做法应该是这样的：要对孩子有信心，你要了解自己的孩子，帮助他总结经验教训，重树信心；多引导孩子，不要让他过于自责，更不能自暴自弃，而是要勇敢地面对现实，战胜挫折；帮助孩子正确估计自己，让他把挫折当成磨砺自己的试金石，在化解挫折和困难的过程中不断成长起来。

第70招

引导孩子明确学习目标

穷养真经

明确学习目标会帮助男孩认清自己的学习方向，让他不再迷茫无措，增加学习的兴趣和动力，激励他变得更勤奋、更努力。

目标，就是方向。有了目标，也就有了努力的方向。我们可以看到很多的伟人和成功人士，就是因为很早就确立了自己的人生目标，并终其一生为之而奋斗，最终到达胜利的彼岸。亿万富豪巴菲特，因为小时候家里生活并不富裕，他就发誓一定要成为有钱人，而他一生也为这个目标在践行，也让世人见证了这一精彩的过程。

成绩好的孩子，一般都会有自己的学习计划，而在他的学习计划中很重要的部分就是确立学习目标。比如，历史要达到多少分；数学成绩要比上学期进步几个名次；乐器大赛要得第几名等等，不胜枚举。正因为有这些目标，在学习中他才有了努力的方向。

为了让孩子永远都有航标的指引，父母应该如何帮助孩子树立明确的学习目标，并使其学习更勤奋呢？

方法一：引导男孩制订短期目标

美国的心理专家曾经做过一个试验。他们把四年级一个班的学生分为三个编队，让三位老师分别带队到另一个地方进行体育训练。第一编队的学生被要求跟着老师走就可以了。第二编队的学生得到的信息是走10公里才可以到达。而第三编队的学生知道要走10公里，而且知道每到一公里时都有一个标示牌，大家可以知道自己走了多远。

到最后，到达目的地的情况是这样的：第一编队的学生越走越累，越累越丧气，最后一个到达的也没有。第二编队的人虽然知道要走的距离，但中间走到哪儿，走了多少距离也不清楚，有一半人也放弃继续行走。第三编队无一遗漏地全部到达终点。

由此可见，太久远的目标，因为过高要求，实现的难度足以吓倒他，所以反而无益。很多男孩本来都是有着远大的理想和目标，比如想要做飞行员、科学家、设计师等，但因为过程漫长，实现起来又艰难无比，而他天性又爱动好玩，于是慢慢就放弃了。所以，父母帮助孩子制订目标时，应该注意目标的切实可行性，不能制订过高的目标，短期目标更能促进他的进步。

方法二：适当的压力能促进目标的实现

动物学家曾经对非洲大草原奥兰治河两岸的羚羊群进行过跟踪研究，他们发现一种奇怪的现象，东岸羚羊群比西岸的繁殖能力强，而且奔跑速度也比西岸的羚羊每分钟快13米。为什么会出现这种现象呢,动物学家们对这个问题备感兴趣，同样的生存环境，同样的饲料来源，都是莺萝的牧草，为什么生存状态差异这么大呢?

于是，他们做了一个试验：从两岸各捉10只羚羊送往对岸。过了一年，被送到西岸的10只羚羊，后来繁殖到14只；运到东岸的10只却只剩下了3只，另外的7只都被狼吃了。

动物学家这才恍然大悟，原来东岸的羚羊强健、繁殖力强，是因为在他们的附近有一支狼群在活动，所以它们每时每刻都是生活在警觉和危机中，自然奔跑速度就快，体质强健，繁衍能力也强；而西岸的羚羊，活在太平盛世，没有生存的压力，身体懒散，体质慢慢减弱。而一旦遭受威胁，生命便不堪一击。

这个故事给我们的启迪是很深刻的。生命的存在需要稳定的环境，但是一旦没有了一定的危机感，灭绝的未来就有可能到来。压力和动力是并存的，压力常常可以转化成动力。有了压力，目标才更容易实现。没有目标是可怕的，没有压力同样可怕。在学习中也是一样，如果孩子没有压力，他就没有竞争和追赶的动力，那么也就无从谈起实现自己的目标。在人的一生中，大多数的时间都是在学习、工作中度过的。因为学习是持续一辈子的课题，所以不是凭兴趣就能完成的。男孩从小就应该适应竞争的、有压力的环境，这样目标才会更容易实现。

方法三：目标不能过高或过低，让孩子享受成就感

过多的父母对孩子期望太多，不结合实际，就给他过高的目标。因为目标的过于不可触及，男孩在向目标奔进时，由于过于困难，就会丧失自信，进而无法实现这一伟大的目标。有的父母虽然没有高压政策了，却是对孩子采取放鸭式管理，目标不明或过低，比如有的父母说："不要给我拿个倒数第一就行。"可能就会一下降低了孩子的心理底线，丧失进取和竞争的斗志，他便很容易放弃自己。给男孩制订的目标，不能过高也不能过低，而是他蹦一下才可以够得着。

就像我们摘果子一样，伸手可及的果子，因为得之容易，你摘下来或许就不会珍惜，而蹦起来才可以够得着的果子，因为有你极大的向往，并在行动中一次次逼近，反而使它的价值倍增。得之不是太容易，有过程的艰难，就会有与之相配比的成就感。

第71招

开发右脑，提高男孩的智商

穷养真经

人的右脑具有直观的形象思维能力、整体把握能力、创新能力等，所以右脑的开发是不可欠缺的。它是提高孩子智商的最有效方法之一。

人的大脑分为左脑和右脑两大部分。左脑又称为"思维脑"、"学术脑"，引导着语言、逻辑、数学、顺序、符号、分析等的运用，善于把复杂的事情条理化；右脑又称为"艺术脑"、"创造脑"，它引导着韵律、节奏、图画、想象、情感、创造等因素，它是想象力、创造力的原动力。

美国权威研究显示：爱因斯坦、达芬奇、居里夫人等这些世纪伟人具有一个共同之处，他们都有着超强发达的右脑，有着超群的想象力和洞察力。科学家们指出，人的一生，大多数人只运用了大脑的3% ~ 4%，其余的96% ~ 97%都蕴藏在右脑的潜意识中。现实生活中，95%的人仅仅主要是使用了自己的左脑。传统的教育也几乎是置右脑于不顾。

所以，长期以来，人们把右脑叫做"哑脑"：一方面，是说左脑才是管语言的，用语言处理信息，右脑是管想象的，用想象处理信息；另一方面，是说右脑几乎没有被用到。正如一位著名教育学家所说："在开发大脑的潜力上，我们是在单脚骑自行车。"其实，右脑才是天才脑，它隐藏着神秘的力量。

亮亮是个学习认真、刻苦的男孩，各科成绩也比较优秀，唯独在数学方面差一些。今年，亮亮升入初中二年级，他数学偏科的现象更严重了。因为数学课增添了几何知识，这对数学本来就不好的亮亮来说是个很大的难题。证明题的辅助线应该画在哪呢？三角形的中心、重心、垂心是怎么回事呢……面对几何题，他总是充满疑惑、无从下手。对于儿子学不好几何的问题，妈妈也很苦恼。

亮亮学不好数学、弄不明白几何题，可能是因为他的逻辑思维能力和空间想象能力差，不能在脑中很好的构建图形。其实，孩子这些能力的缺失很大原因要归咎于他不发达的右脑和父母“重左轻右”的教育方式。左脑和右脑的发育是相互促进的，如果一个男孩的左脑经常得到锻炼而右脑却不发达，那么这个男孩的逻辑思维能力也好不到哪去。

就目前的状况来说，孩子的左脑通常比右脑得到更多的锻炼和开发，而智力的最佳发展状态应该是左右脑共同开发。就创造性而言，右脑的开发具有更重要的意义。因此，父母应该多开发男孩的右脑。

方法一：平衡开发左右脑，不能“重左轻右”

幼儿期是开发右脑的黄金时期，如果此时进行有效的训练，不仅可以开发和保留相当一部分右脑潜能，还能促进大脑神经发达，扩大脑容量，而且还有助于左脑的发育。

父母可通过对孩子触觉、听觉、嗅觉、味觉、本体感、想象、记忆等方面的训练与刺激，促进他们的脑力开发。先说触觉训练，父母可以鼓励儿子触摸感受不同温度、不同质地、不同形状的物品。通过皮肤刺激，达到丰富触觉敏感度的目的；再说听觉训练，父母可以让孩子练习辨别不同声音、欣赏乐曲，学习感知律动，通过倾听促进听觉发展；还有视觉训练，可以鼓励孩子学习观察、认知周围事物，并通过游戏提高他们的手眼协调能力；嗅觉、味觉训练，让孩子多闻各种气味、多尝不同味道，提高他们嗅觉、味觉的分辨力；再有本体感训练，父母要放手让孩子去奔跑、跳跃，可以增强他们的大动作协调能力，让孩子荡秋千、滑滑梯，可以增强他们的平衡能力，让他们搭积木、钻洞洞，可以增强他们的空间认知能力，我们还可以通过画画、讲故事，训练孩子的想象力及记忆力。

方法二：根据孩子的自身特点适当开发右脑

以下是一位男孩的妈妈在日记中写的教子经验：

生活中，我十分重视对儿子右脑的开发，因为这对他将来智力和各方面能力发展很重要。在儿子刚出生时，我就给他听音乐，虽然我知道他听不懂，但是这能有效刺激他的听觉和脑神经。儿子 3 岁时对电话产生了兴趣，他觉得爸爸妈妈每天对着它讲话很有趣。于是我给儿子买了一个玩具手机，让他给亲人、朋友，甚至卡通人物打电话。通过情景模拟和角色扮演，不但加强了儿子的沟通能力和想象力，还让他认识了数字。平时，我尽量多的给儿子创造听音乐、欣赏图画、做游戏的机会，开发他的大脑潜能。现在，我的儿子上小学三年级，是一个又聪明又可爱的乖孩子。

这位妈妈结合自己儿子年龄和性格特点，适时适当的开发儿子的右脑，是很值得各位父母借鉴的。在生活中，你不妨也对男孩进行想象力、绘画、观察与记忆等相关训练，以此激发男孩右脑潜能。

方法三：教孩子掌握右脑的开发技巧

开发右脑的方法有以下几种，父母应该教孩子熟练掌握。

刺激指尖法。前苏联著名教育家苏霍姆林斯基说："儿童的智慧在他们的手指尖上。"现在许多父母让孩子练习弹琴，实际上就是很好的指尖运动。随着双手的准确运动就会把大脑皮层中相应的活力激发出来，尤其是左右手并弹的钢琴、电子琴。

借助外语开发右脑。美国神经外科专家近年发现，儿童学会两三种语言跟学会一种语言一样容易。因为当孩子只学会一种语言时，仅需大脑左半球；如果培养同时学习几种语言，就会启用大脑右半球。

另外，益智玩具是开发右脑的最佳工具；童话故事是右脑形象思维能力开发的最佳方法；观看体育比赛，也能够锻炼孩子右脑，提高形象思维能力；电脑游戏机也是锻炼孩子右脑的好工具，家长可为孩子选择一个以图形为主的游戏让孩子玩耍；下棋是锻炼右脑类型识别能力的好办法；让孩子眺望天空，观看天空中的云朵；带孩子参观花展、盆景展、绘画作品等展览；让孩子经常听音乐，等等，都可以开发孩子的右脑。

第72招

培养学习兴趣，增强学习动力

穷养真经

古语曰：“教人未见其趣，必不乐学。”可见，兴趣是调动一个人学习积极性的最主要因素。因此，父母要努力激发男孩的学习兴趣，这样男孩才会乐意学习，积极学习，主动学习，有效学习。

男孩似乎有永远也消耗不完的精力，总是动来动去，安静不下来。就是在家写作业也静不下心来，父母反复说教，他也只是安静一会就又忍不住故伎重犯，让家长头痛不已。对于男孩，这是不是一种正常现象呢？当然不是。男孩在学习中的不专心，归根结底，是他对学习没有兴趣，感觉学习就是一种负担，所以就会寻找一切机会玩，这才是他的乐趣。而当他去玩时，却兴趣盎然，思维活跃，精力高度集中。比如，画一幅奇特的画、看蚂蚁来来往往、把小车卸了装装了卸等等。在男孩的世界中，对于他所感兴趣的事物，他会调动一切的热情来享受这些事物带给自己的快乐。因此，这么看来，如果在学习中他同样有这样一种兴趣，一样也会很专注，很有热情。

爱因斯坦说过：“对一切人来说，只有兴趣才是最好的老师。”世界上很多科学家、文学家等取得巨大成功，都是从自己兴趣开始的。有了兴趣，才能点燃人们学习和工作的热情。

父母如何才能点燃孩子的热情，让他爱上学习，并以此为乐呢？

方法一：创造良好的学习环境和氛围

法国作家大仲马，一生创作丰硕，留下了多部传世经典之作，更为世界文化抹上了浓重的一笔。而他却说："我最得意的作品就是'小仲马'。"大仲马热爱写作，小仲马受其影响，也对写作产生了浓厚的兴趣，他的处女作《茶花女》一经问世，就获得专业人士的好评。法国文坛一致认为，这部作品的价值，已超越了大仲马的代表作《基督山恩仇记》，小仲马一时声誉鹊起，成为了父母最大的骄傲。

让男孩感觉学习不是一个负担，而是一件快乐而有趣的事情，首先就得为他创造一个轻松良好的氛围，不要过多地管束他，而要多提供引发他兴趣的机会。父母要知道，家庭环境的耳濡目染，对男孩的影响是巨大的。

当然，并不是所有的男孩都会成为伟人或成功人士，但在家庭中营造一个良好的环境，不去限制男孩的热情和兴趣，对男孩的成长非常重要。所以，要与男孩多交流，寻找他的兴趣点，鼓励他培养自己的兴趣。

方法二：培养孩子的竞争意识

男孩子天生就争强好胜，如果这个特点能放在学习中，那么父母就省心多了。父母可以充分利用男孩子的这一特点，激发他的兴趣，让他爱上学习。男孩一旦具备强烈的竞争意识，就几乎不用家长督促，完全能做到自觉地学习，并且乐于在学习中探索。

晚饭时，鑫磊向爸爸、妈妈提出了一个要求："爸爸、妈妈，我想好了，我要去上奥数班。"爸爸说："把你的理由说来听听。"鑫磊说："我们班的王晓也报了奥数班，我也想报。当然，不仅仅是怕落后王晓，还有以下理由：第一，我喜欢数学，更愿意去学奥数。第二，王晓的数学成绩还不如我，他都能拿到奥数的高成绩，我想我也可以。"

当然，男孩不管去学什么，并不是最重要的，重要的是他被竞争意识所激发，有兴趣去学，这样，他才能爱上学习，取得更大进步。

方法三：将男孩的兴趣转化为学习动力

志强从小喜欢小动物，小到蚂蚁、蝴蝶，大到猫、狗，他看到了就不走了，看也看不够，亲也亲不够。每当这时，妈妈也不催促他，就让他自己观察。小蚂蚁有几条腿、怎么爬行，哪种颜色的小猫最可爱，什么样的小狗最帅等，志强可有一套自己的理论呢。每次回到家，妈妈总让他记录下来所观察到的各种小动物的不同形态。由于志强的这个好习惯，他的作文成绩特别好，经常被老师夸奖写得生动、形象，富有生活气息。现在，他不但喜欢上了自然课，还因此喜欢上了语文课。

男孩由于心智还不完全成熟，学习的态度很多时候还受到兴趣的影响，父母要像志强的妈妈那样善于利用机会引导孩子，把孩子的兴趣转化为学习的动力。

第73招

为男孩量身定做学习计划

穷养真经

同样的学习计划对于不同基础的男孩来说，会有不同的学习效果。父母必须要根据自己孩子的实际情况，为男孩量身打造适合他自己的学习计划。

美国学者戴维·刘易斯认为，父母应该帮助孩子制订他的个人计划以及完成计划的方法。因为学习并非一蹴而就的事情，而是一场持久战，切实可行的计划很有必要。没有切实可行的学习计划，孩子不知道什么时候该做什么，也不知道自己正在做的事情对于整个学习生涯和实现自己的理想有什么帮助，慢慢地，他们就会丧失学习的兴趣。

一个切实可行的学习计划就是一幅指导孩子建筑自己知识大厦的蓝图，它会告诉孩子每天每个时间段应该做什么，做的这些事情对于自己的未来会有什么帮助。学习就像一场马拉松比赛，意志和体力固然重要，但更重要的是如何规划马拉松比赛过程中的每一段路程，通过每一段路程的积累，最后才能完成这场持久赛。

友友读五年级，学习成绩平平，父母发现他的学习带有很大的随意性。

一天晚上，父母都快要睡觉了，可友友屋里还亮着灯，爸爸敲开房门，说："友友，该睡觉了，要不明天起不来。""爸，过两天我们班测验，我得看看书。"友友说道。

"你这孩子，平时放学，看不到你的影子，这倒好，要考试了就临时抱佛脚。"

测验结果出来了，友友考得很不理想，他心里纳闷："我玩的时候很尽兴，读书的时候还开夜车，为什么考试的时候老是这个不懂，那个也不明白呢？"

学习如果没有计划，就会陷入一种茫然无绪的状态中，既浪费了时间，又无法达到预期效果。所以，制订学习计划非常重要。无论是低年级还是高年级的孩子，由于不具备统筹把握自己学习过程的能力，父母应该指导他们制订学习计划并敦促他们完全执行。

方法一：依据学习和生活习惯制订计划

学习计划应该以男孩的学习和生活习惯为立足点，这样才具有指导性和可行性。男孩在课堂上的表现、与同学交流学习的情况、男孩的生活习惯等都是制订他们学习计划的依据，及时了解这些情况，能够帮助父母正确地指导孩子制订和实施学习计划。

韦乐是个初一年级的男孩，他学习成绩特别好。韦乐的妈妈很关心他的学习，常常打电话向老师询问他在学校的各种表现。了解了他的学习情况后，父母根据韦乐的生活习惯等，利用合适的机会指导他制订出相应的学习计划。

在韦乐学习状态较好的时候，他的学习计划制订得较为紧凑，以便将知识学得更深更透；而当他有段时间学习状态不佳的时候，妈妈便会建议他把学习计划调整得松一些，留出更多时间来放松心情。妈妈的良苦用心使得韦乐的学习计划松弛有度、切实可行，因此韦乐学习起来很轻松，成绩也总是很优秀。

父母要多观察、了解孩子的学习和生活习惯，包括孩子的学习成绩、在课堂上的表现以及性格等，要和孩子一起来为其制订一个科学的学习计划，并监督执行。

方法二：计划要与男孩的学习内容相匹配

学习计划应该与男孩的学习内容相匹配，否则很难达到理想的学习效果。如果孩子今天学习的重点课程内容是语文，学习计划中却规定要做数学题，这样的计划显然不切实际，难以取得良好效果。

父母在指导男孩制订科学的学习计划时，一定要指导孩子结合每天的学习内容，这样才能保证计划得到良好的执行。

方法三：参照学校的教学进度制订计划

父母在指导儿子制订学习计划的过程中，一定要参照学校的教学进度。如果儿子的学习计划与学校的课程进度相差太远，那么他在学校的学习和自学便不能很好地结合起来，也难以取得良好的学习效果。

若风今年 13 岁，学习成绩优秀，上课时他总是嫌老师讲得慢。

新学期又开学了，若风拿到新书时，按照书本的目录给自己制订了一个学习计划，他计划在半学期内把新课全部学完。妈妈知道后，便问他："你知道学校的教学进度是怎样的吗？"

若风摇摇头，不屑一顾地说："我才不管呢，老师上课讲得太慢了，跟老牛拉车似的。"妈妈便对他说："如果你的学习计划不能与学校的教学进度很好地结合起来，那么你的学习计划不但不能帮助你提高学习效果，反而会给你增加负担。"

父母应该指导孩子参照学校的教学进度来制订科学、合理的学习计划。如果学习计划不能与学校设置的课程进度相结合，不但不会帮助孩子提高成绩，反而会影响他们的学习成绩和学习状态。

第74招

鼓励男孩课外阅读，扩大知识面

穷养真经

著名前苏联教育家苏霍姆林斯基曾说前："如果学生的智力生活仅局限于教科书，如果他做完了功课就觉得任务已经完成，那么他是不可能有自己特别爱好的学科的。"所以，我们应该引导男孩经常阅读，使他获得更多更宽广的知识。

从来到这个世界上，一切对于男孩来说都是新鲜的，而天生好奇的他，怎么才可以得到满足呢？阅读无疑是一个最好的方式。阅读可以让他获得知识，启发想象力及创造力，开阔眼界，增强他对外界事物的判断和识别能力。前苏联作家苏霍姆林斯基就说过这么一句话："三十年的教育经验使我深信，学生的智力发展取决于良好的阅读。"古往今来，很多伟人之所以成为伟人，就是因为他们自小就阅读了大量的文学名著。然而很多父母却忽视了孩子的阅读需要，让他做不同的练习，上不同的补习班，只考虑学习成绩，有点急功近利。

在南非世界杯的直播中，解说员贺炜给无数的中国观众留下了很深的印象，他被观众誉为最文艺的解说员。在他的解说过程中随时闪耀着智慧的闪光点。比如当比赛镜头一转的刹那，一只麻雀在球场一隅啄食，贺炜来了一句："在这忙碌的世界杯赛场，唯有这只悠闲的麻雀在享用它的晚餐……"

当英格兰被德国淘汰之后，他以这样一段话结束了整场解说："在这个时刻，可以想象……在柏林、在慕尼黑、在汉堡、在科隆大教堂……无数的德国球迷正在兴高采烈地庆祝；在伦敦、在利物浦、在曼彻斯特、在泰晤士河畔的小酒馆里……无数的英格兰球迷黯然神伤……但令我感到温暖的是，在这个精彩的人生节点，我是与亿万球迷一同度过，这是我的幸福，也是大家的幸福！我是贺炜，观众朋友们，再见！”

“如果说把鲁尼比作是亚瑟王，那今天陪伴在他身边绝对不是圆桌武士……”

“智利在世界地图上的版图是世界上最狭长的国家，而智利的球员却踏出了他们的宽度……”

贺炜以他丰富的地理、历史、文学知识，把一场场球赛解说得声情并茂，绘声绘色，让观众乐在其中。他如诗歌般的语言，让观众体味着难以言说的伤感和激动。这当然与他自小的阅读积累有关。

大量的阅读，可以丰富孩子的思想，使他获得一生用之不尽的财富，确立自己正确的人生观、世界观，使他的人生更具宽度和深度，在他以后的成长中给他更多意想不到的收获。当然，由于男孩还在成长期，阅读时还需要父母给予一定的指导，这样，才能让他顺利走入课外阅读的殿堂。

方法一：营造良好的家庭氛围

古有“孟母三迁”,孟母为了给孟子营造一个良好的学习环境,不惜一再搬家；近有傅雷的母亲为了培养儿子成为一个有学问的人，曾一次次地搬家，从农村到城市；在当代，则有郎朗的父亲为了培养儿子学钢琴，不惜一切代价，带他来北京。通过这些例子，充分说明环境对人的影响。

俗话说“近墨者黑，近朱者赤”，什么样的环境造就什么样的人。因此，家庭环境对男孩的影响是非常大的。如果父母都热爱学习，家里有好的学习氛围，那么男孩就会受影响爱上阅读。有的父母在孩子很小时，就开始拿着书给他讲童话故事，而孩子也习惯于在妈妈的怀中听着书中美丽的童话故事安静地沉睡。时间长了，他也就爱上了读书。在一个良好的读书氛围中，男孩的心就会变得安宁，慢慢地自然养成了阅读的习惯。

方法二：引导孩子制订固定的阅读时间

读书是人们获取知识的重要渠道，更是长久坚持的积累。男孩还处于贪玩时期，耐心不够，做事情不够坚持。这时，父母要从多方面帮助孩子培养他阅读的习惯。从小给他独立的阅读时间。比如每天晚饭后半小时，或者早上起来二十分钟。时间不要太长，也不限制他看什么内容，在这个时间内由他完全自主。这样日积月累，他所积累的财富，将会为他奠定深厚的基础，对他以后的学习和工作都会有很大的推动作用。

方法三：根据兴趣选择性地阅读

志泽喜欢自然科学方面的书籍，尤其是对机器人、UFO 特别感兴趣。如果他买书，大部分是买这方面的。妈妈很想让他的阅读面更广一些。于是，就给他买了《上下五千年》、《十万个为什么》等好几本大部头的书，并苦口婆心地让他有空看看这些有用的书。可志泽只是翻了翻，再也没有动过就放在了书橱里。任凭妈妈如何说，他还是提不起兴趣来。依然抱着他的科学书，看的津津有味。妈妈就在旁边吵也不得，说也不得，干着急没办法。

男孩有自己的独立思想和个性。同样，对读书，他也有自己的喜好和选择。他们有的喜欢读童话，有的热衷于科普读物。而父母引导孩子阅读，也要顺应孩子的喜好。在此基础上，予以指导，而不要想当然地认为他读的书没用，就禁止他读。或者认为一些书对他有好处，就强行让他阅读。被动的强制的没有快乐的阅读，只会让他产生逆反心理，进而没了阅读兴趣。

第十一章

心理减压是门必修课

——让叛逆期的男孩拥有乐观心态

父母怎样用耐心征服不听话的叛逆男孩？

如何令害羞、内向的小男孩变得开朗大方起来？

怎样培养男孩的幽默感？

如何帮助男孩赶走内心的抑郁和孤独？

……

父母不要为遇到这些问题而苦恼，因为有足够的方法解决这些相关的教育问题，本章将为读者一一解析。

第75招

与叛逆期的孩子耐心沟通

穷养真经

青春期的男孩都会有点叛逆心理，如果父母不加以正确引导，就有可能让他们变得偏执冷漠、学习被动、生活消极。因此，父母应该多点耐心应付不听话的“叛逆小子”。

不少男孩父母都深有体会，自从男孩步入中学后就不一样了：他们不再对长辈言听计从；开始跟父母和老师顶嘴；最可怕的是，他们还经常请假、翘课，每天早早离校，很晚回家……其实，这一切都是男孩青春叛逆期到来的表现。

以下是一位男孩父亲的叙述：

我儿子自从六年级开始，便逐渐出现叛逆倾向，可能这与我和他母亲离婚有关。我越不允许他做某件事，他就偏偏与我唱反调。

有一次，我把他的游戏机藏起来，他找了半天没找到，便开始对我发脾气。我开始好言相劝，告诉他应以学习为重，不要时时刻刻都想着玩。没想到他一听我说这些就立刻摔门而出，还狠狠地丢下一句：“不要以为你是大人就可以为所欲为！”

毫无疑问，上面例子中的男孩进入了青春期。进入青春期的孩子最难管，尤其是男孩，常常会出现精神狂躁、情绪抑郁、压力增大、人际冲突等现象。男孩的父母如果在这时没有对其进行积极引导，很容易导致男孩出现各种心理障碍，最终引发叛逆现象。当男孩出现叛逆时，有些父母觉察到对孩子的教育颇为棘手：打骂不行，放任不得，孩子又听不进说教。对此，父母首先应理解孩子，了解男孩叛逆的原因，必须走进孩子的内心深处，了解他们到底在想什么，并相应地调整教育方法。

孩子进入青春期后，由于生理变化引发心理变化，他们遇事开始思考，会形成并不成熟的主见，对父母的话开始怀疑。而父母在权威动摇后，一时难以适应，又不愿降低身份、调整教育方法去面对孩子。对此，孩子便心生抗拒，让父母觉得难以调教。

那么，如何面对和教育叛逆的孩子呢？可以考虑以下三种方法。

方法一：父母应避免走入“两极教育误区”

什么是“两极教育误区”？即父母与男孩之间的思想不统一，出现两极分化的现象。在现实中，这种情况非常普遍。如果长此以往，双方的“沟壑”会越来越深，甚至还可能因此而毁掉孩子的一生。

旭尧今年上初三，马上面临着中考，各科成绩却大幅度下降。因为这件事，他的老师找旭尧谈话，可旭尧却说：“我觉得念书没有意思，我不打算考高中了，我准备向我爸要点儿钱做买卖，一样可以赚钱养活我自己！”

这话可气坏了旭尧的老师。老师叫来了旭尧的父亲，想询问个究竟。不知情的父亲一听便来了气，当着老师的面狠狠地给了旭尧一个耳光：“混账东西，我供你吃，供你穿，供你念书，到最后你却要弃学做买卖。我告诉你，一分钱也没有！你给老子好好念书，听见没有？再提做买卖的事，看我不把你腿打折！”

旭尧捂着脸跑了。此后，他不再和父亲说话，更不好好听课、复习。旭尧的父亲为此仍然采用打骂的方式，但旭尧丝毫没有妥协的意思。中考第一科，旭尧早早就交了卷。卷子上除了他的名字外，赫然写着几个大字：“我恨你！”

旭尧的父亲在了解了儿子的想法后，没有正确地引导孩子，与孩子交流，反而采取强硬的措施，企图压制住孩子的反叛思想，最终造成孩子永远关闭了心灵之门。

其实，青春期的男孩内心充满了迷茫和无助，许多不成熟的想法和个性在恣意升腾，致使他们出现顶嘴、不听劝等叛逆现象。如果父母在这个阶段能够认真聆听一下孩子的想法，并在孩子冷静的时候主动和孩子交流意见，将自己曾经的经验告诉给孩子，这才有助于男孩形成正确的人生观。反之，父母和孩子之间则会陷入两极分化的误区。

方法二：给予孩子适当的权利和自由

进入青春叛逆期的男孩，其实特别渴望得到别人的认可和尊重。因此，父母应该适当地给孩子一些权利，以帮助孩子从不谙世事向成熟过渡。为此，青春期男孩的父母至少要下放五种权利：

1. 发言权：不要把自己当成“一家之长”，有时，父母应该给孩子一些表述自己观点的机会，多听听他的思想，了解孩子到底在想什么。

2. 自主权：面对叛逆的男孩，父母应该少说“你必须”“你应该”“你马上”等话，一些自以为已经是大人了的男孩是不会接受你这种命令口吻的，父母应该多多尊重孩子的意愿。

3. 表决权：家中的一些大事，如搬家、买家电之类，不妨与孩子共同商议一下，征询一下孩子的意见，一个家庭若民主氛围浓厚，孩子才能和父母关系融洽。

4. 隐私权：如果孩子实在不愿同你交流，就不必强迫他，尤其注意不要偷窥他的隐私。父母一定要记住，在你尊重孩子的同时，也为自己赢得了尊重。

5. 时间支配权：父母要让男孩自己安排、使用时间。父母千万不要自作主张，把孩子的时间填充得满满的。当然，当孩子安排时间不合理时，父母可以用商量的口吻提出建议，但千万不要全盘否定孩子。

方法三：与孩子沟通的必备技巧

对于叛逆情绪较为明显的男孩，很多父母会感觉到与之不好沟通，其实只是我们没有掌握沟通技巧而已。现在，我们一起来了解几条比较实用的沟通技巧：

1. 不要带着情绪教子：父母带着情绪去教育孩子是特别不理智的行为，会导致男孩产生抗拒心理，从而更加叛逆。因此，当父母在心情急躁、烦乱、不冷静时，可以先自我冷静一下，待情绪平和后，再与男孩交流。

2. 不要一开始就明确交流动机：与孩子交流思想时，父母不要一开始就搬出“学习成绩”、“考试”等沉重的话题，这样会使孩子心里产生压力和排斥，迫使交流无法继续。父母在交流时，可以先从家事入手，待孩子的情绪慢慢放松后，再切入正题。

3. 寻找男孩的优点：沟通时，父母不要总是盯着孩子的缺点不放，更不要拿孩子的缺点与别人家孩子的优点比。父母应多寻找孩子的优点，并加以鼓励，这样便可以减少男孩的抗拒心理。

4. 换位思考：人人都是从叛逆期走过来的，父母在不理解孩子的行为时不妨换位思考一下，想想孩子为什么会这样，渐渐便会找出问题的症结所在。父母还要学会理解和接受孩子犯下的一些小错误，不要过分束缚孩子的手脚。

青春叛逆期是男孩形成主见的关键时期，父母一定要掌握好上述沟通技巧，用良好的言行帮助孩子释放压力、减轻烦恼，顺利度过这个敏感时期。

第76招

如何让内向的男孩开朗起来

穷养真经

内向、害羞的男孩一般表现得比较沉默寡言，不喜欢和别人交往，喜欢独处，缺乏活力。这样的孩子很难快速适应新环境。因此，父母应尽力让内向的孩子变得开朗大方起来，让孩子的笑声多起来。

有一位母亲说："儿子太小、性格内向，做事总爱依赖我，比如说晚上与我们一起外出，不敢自己走路，紧紧靠在后面；不敢和陌生人讲话，见到生人总是往后躲；到商店买东西也要家人陪；老师说他在幼儿园表现特别安稳，就是上课回答问题时声音也小得可怜，在活动和游戏中更是很少主动参与。"这个母亲说完显出一副无可奈何的样子，问我说怎么办。

其实，有些男孩子性格胆小、内向，或者害羞，有时是一种正常的生理现象。但是在这个越来越开放，越来越需要交流和表达的世界里，父母应该帮助他们走进世界，展现自己。

5岁的刘星喜欢跑、跳、爬等各种活动，所以当他说出希望参加足球队的时候，妈妈很高兴地为他找到了一个非常合适的球队。但是当一家三口终于满怀兴奋地赶到运动场的时候，刘星突然像变了一个人似的，安静地站在妈妈的身边，眼睛四处打量着，任凭教练员点头哈腰，小朋友们热烈欢迎，他都始终不肯迈出一步。"我不想踢球了……"他嘴里咕哝着，然后就一溜烟跑回了车边。

其实，这已经不是刘星的爸爸妈妈第一次遭遇这样的尴尬了。他们给儿子报名各种活动、参加各种聚会，甚至把小朋友们邀请到自己家中，试图帮助孩子敞开自己，但是刘星总是悄悄地藏在阴影里面，仿佛上前一步就是悬崖一样。

面对像刘星这样内向的小男孩，父母应该做什么呢？下面这些教育方法或许能给迷茫中的父母们一点儿建议：

方法一：抓住任何鼓励孩子的机会

有些父母对男孩的胆怯、不自信觉得不可理喻。孩子明明在家还比较活泼，怎么一到人多的场合或见到陌生人时，便忸忸怩怩，不敢说话了。其实不自信是男孩个性发展不健全的一种表现，是儿童时期的常见问题。过于内向个性的形成固然有一定的遗传因素，但主要是由于后天不恰当的教育及周围环境影响所造成的。

在家过于溺爱，对孩子太严厉，经常恐吓，都可能使男孩的性格越来越内向、胆怯。当你意识到孩子太胆怯时，不能着急，一味苛求、责怪只会让孩子更加不自信。保护孩子的自尊心，寻找适当的机会鼓励孩子才是正确的选择。

李建是一个特别内向、不自信的小男孩。平常跟老师说话声音很小。一天早上，老师正在请值日生，当老师问“谁愿意做今天的值日生”时，小朋友们争先恐后地举手，李建也畏畏缩缩地举起了小手，老师就请他来做今天的值日生，他显得很高兴。吃点心了，他忙着数杯子、放杯子；进午餐了，他认真地分数着勺子……放学前，老师在大家面前表扬了他，小朋友们也为他鼓起了掌，李建露出了羞怯的笑容。从那以后，父母和老师都发现李建能主动参加活动了，积极性也提高了。可见，在集体活动中应该更加注意让男孩获得成功，有愉悦感。因此，我们应多鼓励男孩与同伴、老师间的交往。

方法二：多带孩子到户外游戏

玩是孩子的天性，再害羞的男孩也爱玩。不过，父母应该注意他平时更喜欢玩些什么。许多害羞的男孩喜欢玩一些没有伤害性的安静的游戏，如看书、画画、拼图、搭积木等，比起和小伙伴们一起玩耍，他可能更喜欢一个人玩。

父母应该鼓励孩子多进行户外运动，多在户外和小伙伴们一起玩游戏。对害羞的孩子来说，尝试玩沙子、抓虫子、拍皮球等“脏脏”的游戏，在台阶上跳上跳下、相互追逐、抢皮球等“危险”的游戏都需要一点勇气。做些户外游戏，孩子在玩时难免磕磕碰碰，不要为此大惊小怪，这些“勇敢者”的游戏可是帮孩子练胆量的好办法。

方法三：让孩子主动与陌生人交流

在超市、商场、公园、游乐场等公共场所，让孩子多开口和陌生人交流也可以帮助他们克服害羞的心理。不过，这时父母要耍点小“花招”。例如，陪儿子去商场买玩具时，让他自己对营业员说“我想买这个玩具，请问多少钱？”如果孩子不愿开口，就不买玩具。

可能一开始，他不好意思说话，作为父母的你就先说一遍，让他学着再说一遍，不管孩子说得好不好，声音够不够大，你都应该鼓励他。说得多了，孩子就习惯了。在鼓励孩子开口说话的同时，父母也可以教他正确使用礼貌用语，这样，人们会更喜欢你的孩子。对孩子来说，也增加了开口说话的自信心。

方法四：帮内向的孩子找个外向的玩伴

张航是一个比较内向的小男孩，为了让孩子变得开朗大方起来，妈妈就让隔壁邻居的儿子胖虎和儿子一起玩。别看胖虎身材有些肥肥的，但是天生乐观、开朗，喜欢打篮球，还喜欢讲笑话。张航和胖虎成为朋友后，整个人都开始变了，脸上的笑容也增加了很多。

幼小的男孩子很容易因为爱玩相同的游戏而成为朋友。如果男孩内向、害羞，那就多帮他结交一些外向、大胆勇敢的孩子和他一起玩吧。

第77招

培养男孩的幽默感

穷养真经

幽默感是男孩情商的重要组成部分，而且具有幽默感的男孩大多开朗外向，更容易获得大家的喜爱，人际关系也要比那些缺乏幽默感的孩子好得多。

幽默感是情商的重要组成部分之一。具有幽默感的男孩大多开朗活泼，因而往往更讨老师的喜欢，人际关系也要比不具备幽默感的孩子好得多。幽默的男孩往往比较快活、聪明，能够轻松地完成学业，甚至拥有一个乐天、愉悦的人生。

早教专家于春林表示，幽默感是情商的重要组成部分，它在社交中起着举足轻重的作用：人们讨厌冷漠、讨厌忧伤，但决不会讨厌一个人所带来的欢笑。而具有幽默感的孩子通常很乐观，在生活中不断地制造欢笑，让周围的人感到轻松愉快，自己也会富有成就感和自信。因此具有幽默感的孩子，也较容易获得友谊，孩子的身心也随之得到更和谐的发展。据悉，在国外，许多父母在婴儿刚刚出世6周时便开始了他们独特的“早期幽默感训练”。一个典型的例子是：当父母抱着孩子故意作“下坠”动作时，一些孩子在体味下落感的同时，还会无师自通地意识到是大人在跟自己闹着玩，小脸可能会漾起笑容。

不过并不是所有的孩子都具有幽默感。有位专家说：“幽默感30%来自天生的性格，更多的则是后天培养出来的。我觉得，家长在生活中要帮助孩子发现幽默，创造幽默，利用幽默。”

俄国文学家契诃夫说过：不懂得开玩笑的人，是没有希望的人。在现实生活中，幽默可以淡化人的消极情绪，消除沮丧与痛苦，舒缓紧张气氛，更能带给自己和别人喜悦和希望。

那么，父母如何培养孩子的幽默感呢？

方法一：建立幽默家庭

有一位父亲的教子经验是这样的：

我认为一些幽默的著作对性格的影响非常大，特别是孩子还小的时候。也许，我身上的幽默细胞并不多，但读过很多幽默书籍。我的儿子平时是一个是非观非常分明的人，做事难免会有些死板。但也许是受我影响从小特别喜欢看幽默类书籍，他的作文大多比较诙谐。

其实父母多跟孩子说一些轻松风趣的话，也有利于亲子关系。今天早餐的时候，跟我家的儿子“散讲”，提及他在幼儿园时，曾因长时间粘在电脑前玩游戏，视力一度降到 4.6。我用愤愤的口气说：“其实，那时候真该把电脑给砸了！”儿子饶有兴趣地问：“你用什么砸啊？”答：“用‘哈哈可乐派’砸！”（某电台的一档讲笑话栏目），儿子刚好把一勺玉米浓汤送进嘴里，结果全喷到餐桌上了！

幽默也有一定的遗传因素，而家庭环境也会潜移默化地影响孩子。家长平时跟孩子的相处，不仅影响孩子的性格养成，还包括幽默感。如果家长本身没有一点幽默感，却老埋怨自己的孩子不幽默，也是一个笑话！

方法二：父母要做孩子幽默乐观的好榜样

幽默感也有先天的成分，不过后天的培养更加重要。孩子是父母生命的延续，是父母最真实的镜子，潜移默化中，父母的许多特点在孩子身上都得到再现。所以，要培养孩子的幽默感，为人父母者，首先要看看自己是否也需要培养幽默感？最起码，要能真正欣赏幽默。

有一位母亲的教子经验是这样的：

我曾经有一位幽默的老师，经常妙语连珠，就连他批评人，也是意味深长，令人终身难忘。比如，考试有人翻书作弊，他说“微闻有鼠作祟”。他说得如此含蓄委婉，被他批评的学生，还有谁再作弊了呢！后来，我们班上的同学也都一个个变得很幽默。后来我在教育儿子时，不自觉地也采取了幽默的方法，感觉效果还不错。如儿子生气了，我说是“晴转多云”。儿子伤心流泪了，我劝他“轻伤不下火线”。餐桌上，我还经常来几个即席小幽默，让大家开开胃。我这样做，活跃了家庭的气氛，拉近了和孩子的心理距离。培养孩子的幽默感不容易，它不是一蹴而就的，需要循序渐进。但我相信，孩子在我的影响下，会变得宽容、睿智，充满幽默智慧。

在生活中营造轻松的气氛也能从小培养孩子幽默感。孩子哭闹时，父母除了常用的一些安慰手段外，也可以安抚他：“宝宝，你瞧你哭得像小花猫，鼻涕流得像瀑布，多难看啊！”这种诙谐的语言，比起单调的哄逗，不仅可以很快转移孩子的注意力，使孩子破涕为笑，而且还可以使孩子学会幽默的语言技巧，培养良好的心态。而当孩子尝试着说出一些有趣的笑话或表演一些滑稽的动作时，父母请不要吝啬你的掌声，你的鼓励将使他的幽默感不断得到强化。

方法三：引导孩子多阅读幽默小故事

常给孩子听一些轻松幽默的小故事或相声小品，不仅可以使孩子心情轻松愉快，而且无形中会形成孩子风趣的语言风格。常让孩子读幽默轻松的故事，不仅能使孩子在轻松愉快的氛围中喜欢上阅读，还能潜移默化地培养孩子的幽默感。同时，很多儿童文学作品中的主人公都是乐天派，他们虽然遇到各种各样奇怪的困难，但总能化险为夷，继续乐观地对待人生。多给孩子读或看这样的故事，还可以培养孩子的乐观情绪。

第78招

别让男孩被愤怒淹没

穷养真经

愤怒，对于男孩来说是一种正常的自然情绪，父母不应该压制或否认它。当然，男孩随意地发泄愤怒或者过于愤怒，对他也是不好的，毕竟愤怒中的行为常常具有破坏性和报复性。所以，我们应该从小教会男孩如何调节自己的愤怒情绪。

“阳阳从学校回到家中就径直进入他的房间，狠狠地把门摔上，然后开始打枕头。我想和他谈心，可他总是让我走开——说我碍着他的事了。”

“贝贝动不动就发火，当他发火的时候，我们全家人都会受到影响。每个人都变得非常非常安静，静悄悄地躲进自己的房间。就好像他才是这个家里唯一重要的人。”

科学研究发现，孩子一出生就有四种基本情绪：快乐、恐惧、愤怒和悲哀。愤怒是需求和愿望不能实现或者目的不能达到时引起的一种激动、紧张和不愉快的情绪体验。在这四种基本情绪中，愤怒出现得较早、较频繁，当孩子的生理需要没有被满足、身体活动受到限制时，当他的其他愿望不被理解以致无法实现时，都会产生愤怒。随着孩子渐渐长大，他的需求越来越多，引起愤怒的原因更多地体现为高级心理需求得不到满足，例如：身心不舒服、没履行诺言、权利被剥夺、自尊心受挫等。

愤怒的情绪是男孩天生就有的，但是不同的男孩愤怒时的情绪激动程度是不一样的。因此，要安抚他的愤怒情绪，所采取的方式和所需要的时间也不一样。

有的男孩很容易被激怒，一触即发；有的男孩把愤怒压在心底，却在别处发泄；有的男孩容易接受大人的安抚，很快安静下来；有的男孩却过了很长时间还在生气，也不肯接受大人的帮助。

总之，调节愤怒情绪的水平能集中地反映出男孩的心理素质，影响他和谐的人际关系。不仅如此，愤怒情绪还影响孩子的身体健康。因此，父母应该想办法解决孩子愤怒的问题。

方法一：帮助男孩控制愤怒

愤怒让人感到压抑、困惑和疲惫，但既然无法避免，就不妨通过积极的约束和消解方法，教会孩子有效地处理自己的愤怒情绪。而且男孩的情绪往往瞬息万变，将注意力适时地转移到其他事情上，就可以有效地进行自我调节。

当孩子生气时，应建议他去做一些他喜欢做的事情来释放情绪，转移注意力。例如，出去散散步，在喧闹的音乐声中随便跳跳舞，或者跳绳，从而改变血液流动方向；洗个澡，把愤怒“洗掉”；用双手挤压泥土、撕废纸，或拥抱一下自己；到户外或者是自己的房间大叫；拍打枕头或者扔球玩，等等。

另外，有一种释放怒气的做法是在手纸或纸巾上写下只给自己看的愤怒反击的话。孩子可以在浴室的台子上或任何能暂时独处的地方写下这类的话，比如：“某某，这是你把写有‘踢我’的条子贴在我裤子后面之后，我想对你说的……”告诉孩子，既然没有别人看到他写的内容，他可以自由地表达自己的愤怒。

不过，当孩子愤怒地写下此类的话，甚至有些是咒骂的话、自己看着都脸红的话时，我们还要告诉孩子处理这类便条的方法之一是要撕掉它们。孩子们还喜欢用水将纸屑冲走，假想他们的敌人也被水冲走了。

方法二：不要过分追求完美

有一位外国母亲的教子经验是这样的：

男孩们必须懂得犯错误并没有什么大不了的。作为父母我们应该向孩子示范处理错误的各种方法，从而为紧张不安的孩子减轻心理负担。例如你打翻了咖啡，可以来自嘲一下：“我想我今天赢得了‘脏乱先生’的称号。”当你把购物清单忘在家里的时候，不要大吼大叫地责怪别人。男孩们知道大人也会把事情弄得一团糟，犯点错误没什么了不起，做不到完美也很正常。对于完美主义者来说，特别会感到别人对他的认可以及他自己的价值取决于自己在家里和在学校不犯错误。我注意到，当儿子不能把一项任务完成得很完美的时候，他会对自己十分严厉。他这么做，我认为是从我们身上学会了对待自己的错误感到愤怒的态度。

一次他看到我想办法减轻了自己的心理负担，之后他也就学会了减轻自己的压力。错误是一条很好的学习途径，在家里我们进行了许多这样的学习。在我们家当一个人犯错误的时候，一定有人会在一旁发表这样的意见：“好了，现在我们从这件事当中能吸取什么教训呢？”如果大家心里都充满了愤怒，那么这种办法是起不到作用的。所以你要小心，如果有人打翻了咖啡或者撕破了裤子，可千万别对他发火。只要说：“我们可以从这件事当中学到什么呢？”然后，甚至可以把这件事当作笑料来寻一番开心。

事实上，内心的愤怒常常会使完美主义的男孩变得孤僻起来。为了使摇摇欲坠的自我形象免遭侵袭，追求完美的孩子会拼命地抗争，裹上一层坚硬的外壳。表面上他看起来相当平静，但严密的掩盖之下是一腔紧张地压抑着的情感。如果把情感的盖子紧紧地捂住的话，孩子就会变得孤僻，逃避那些可能会引起他怒火爆发的人际交流。

一旦男孩感到自己是一个“坏孩子”，他就会彻底垮掉。除非这种认识被扭转过来，否则，孩子在长大后就真的会扮演起坏孩子的角色。为了使孩子摆脱认为自己“坏”的感觉，父母应该想办法为追求完美的孩子减负，增强他的信心，对他说：“你一点儿都不坏，你只是还年轻，年轻人往往是会干蠢事的。可是我正在帮助你不再做那些蠢事，所以，长大了你会感到自己正像我心目中所认为的那样，是一个出色的人。”这就向男孩传递了一个信息，你十分细心地发现了孩子在不良行为背后的真实形象。

第79招

适当缓解男孩的心理压力

穷养真经

完全没有心理压力的孩子会变得越来越疲乏、懒散，适度的心理压力可以激励男孩奋发上进，但如果孩子压力过大，也会因为无法承受而出现一系列心理问题。因此，父母有责任帮助男孩疏导内心深处过多的压力。

事实上，男孩无论到哪一个年龄段，好像都比女孩承受的压力要大一些，因为自古以来人们就喜欢给男孩们贴上“坚强”、“顶梁柱”等标签。所以生活中我们才会常听到下面类似的话语：

“你是男孩子，这点小困难算什么！”

“爸爸妈妈后半辈子就指望你了，你要好好努力啊！”

“这学期你要好好学习，不要再和那些坏学生待在一起……”

“你怎么各方面都没有XX表现好呢？”

……

男孩都有很强的自尊心，听到以上这些话除了给他们增加心理压力之外，并不能起到激励他们的目的。父母可能都深知这样一个道理：没有压力孩子会变得懒散，适度的压力会激励孩子奋发上进，而过度的压力会致使孩子因无法承受而产生心理问题。

作为父母，如果能细心观察孩子的言行，就能觉察孩子是否面临压力以及压力的程度如何。当孩子面临压力时，行为方面常表现为爱说假话、爱打人，故意损坏东西；情绪上常表现为爱哭闹、不讲理，常常感到害怕而纠缠着大人，睡眠不稳，夜惊，梦魇以至梦游等；身体反应是经常持续眨眼睛、咬指甲、挖鼻孔，面部或四肢肌肉抽动等等；精神反应则表现为注意力不能集中，爱忘事，爱胡思乱想，说话含糊不着边际等等。

没有压力会使人疲乏、懒散，适当的压力可以激励孩子努力向上，但压力太大会使孩子身心无法承受而出现心理问题，以下五种方法可以帮孩子舒缓过大的心理压力。

方法一：认真倾听他的心声

方争，今年17岁，是一名高中生。在小学三年级的时候他看见父母激烈地争吵，原因是母亲说父亲有外遇，虽然他当时并不懂，可妈妈大吵大闹，砸东西的样子非常可怕。而且一直以来父母对他的要求很严格，如果发现他看电视或听音乐就要呵斥他，如果考试成绩不理想就更会受到责骂。为此，他整日闷闷不乐，不愿和同学交往，怕别人知道他的家庭情况后会看不起他。上高中后，他努力学习，想把成绩搞上去，可是由于身体的原因，期中考试仍没考好，父母又毫不例外地责骂他一通。为此，他也进行了辩解，可父母仍理直气壮地说：“我们不看过程，只看结果。”至此，他彻底失望了，成绩直线下降，与同学的相处也更困难了。

男孩内心深处的压力如果得不到缓解，他们很可能会走上极端。我们要想帮助孩子克服压力先要了解孩子心理上有什么压力，压力是从哪里来的。所以，必须倾听孩子的心声，要抽出时间和孩子面对面地交谈，专心地看着孩子，认真地听他说话。只有父母肯把心交给孩子，孩子才肯把心交给父母。这样，你才能了解孩子心理压力的真实情况，才能够针对问题帮助他们。

方法二：帮助男孩面对恐惧

有时候男孩会因为自己和别人不一样，比如不跟别人一起逃学、不跟着别人作弊、抽烟、抄作业等等，就因此而受到嘲笑，甚至会受到孤立，感到恐惧、不知所措。这时，父母应当教导孩子要坚持原则，不对的事一定不能做。父母要让孩子知道，能够做到不随波逐流是很不容易的，这正是一个人成熟勇敢的表现，也是有主见、有头脑的表现。

一位母亲就做得比较好：

儿子上了初中之后，我发现原来懂事上进的他，开始变得越来越散漫，周末出去玩的时间越来越长，在家学习的时间越来越短。有一次，我竟然在孩子的枕头下面搜出了一包香烟。这让我意识到问题的严重性，但我并没有直接责骂儿子如何“不务正业”，而是以一个朋友和妈妈的身份和他进行了一次坦诚的对话。原来，儿子上了初中后，原来很多的朋友都变得散漫起来，如果他一个人在那儿努力学习，朋友们就笑话他是“书呆子”，而且时常硬拉着他一起出去玩，如果他不去，朋友们就会不高兴。了解了这一点之后，我告诉儿子，真正的朋友是会支持他努力上进的，而且不用担心自己没有朋友，因为人们最喜欢和那些有上进心、努力的人交朋友。儿子听完我的话之后，开始调整自己的心态，我还建议他多结交那些比他更出色的朋友。渐渐地儿子的学习成绩又提高上去了，而他也没有失去自己的那些朋友。

方法三：分享父母的经验

人在每个年龄段都有心理压力，所以作为已经成人的父母肯定或多或少地了解孩子的心理压力，因为你也曾经经历过和孩子类似的事情和情况，当时你是怎样对待的，或者现在遇到了什么难题又是怎样处理的，这些都可以用孩子通俗易懂的语言和孩子分享。

当孩子知道了父母原来也常常会面对压力和烦恼的时候，他们对父母所说的话就比较容易听进去了。父母告诉子女自己是怎样应付压力的，那实际上是为孩子树立了一个很好的榜样，也就增强了孩子克服压力的勇气和信心。

第80招

帮助男孩克服浮躁心态

穷养真经

不安分、缺乏耐心、脾气大、急于求成等都是男孩浮躁的常见表现。其实在学习和生活中，男孩一般会比女孩浮躁，他们似乎总缺少那么一些耐心和专心，容易对他们的生活和学习造成不良影响。因此，父母应该想办法帮助男孩克服浮躁心态。

浮躁，指轻浮，做事无恒心，见异思迁，不安分守己，总想投机取巧，成天无所事事，脾气大。浮躁心理的表现形式因人而异，一般来说，男孩的浮躁心理通常表现为“想不到”、“坐不住”、“听不进”、“管不牢”、“忙不停”、“写不完”、“长不了”等。

想不到：在自己支配的时间内，不知道该做什么，不知道什么先做什么后做，甚至手足无措，一会儿看看这本书，一会儿看看另一本；

坐不住：在课堂上找各种借口挪位子，或是东张西望，交头接耳；

听不进：对课堂上老师讲的知识无兴趣，或自搞一套，或哈欠连天，根本不管老师讲什么；

管不牢：废话连篇，沉迷于侃大山，管不住自己的嘴；

忙不停：兴头上来时，马上动手去做，乱忙一气，希望“快刀斩乱麻”，一下子把事做完，却常常忙中出乱，甚至殃及他人；

写不完：跟老同学或笔友交往过密，整天沉迷在信件往来中，乐此不疲；

长不了：在老师批评之后或考试后，短时间内能意识到自己的错误和不足，也能付出一定的努力，但几天之后，依然故我，虎头蛇尾，不了了之。

造成男孩心理浮躁的原因有哪些呢？一般来说，内部原因分为个体的神经类型、人格特征、个人认知三种对孩子的影响；外部原因主要是社会环境、家庭教育和学校教育对孩子的影响。

那么父母如何帮助男孩克服浮躁心理呢？

方法一：要培养男孩做事认真的好习惯

毛主席曾说过："世界上怕就怕'认真'二字。"也就是说如果我们的孩子能安下心来认真做一件事情，就没有做不好的。

认真对于孩子来说是一种能力，一种聚精会神的能力，更是深入一件事情和彻底弄透一件事情的能力，也是时时刻刻全力以赴学习的能力。所以我们在教育男孩时，不能只相信孩子说"学会了"、"听懂了"，而是让孩子真正做出来、表现出来，才是真正地会了、懂了。

小柯参加了学校的绘画兴趣小组，老师发现小柯是一个很浮躁的小男孩，做事很不认真，就是画一个小动物的头他都不会认真地把它画完，不是少一只耳朵，就是没画嘴巴。老师经常提醒他，可是他就是改不了这种丢三落四的毛病。

其实，现实生活中像小柯这样的男孩子有很多，做事喜欢丢三落四，这可能从小与父母的教育有关系，没养成做事认认真真的好习惯，总喜欢草草了事。

方法二：培养男孩的专注力

茸茸在家复习功课的时候，老是喜欢东瞅瞅西摸摸，一会儿上厕所，一会儿喝水，一副"身在曹营心在汉"的样子。当他意识到妈妈盯着他时，他才乖乖地低下头，眼睛盯着手中的复习资料，妈妈注视了他几分钟，总感觉儿子还没有全身心地投入到复习当中。于是，妈妈走到儿子身旁，轻轻地告诉他，待会儿她想要看看儿子复习的效果如何，相信儿子是不会让她失望的。接下来，儿子一鼓作气，心无旁骛，专注复习了。

其实，男孩子天性活泼好动，因此注意力经常不集中，这时，父母就可以从训练他们注意力的持久性入手，有意识地培养他们做事专注的习惯。

同时，父母要尽量创造一个良好的环境，避免男孩注意力分散。例如应尽可能避免一切外来干扰，当孩子在学习时，要把电视、电脑、手机等可控制的干扰关闭，排除可能分散孩子注意力的因素，为孩子营造一个安静的学习环境。另外，当孩子要求独自玩游戏时，在没有危险的情况下，父母不要进行干预，过多的干预只会影响男孩专注力的发展。

第81招

帮男孩走出孤独的阴影

穷养真经

孤独的男孩好像总是旁若无人地活在自己的世界里，在外人眼中他们内向、害羞、沉默、独来独往。但其实这些孩子的内心深处渴望他人的爱与关注，不是他们天生爱孤独，而是后天不良的环境影响了他们。

孤独在孩子的世界里是指他的社会交往动机和合群行为得不到满足时所产生的一种内心体验。很多父母对于自己的孩子保护过度，从小就将男孩封闭在自己的"保护伞"里，使他与外界隔离。父母这样做也许对孩子起到了一定的保护作用，避免了外界"病毒"对男孩的侵扰，但同时也让孩子失去了成长过程中所需要的"养分"，例如关爱、友谊、分享、帮助别人、称赞等等，一旦缺失这些"养分"，孩子就很容易体会到孤独的情绪，因为没有人和他一起分享成长的喜悦和烦恼。

长期陷入孤独的孩子最容易诱发抑郁症和孤独症，而这些会让他感受不了融入朋友和集体的自信和快乐，变得越来越冷漠、孤僻。因此父母应该及早帮助男孩走出孤独的阴影。

景山今年9岁，上小学二年级。父母由于工作繁忙的原因，就暂时把他交给爷爷奶奶抚养，直到他上小学时才接回自己身边。景山的母亲是一个脾气暴躁的女人，而且总爱和周围的人抬杠，并且总是冲景山老实巴交、不爱说话的父亲发火，景山根本无法适应在父母身边生活，所以他选择把自己关在房间里。

久而久之，景山觉得他的家根本没有温暖、快乐的亲情，而在学校里，每当看到其他同学喜笑颜开的样子，他就会更加郁闷，因为别人美好幸福的家庭让他羡慕的同时又感到自卑。于是，景山变得越发沉闷、孤独、冷漠和木然，同学们也感到他不易亲近，也都纷纷远离他，这让景山觉得世界上没有人能理解和接受他。他的学习成绩不断下降，心情也十分压抑，性格也越来越孤僻、怪异。

孩子孤独封闭是一种很不健康的性格特征。正如事例中的景山一样，他在长期情绪压抑和得不到朋友、家人的关爱下，变得抑郁、孤独、沉默、自卑，似乎周围的一切都引不起他的兴趣和爱好。更严重的会诱发孤独症，而患上孤独症的孩子,除了平时不愿与人交往外,很可能会失去生活下去的勇气,走上一条不归路。

以上这些并不是危言耸听，据相关部门估计，我国每年大约有50万幼儿罹患孤独症。但遗憾的是，大多数父母并没有认识到这一幼儿疾病的严重性，甚至主观地认为孩子的孤独、冷漠是性格使然。那么有哪些方法可以帮助父母缓解孩子的“孤独”症状呢?

方法一：培养男孩广泛的兴趣爱好

有一位母亲面对孤僻的儿子是这样做的：

我儿子小耀上五年级，以前是个很孤僻的孩子，但是现在他的朋友很多。在他读三年级的时候，我看到别的孩子三五成群地在一起玩或者热切地谈论某个话题，而儿子什么都不懂，只是站在旁边傻傻地听别人说，我就决心培养儿子的多种爱好。经过一番努力，我终于达到了目的，而每种爱好都让儿子交到了几个志趣相投的好朋友。

孤独寂寞的孩子通常兴趣狭窄，假如男孩有着广泛的兴趣，他便能在自己喜欢的有意义的活动中充实生活、寻找乐趣，当一种活动不能满足孩子需要时，还可以进行另一种活动。另外，有共同兴趣和爱好的人，也容易广结朋友，这可是治疗孤独的良药。

方法二：鼓励男孩多与同学交往

心理学研究表明：人们在交往的过程中，会不断地萌发各种社会动机，形成合群、归属的心理需要。当这种需要获得满足时，合群行为和归属感得到强化，就会产生友爱、欢悦的心理体验。相反，当一个人的合群行为和归属感得不到满足时，就会感到孤独、寂寞和忧愁。长期被孤独感困扰的人，内心的感受会固定下来，形成孤僻的性格。

凌浩是个胆小孤僻的孩子，没有一个伙伴，在学校里独来独往，回到家中也不出门，周末的时候，常常一个人在家里看电视。妈妈见凌浩这样，很是担心，就鼓励凌浩试着跟同学多交往。开始的时候，凌浩总是害怕，还因为不善于交流，跟同学闹了很多矛盾。但是妈妈总是鼓励和帮助凌浩。渐渐地，凌浩有信心了，也交到了几个好朋友。

由此可见，我们应该尽量使孩子和同学在一起，让他们共同探讨学习，切磋人生，进而通过广泛的交往寻觅志同道合的朋友。有些男孩虽然身边常常朋友成群，但是真正能与其分享快乐和忧愁的却没有几个，所以也会感到孤独。因此，培根说："没有真挚朋友的人，是真正孤独的人。"有了知心朋友，孩子彼此之间就能相互信任、相互理解，高兴时有人分享快乐，悲伤时有人分享苦闷，感情有所寄托，就不会感到孤独了。

方法三：引导男孩正视孤独

有的男孩喜欢热闹的环境，总希望有人陪伴在自己的身边，即使是很短暂的孤独也不能忍受。其实，作为正常的心理现象，适当的孤独也没有什么不好，它可以使浮躁的心情平静下来，也可以使模糊的思想变得清晰起来。就像人本主义心理学家认为的那样，独处是人的需要。父母要让孩子把孤独看做是生活中不可缺少的要素，设法去战胜它、超越它，那么孩子就会在短暂的孤独中享受到某种欢乐。

此外，父母要多为男孩接触社会创造有利条件，比如带孩子去参观、游览、看球赛、参加公益活动等，使孩子多感受一些生活中丰富多彩的内容，帮助他们辨别是非真假，有意识地让他们多一些生活阅历，这对孩子的健康成长都是有利的。

第82招

如何让男孩做一个阳光少年

穷养真经

男孩的世界本应该到处充满阳光、欢笑和快乐，但有些孩子显得郁郁寡欢，喜欢躲在自己的世界里。看到被抑郁包裹的男孩，父母除了心疼，更应该立即想办法帮助儿子赶走抑郁，让他做一个真正阳光、快乐的大男孩。

9岁半的炯炯读小学四年级。近段时间以来，他突然常发脾气，不做作业，不去妈妈给他报的辅导班上课，也不想去学校上学。炯炯不仅说谎，还和家人大吵。星期一早上，炯炯被妈妈送到学校门口后，他绕过妈妈不愿进学校。老师家访时，炯炯就说头痛。妈妈带着炯炯到医院检查身体却发现没有任何器质性异常，医生认为炯炯得的是“心病”，主要是学习压力太大，已经患上了儿童抑郁症。

小哲今年12岁，身高却只有1.2米，看上去比同龄孩子矮了许多。8岁那年，父母离异后，小哲随父亲一起生活，从那以后，小哲的身高几乎就没怎么长。尽管小哲非常懂事，学习成绩也很优秀，但性格却十分孤僻、抑郁。

父亲带小哲到了医院，医生详细检查后指出，小哲不长个的主要原因是由于不快乐、心情抑郁，从而降低了生长激素的分泌，属于典型的生长发育迟缓。

小哲和炯炯都患上了儿童抑郁症。抑郁症主要是指以情绪抑郁为主要特征的情感障碍，不仅包含有抑郁寡欢、忧愁苦闷的负性情感，而且还有懒惰、空虚的情绪表现。但是，通常我们常误以为抑郁症只会发生在有自我意识能力和情感丰富的成人身上，而忽视了儿童也可能得抑郁症。

其实，抑郁对孩子的身心发展十分有害，会使孩子心理过度敏感，对外部世界采取回避、退缩的态度，还可能导致儿童身高发育不良。我国目前约有 20% 的儿童出现抑郁症状，其中 4% 为临床抑郁，即需要接受临床治疗的重症抑郁。当一个既往表现良好的儿童出现不当行为时，家长要高度警惕抑郁症的发生。

一般来说，孩子的抑郁大体表现为情绪低落，心情悲观，郁郁寡欢，闷闷不乐，思维迟缓，反应迟钝等。抑郁的孩子在认识上表现出负性的自我评价；在动机上表现出对各种事物缺乏兴趣，依赖性很强；在躯体上会表现出明显的不适感，食欲下降或是食欲猛增，失眠或是过度嗜睡等。如果孩子过分抑郁，则会导致抑郁症，令许多父母为之苦恼。

对于已经有了抑郁表现的孩子，教育专家认为下列方法有助于父母对孩子抑郁心理的矫治。

方法一：引导男孩转移消极情绪

转移调节就是根据自己的要求，有意识地把自己的已有情绪转移到另一方面上，使消极情绪得以缓解。在男孩心情低落的时候，父母可以寻找一些令孩子开心或是振奋的事情，比如和同学讲讲笑话，打打球，或是出去踏青等，让愉快的活动占据孩子的时间，用时间的推移来逐步消化他们心里的积郁，用积极的情绪来抵消消极的情绪。爸爸妈妈要教孩子千万不要一个人闷在自己的世界中，陷入死胡同。

另外，让孩子感到抑郁的，并不总是糟糕的事情，而常常是孩子对事物的消极认识。因此当孩子情绪低落、抑郁的时候，父母需要冷静、理智地帮助孩子分析他们对事物的认识是否正确，考虑是否周到。如果能帮助孩子主动地调整自己的看法和态度，纠正认识上的偏差，用理智控制消极情绪，就可以使消极情绪减弱，最终消除。

方法二：适时地给予积极暗示

6 岁的咚咚已经上幼儿园大班了。一天，妈妈从幼儿园接咚咚回来时，就发现咚咚有点闷闷不乐。妈妈问道："咚咚，今天幼儿园有什么高兴的事呀？"

"今天一点都不好玩。"咚咚不高兴地回答。

"为什么呀？出了什么事吗？"妈妈问道。

“今天幼儿园来了一个新同学，他很会说话，老给同学讲搞笑的事情，同学们都不理我了！”原来，咚咚今天在幼儿园受到了冷落。

“那不是很有意思吗？以后，你每天都可以跟这样一个会说笑话的人玩了，你不高兴吗？”妈妈引导咚咚。

“可是，同学们都不理我了呀！”咚咚有些着急了。

“只要你和同学们一样与那位新同学一起玩，你们不是都可以玩得很开心吗？其他同学还是跟你一起玩的呀！是不是？”妈妈问道。

“嗯，好像是。”显然，咚咚同意了妈妈的看法。一路上，咚咚又恢复了往常的快乐。

暗示是通过语言的刺激来改变或纠正人们的某种行为状态或情绪状态。父母可以通过自己的积极暗示来减少或是消除孩子的低落情绪。比如，当他们情绪低落、抑郁的时候，你可以告诉他们：“忧愁于事无补，还是面对现实吧。”在早上起床的时候告诉他：“新的一天开始了，昨天的忧伤已经过去，你要开开心心地度过今天。”这些都是很好的积极暗示，它们会悄然改变孩子的心境。

方法三：教男孩学会适当地宣泄

台湾作家罗兰在《罗兰小语》中写道：“情绪的波动对有些人可以发挥积极的作用。那是由于他们会在适当的时候发泄，也会在适当的时候控制，不使它们泛滥而淹没了别人，也不任它们淤塞而使自己崩溃。”

由此可以看出适当宣泄情绪具有积极作用。情绪的宣泄有很多种方法，比如：倾诉、哭泣、高喊、运动等。适度的宣泄可以把不愉快的情绪释放出来，使心情平静。当男孩心中有烦恼和忧愁时，父母要教孩子向老师、同学、爸爸妈妈以及兄弟姐妹诉说，也可以用写日记的方式进行倾诉；情绪低落时，可以大哭一场；在自己什么事情也不想做的时候，可以适当地运动，使自己精神振奋。但是，在宣泄自己情绪的同时，要注意时间和场合，不要伤害到别人和自己。

第十二章

呵护善良的天性
——让男孩懂得爱和感恩

爱与感恩就像孩子起飞的一双翅膀，有了它们男孩才能飞得更高更远，才能经历人生更多的美好与温暖。对此，男孩父母需要知道以下这些：

“正直”在孩子人生中的主要地位是什么？

如何让男孩拒绝自私，做一个善良有爱心的人？

孩子分享自己的所有会让他得到什么？

悲情教育的重要性是什么呢？

……

当然，教男孩学会爱与感恩的过程中，十分需要父母的正确引导和培养，毕竟家庭才是孕育孩子美好品德的最佳环境。

第83招

正直是人的基本品质

穷养真经

一个诚实、言行一致、富有同情心、待人真诚、具有正义感的男孩一定是个正直的男孩，如果男孩偶然表现出来一些不正直的行为，父母一定要正确对待，认真分析原因，帮助男孩朝着健康的方向发展。

厄斯金爵士曾说："我青少年时代就坚持一条准则，做我的良心让我做的事情，上帝会有公论。我会一直坚持这条原则，直到走进坟墓。我严格地遵循它，从不抱怨那是一种牺牲。相反，我却从此找到了发财致富的道路。我还会把这条道路指引给我的孩子们。"其实，男孩成长的过程，是人格形成的关键时期，也是正直品性养成的时间。因此，我们应该培养孩子坚持真理、一丝不苟、正直善良的基本品质。

川梅是一个摆食品摊的小贩，她在曼谷的一家市场内摆摊卖虾仁豆腐、面饼、豆饼，而她更是泰国前总理川·立派的老母亲。川梅在面对记者采访时谦逊地表示："我其实没有做什么，我只不过在他小时候就教导他做人必须诚实、正直、勤劳和谦虚。我只是让他明白，一个人无论做什么，一定要知道自己生命的意义。"泰国媒体称赞说："一个来自平民阶层的平凡母亲，教育出一名以其诚实、正直而受人尊敬的总理。"

可见男孩正直品格的养成不是一朝一夕的事情，作为父母需要为孩子树立一个良好的榜样，以身作则，在生活中坚持正直的品行。

男孩长大之后要走向社会，要和人交往处世，因此，父母要把如何与人交往处世作为家庭教育的重要内容，教会男孩如何为人处世，而为人处世首先要教给孩子的就是做人要正直。那么何谓正直的人呢？其实就是做到“己所之欲，有道行之；己所不欲，勿施于人”，言行直爽，诚实守信，公正公平，光明磊落等。

那么作为父母的我们如何培养男孩正直的品质呢？

方法一：培养男孩的正义感

一位父亲的教子经验是这样的：

有一次我去幼儿园接儿子，发现一件有趣的事情：儿子因看不惯班里一个强壮的孩子欺负一个弱小的孩子就主动上前帮助弱小的孩子，以主持公道。回家的路上我表扬了儿子勇敢的行为，并进一步教育儿子：对自己认为正确的事情，不管别的小朋友怎么看，要敢于坚持。同时，对小朋友的缺点和错误提出批评和帮助时，要讲究一些方式方法。如果自己有错，也应主动承担责任，以获得其他小朋友的同情和帮助。

相信这位父亲支持儿子坚持正义的做法，对孩子养成诚实正直的品质具有非凡的意义。

方法二：教育儿子关心和体贴他人

有一位已经取得成就的男人在日志中这样写道：

我记得小时候爸爸一直教育我要做一个诚实正直的人，并且对我这一方面要求很严。我上小学一年级的时候，有一天吃晚饭的时候，我发现忘记还同学的课堂笔记，爸爸知道后，让我把刚刚端起的饭碗放下，立刻给同学去送还笔记。他告诉我：不能因为自己的过失影响同学复习功课。这既是对同学负责，也是对自己的行为负责。这件事对我以后诚实正直的品质形成一直起着非常重要的作用。

可见，让男孩从小就懂得关心和体贴他人，这是培养他们诚实正直品质的道德情感基础。具体表现在对他人要有责任心、同情怜悯之心、见义勇为、助人为乐等等，这些都是一种善良的道德情感。现在独生子多了，他们的孤独感增加，再加上缺乏同龄伙伴，很容易形成男孩自私、霸道、以自我为中心的倾向，而教育孩子关心体贴他人，会让他逐渐体味到做一个诚实正直的人的快乐。

方法三：做正直诚实的父母

宋庆龄曾说过："成年人的一言一行，都是孩子的榜样，大人骗孩子，孩子也学会了欺骗……"前苏联教育家马卡连柯也曾说过："不要以为只有你们（父母）和儿童谈话的时候，或教导儿童、吩咐儿童的时候，才是执行教育工作。在你们生活的每一瞬间，都教育着儿童……"

"身教重于言传"，父母的行动对男孩来说是无声的语言，有形的榜样。父母只有做诚实正直的表率，才能有资格去教育自己的孩子做一个正直的人。但在现实生活中，有许多父母都没能表现出诚实正直的品质，有的父母明明看见自己的儿子先动手打了邻居的孩子，反而说邻居的孩子先动的手，这就在不知不觉中引导孩子做错事。因此，我们要以自身的优秀品质来影响孩子，使儿子成为一个诚实、正直、有高尚品质的人。

第84招

如何打造善良的好男儿

穷养真经

自私，无论对孩子还是成年人来说都是一种不成熟行为。自私的男孩一般比较过分关心自己，只顾自己的快乐和幸福，很少考虑他人，往往以“自我”为中心。因此，父母要及时引导自私的孩子，让他成为一个善良、慷慨的好孩子。

有一位母亲在自己的网络日志中这样写道：

儿子淙淙虽然是家里的独子，但是我从来没有娇惯他，而是教他如何成为一个善良的孩子。一天，我送儿子去上学，就听到路边一位妈妈这样告诉自己的儿子：“别人打你，你也打他，打不过就咬。你怎么能这么没出息呢！咱们就是宁可赔钱，也不能让自己吃亏。”我看到那个小男孩的脸上有一道新的伤痕，可能是和某个小朋友打架弄伤的。像这位妈妈这样，儿子受一点委屈就怪罪在别人身上，很容易养成男孩自私的性格。事后，我通过这件事情教育儿子要懂得宽容和原谅别人，而不是“打回去”。

现实生活中确实有很多父母会给男孩灌输“人与人之间如何钩心斗角”“社会如何尔虞我诈”之类的观念。也许你的本意是让儿子学会保护自己、不轻易上别人的当，但如果这种教育把握不好“度”，在有些父母偏颇甚至错误的引导下，男孩心中善良的成分就会越来越少，甚至开始变得自私、无情起来。

对于善良这种珍贵的品格，古今中外都给予过很高的评价。管仲说过：“善人者，人亦善之。”雨果说过：“善良是精神世界的阳光。”而英国著名文学家罗素，给予善良的评价更高，他曾经说过："在一切道德品质之中，善良的本性在世界上是最需要的。"

确实如此，善良是一种伟大的品格，它不仅能够让人体谅别人的痛苦，较少地计较自己的得失，还会让人变得开朗、坚强，从而保持心理的乐观和平衡。所以，我们应该让男孩善良的天性得到发挥，把他们培养成一个大方、善良、富有爱心的人。

孩子的自私大多是受后天环境的影响造成的，它自然可以通过后天的善良和爱心培养而消失，不过如果父母处理不当，很可能让男孩失去善良的本性。现在，我们经常看到一些男孩虐待小动物，殴打、侮辱自己的同学，和父母吵架甚至打骂自己的父母……正是由于后天教育的缺失，才让这些男孩失去了原来的本性。所以，我们应该注重后天的培养，尽我们的全力把男孩培养成一个善良的人。

那么，父母应该怎样培养男孩善良的性格呢？

方法一：父母要做孩子学习善良的榜样

一位父亲的教育经验是这样的：

周末，我带4岁的儿子到游乐场游玩。在公交车上，我看到一个年迈的大爷没有座位，赶紧站了起来。儿子有些不解地说："爸爸，你怎么不坐了？"我对儿子说："老大爷年纪大了，我们应该把座位让给他。"从那以后，儿子记住了我的话，每次坐车都要给老人让座。

前面我们讲过，孩子是非常善于模仿的，他们常常把父母当成模仿的对象。所以，我们要想培养男孩善良的品质，自己就要先做到心地善良。如果我们常常自私自利甚至损人利己，孩子耳濡目染，也会慢慢变成这样的人，从而失去善良的本性。

方法二：培养孩子的孝顺之心

孟子曾经说过："老吾老以及人之老，幼吾幼以及人之幼。"亲情是一切感情的基石，一个人只有爱父母、爱家人，他才会去爱别人、帮助别人。如果他连自己的父母、家人都不爱，又怎么会有善良的品行呢？所以，我们要想儿子成为一个善良、富有爱心的人，首先就要教育他们爱父母、爱家人。

现在，在我们的身边，经常出现孩子顶撞、辱骂、殴打，甚至杀害父母的现象，这完全是由于父母教育不当引起的。有些父母为了儿子能够幸福，甘愿自己受苦受累，成为孩子的“奴隶”。这样做是不对的。男孩饭来张口、衣来伸手，完全体会不到父母的辛苦，反而真的会把父母当“奴隶”使唤，慢慢变得不尊敬父母。

所以，我们不能太娇惯孩子，而应该让他们分担些家务，体验一下父母的不易。另外，当孩子出现不尊重父母的现象时，一定要严加管教，绝对不能纵容。

方法三：教育男孩要宽容待人

一位母亲在闲聊中讲起了这样一件事：

一天放学后，儿子气呼呼地对我说：“我以后再也不和李雷说话了，他真是太讨厌了。”我问：“怎么回事？你和李雷闹矛盾了？”儿子还是有些愤怒地说：“我把刚买的体育画报借给了他，他竟然给撕坏了。”我说：“那本体育画报是你最喜欢的杂志，被他撕坏了你一定很心疼。”儿子大声说：“那是当然了。”我接着说：“不过我想李雷也不是故意的，你们关系那么好，以前他还经常把新买的游戏机借给你玩。”儿子低着头没有说话。这时，我拍拍儿子的肩膀说：“我儿子是个宽宏大量的人，一定不会因为一本杂志和朋友计较的。再说杂志坏了妈妈还可以给你买，但是朋友要是失去了可就找不回来了。”儿子想了想说：“明天早上我就去和李雷打招呼，再也不生他的气了。”

宽容不仅是智慧的体现，也是善良的人必须具备的品质。试想一下，如果一个男孩非常苛刻，一点儿也不肯吃亏，对别人的过错也不依不饶，他又怎么会有善良之心呢？所以，我们要想培养男孩善良的品行，就要教育男孩学会宽容，做一个宽宏大量的人。

第85招

爱是男孩健康成长的永恒主题

穷养真经

"人之初，性本善"，很多时候不是我们的男孩缺少爱心，而是由于父母错误的教育方式，把男孩的爱心在不经意间剥夺了。因此，父母要抓住教育的时机告诉男孩，如何用自己的爱心去对待这个世界。

"爱"一直是人类永恒的话题，一个有爱的男孩会更加珍惜生命、珍惜一切美好的事物。但如今随着独生子女日益增多和人与人之间情感的日益淡薄，父母们突然发现自己的儿子变得自私、霸道起来，只懂得自己享受生活，不懂得同情怜悯别人，甚至越来越像个冷血动物。

男孩为什么会变得没有爱心呢？是他们天性就如此吗？当然不是。一位儿童心理学家通过研究表明：同情和善良是孩子的天性。比如：一岁之前的婴儿，他就对别人的情感有反应，如果旁边有孩子的哭声，他也会跟着一起哭；两三岁的孩子，如果看到别的小朋友哭泣，他就会拿自己喜欢的东西去安慰别人；当孩子到了五六岁，他开始有了认知反应能力，此时他知道应该怎样去安慰自己哭泣的伙伴……这些都是孩子爱心的表现。这足以证明，有爱心是孩子的天性。

那为什么有时男孩的这种天性会慢慢消失或者隐藏呢？这个问题的关键在于男孩的父母，假如父母在了解男孩的这种天性后，能够正确地引导和培养，那么他就会渐渐成为一个爱心传播者，反之，他可能会成长为一个无爱的冷漠之人。

当代著名的社会生物学家威尔逊，曾偶然发现这样一个有趣的现象：

一只雌性的成年斑鸠在看到肉食动物靠近它的孩子时，便会假装受伤，然后一瘸一拐地逃出穴窝，就好像它的翅膀折断了似的。这时，那些食肉动物就会放弃攻击小斑鸠转而攻击成年斑鸠，希望能够快速捕食这只“受伤”的猎物。而一旦这只成年斑鸠把敌人引到一个远离穴窝的地方时，它就会马上振翅飞走，自然成功逃脱了对方的捕食。

当然，成年斑鸠并不是每一次都能逃脱对方的追击，有时它也会付出生命的代价，但是它用这种富有爱心的举动来保护幼儿，使它们能够活到成年，繁殖后代。而小斑鸠在耳濡目染父母的这种做法后，也会仿效。

中国人常说“舐犊情深”，父母关爱孩子，孩子长大后关爱自己的孩子，可见爱心是一种后天强化的行为，只要你为孩子做好榜样，他就会模仿你。那么父母应该通过哪些方法有意识地对自己的儿子进行爱心教育呢?

方法一：父母要给孩子做好关爱他人的榜样

人们常说“榜样的力量是无穷的”。因此，要想男孩富有爱心，父母必须从自身做起，言传身教，让男孩从一出生就开始这样做。

有这样一对夫妇，他们深深懂得父母的言行在孩子成长过程中所起到的重要作用。所以，他们总是以身作则，并以此去引导自己的儿子。首先他们非常孝顺长辈，例如在家里，总是给长辈倒茶、盛饭、嘘寒问暖；逢年过节记得给长辈买东西、送礼物，而他们在做这些的时候，总是会让自己的儿子知道，而且很多时候他们也会询问自己的儿子应该给长辈们买什么样的礼物，让孩子参与到给长辈“关爱”的过程中来。每逢单位组织旅游或搞活动，如果准许带家属，这对夫妇总是带上儿子和双方的父母，让儿子与双方父母开阔了眼界。更为重要的是，这可以让儿子从中体会到自己的爸爸妈妈对爷爷奶奶、外公外婆的关心。在关爱孩子方面，他们总是体贴、温和地和自己的孩子对话，还常常与儿子进行情感的交流和沟通，并及时给予适当的鼓励、表扬和肯定，让儿子能直接感受到父母对自己的爱。为了给儿子创造一个温馨、爱意浓浓的家庭环境，这对夫妻从来不在儿子的面前争吵，而是互相关心、爱护，吃饭的时候，总是微笑着给对方夹菜；每次出差，在给儿子买礼物的同时，总不忘给对方也买一份；而且在吃东西的时候，他们总会提醒自己的儿子记得给爸爸或妈妈留一份。生活中，他们还注意使用爱的语言，比如“别着急，我来帮你！”“老婆，你今天太累了，这些事情我来做吧。”“谢谢你为我所做的一切！”等。这样，男孩在父母的引导下，渐渐也学会了怎样去爱别人。

方法二：培养男孩的爱心从移情训练开始

所谓移情训练就是设身处地地站在他人的位置上，从对方的角度去体验他的情感，主要训练方式包括：故事、情景表演及日常交谈等。而培养男孩的移情能力，其中最重要的作用就是让他学会体察他人情绪，理解他人情感，进而分享他人的情绪情感并表现进一步的关爱行为。因此，父母要培养一个有爱心的男孩可从训练他的移情能力开始。

8岁的浩南从小就非常有爱心，妈妈从他一两岁的时候就锻炼他的移情能力，经常鼓励他去帮助他人。例如看到其他小朋友哭，妈妈就会对他说：“浩南，你看那个小妹妹摔疼了，她一定很伤心，你用自己的玩具哄哄她。”

有一天，浩南跟妈妈一起上街去买东西。在过马路的时候，浩南看见一位行动不便的老奶奶，他看了看妈妈，妈妈正用鼓励的眼光望着浩南。于是，浩南主动走上前去，扶着老奶奶走过了马路。走到马路对面后，老奶奶十分感谢浩南，夸他是个有爱心的好孩子。这时，走在后面的妈妈对浩南说：“浩南，你注意了没有？旁边的阿姨都微笑地看着你，后边的叔叔向你投来赞许的目光呢！”浩南朝旁边一看，果然，好多叔叔阿姨都微笑地看着他。小浩南高兴地回答道：“老奶奶过马路时会很困难，我们每个人都应该帮助老奶奶过马路，是吧，妈妈？”妈妈微笑地点点头。

可见，从小的移情训练已经使浩南对他人有一种同情心了，而同情心正是爱心的来源。

第86招

让孩子学会与他人分享快乐

穷养真经

男孩成长的过程就是与人交往的过程，如果在人际交往中不懂得与他人分享快乐和痛苦，那么势必会影响他的人际关系。因此，我们要告诉孩子“分享”的魅力：与别人分享痛苦，你的痛苦会减轻一半；与别人分享快乐，你会得到双倍的快乐。

爱尔兰最为著名的剧作家萧伯纳说过这样一句话：“你有一个苹果，我有一个苹果，彼此交换，每个人只有一个苹果。你有一种思想，我有一种思想，彼此交换，每个人就有了两种思想。”可见，学会分享的人不但不会失去，反而会得到，而且是双倍的价值回报。

不过，现如今很多父母习惯于过度溺爱和娇惯自己的孩子，更是把“小皇帝”放在家庭的主导地位，孩子说什么，父母二话不说地就去执行。这种教育方式，只会教育出一个自私自利的孩子，他们不会关爱家人，不会关心朋友，更不会关注社会，试问这样一个极度以自我为中心的男孩又怎么会成为家庭的顶梁柱，成为社会有用的人才呢？

父母应培养男孩分享的好习惯，让他从与他人的分享中获得双倍的快乐和幸福感。下面这对夫妇是这样教自己的儿子的：

有一对夫妇中年得子，对儿子呵护备至。有一次，爸爸买了一箱儿子最爱吃的苹果。每次吃完饭，就让五岁的儿子帮忙从箱子里拿出苹果来，分给爸爸妈妈和自己各一个。这一天，儿子从箱子里拿出了最后一个苹果，他往箱子里翻了又翻，沮丧地对爸爸妈妈说："没有了。"

这时，儿子拿着手中的苹果看了爸爸一眼，又看了妈妈一眼，意思很明显：家里就剩下一个苹果了，难道你们还要吃吗？爸爸妈妈对视了一眼，然后很坚决地告诉儿子说："来，儿子，让我们把这个苹果分成三份。"然后爸爸拿来水果刀，把唯一的苹果分成了三份，之后爸爸妈妈毫不犹豫地享受自己的那份。但夫妇俩还是明显地看到儿子很委屈，儿子心里肯定在想："为什么那么爱自己的爸爸妈妈，不愿意把唯一的苹果都给他吃呢？"

上例中的这对夫妇之所以把唯一的苹果分成三份，就是要让儿子明白：真正的分享，不是只把自己多余的东西与别人分享。实际生活中很少有小孩子会愿意主动去和别人分享自己最心爱、最需要的东西，因此作为男孩的父母，我们必须教会孩子什么才是真正意义上的分享。

方法一：用"交换法"让男孩学会分享

父母在教子过程中可能会发现这样一种现象：在公共场合或者在幼儿园的男孩，总希望自己能够独霸所有的东西。其实，男孩大多都有很强的独占欲。如果出现以上这种情况时，父母一味批评孩子，只会产生负作用，而如果采用交换的方法让男孩学会与他人分享玩具等物品，一定会起到很好的教育效果。

有一位聪明的妈妈在网络日志中这样记录下了自己的育儿经验：

我只有一个儿子，我希望他能成为一个不自私、乐于与他人分享的男子汉。每次我给儿子买了他喜欢的玩具、动画片光碟或者图书时，总会鼓励他带到学校去，并且让儿子与其他同学交换自己的玩具、动画片光碟或者图书。平时，我总是这样对儿子说："儿子，把你的东西借给别人，然后再向别人借你喜欢看或者喜欢玩的东西，这样我们就花很少的钱却可以玩很多的玩具、看很多的动画片和图书。你说妈妈说的对不对？"儿子非常赞同我的说话，并且渐渐理解了分享的真正意义。现在，他已经是名初中生了，我给他买的玩具和图书等并不多，但他在与同学的相互交换中已经分享了更多的玩具和图书，而且这也无形中增加了他与同学间的亲密友谊，交到了很多好朋友。

方法二：引导男孩站在他人的角度思考问题

一天，妈妈带着5岁的儿子去公园玩。在凉亭休息的时候，妈妈拿出从家里带来的果汁给儿子喝。这时候，妈妈注意到旁边有一个小女孩正用渴望的眼神看着儿子手中的果汁，这位小女孩的妈妈可能暂时离开了。于是，妈妈对儿子说："宝贝，给这位小妹妹喝一瓶果汁好吗？"

儿子却摇着头说："不，我要自己喝！"

妈妈耐心地对儿子说："宝贝，要是妈妈有事不在你身边，而这位小妹妹在喝果汁，你想不想喝呢？"儿子毫不犹豫地点点头。

"这就对了，现在你拿一瓶果汁给这位小妹妹喝，等下次妈妈不在你身边的时候，这位小妹妹也会把好吃的东西分给你吃的。"

儿子看了看妈妈，又看了看小女孩，终于给了小女孩一瓶果汁。

孩子本就是这样，他们不愿意和别人分享自己的东西，但却希望能够分享他人的东西。这时，父母就要在充分了解小男孩的这种心理特征后，引导他站在他人的角度去思考问题，进而让他学会与他人分享自己的东西。

方法三：让男孩懂得谦让

父母在教育男孩学会"分享"这一问题上，往往会忽视一点：父母也应学会分享。为什么会这样说呢？因为现在社会很多父母宁可自己吃苦受累，也不愿爱子受一点儿委屈，只要是好吃的、好玩的、好用的都往孩子面前堆。

虽然也有部分父母担心这样的爱护会让自己的孩子发展为不会关心别人的"冷血儿"，但一到实际行动上却不与孩子分享。例如生活中常会发生这样的情景：儿子真心实意请父母一起吃东西，父母却坚决推辞说："乖儿子，你吃，你吃，妈妈不吃！""你这孩子真是的，让你吃你就吃，让什么啊？"于是，男孩与人分享的好意就被父母给扼杀了。时间一久，男孩自然也就没有了谦让与分享的习惯。

因此，对于父母来说，最重要的还是要首先学会坦然地与自己的男孩分享，成为他最值得信赖的朋友，进而引导孩子把他分享的对象从父母转移到家中的长辈，再转到身边的朋友，转到更多人的身上。

第87招

鼓励男孩乐于助人

穷养真经

乐于助人，体现的是一种人与人之间最朴实的情感，更是一种博爱的表现，最重要的是培养男孩从小乐于帮助他人的美德，这对男孩今后建立健全的人格和高尚的情操有着不可估量的影响。

英国著名的作家莎士比亚说过这样一句话："慈悲不是出于勉强，它是像甘露一样从天上降下尘世；它不但给幸福于受施的人，也同样给幸福于施与的人。"所以，为了让我们的男孩成为幸福的施予者，必须让他学会乐于助人，培养他乐于助人的良好品德。

下面我们先来看两个家庭教育儿子的不同表现：

场景一：一天，年轻的妈妈带着自己的小儿子正在人行道上走着，突然一个七八岁的小乞丐引起了小男孩的注意。看到小乞丐正向自己走来，小男孩居然捂起了鼻子闪开了。对于儿子的行为，他的妈妈始终没说一句话，并且还厌恶地看了看这个小乞丐，然后牵着儿子快步离开了。

场景二：一天，一个小男孩粗暴地将一位上门乞食的流浪者驱赶出了自己的家门，爸爸妈妈看到他的这种恶劣行为，特意为此召开了家庭会议。父母非常严肃、耐心地启发自己的儿子："对于流浪者来说，尽管穿着邋遢，然而他们同样享有人的尊严。"父母的教育使这个小男孩明白一个道理：崇拜强者可能是人之常情，而同情弱者更是美好情感的一种体现。后来，这个小男孩主动建议邀请那位受自己侮辱过的流浪者来家中做客，父母则毫无保留地支持。

同样是两个不懂事的男孩子，同样是为人父母，也面对同样的事情，第一个家庭选择了对弱者的厌恶和漠视；而第二个家庭选择了教育自己的孩子要学会同情弱者，并且真诚地对弱者给予帮助。第一个男孩长大后也许会更加的自私和冷漠，他可能永远无法体会帮助他人所带来的美好与快乐；而第二个男孩，他在父母的教育下变得对弱者充满同情心，如果以后再遇到类似的事情，他肯定会用自己的善良和真诚去帮助他人。

所以，作为父母我们应该多多向第二个家庭的父母学习，教会孩子用一颗善良、同情的心去对待别人。那么有哪些好办法可以帮助父母们培养孩子乐于助人的品质呢？

方法一：让男孩多参加实际的爱心活动

一位母亲曾在日记中这样深情地写下自己的育儿经验：

我的儿子今年9岁，因为家里就他一个孩子，所以大家都很宠爱他，也正因为这样，这孩子养成了霸道、任性的品性。上了小学后，儿子的交际圈变广了，也多了很多的玩伴，但是这些小朋友总是和他玩不了一天就“散伙”。一开始我没在意，可后来通过观察我发现，其他小朋友之所以不爱和儿子一起玩，主要是他太任性、太霸道，还常常欺负同学。如果大人批评了他两句，他就坐在地上撒泼、大哭，怎么哄都不行。我担心长此以往下去，他会变得越发自私和冷漠，这对他以后的生活会产生不良影响。因此，我决定要好好改改儿子的这个毛病，让他变成一个乐于助人的善良小伙子。

于是，在暑假的时候，我参加了一个妈妈团组织的城市与农村孩子的“手拉手”活动，让儿子把自己不用的书本、衣服等都整理好，以便到时候送给那些买不起课外读物的孩子们。令我没想到的是，仅仅七天的活动，儿子就像变了一个人似的，他像个小老师一样给那些贫困地区的孩子讲童话故事、科学知识，而且还帮助一个年幼的小妹妹干家务。

回到家的时候，他对我说：“妈妈，下次再带我去吧。我会学更多的知识去讲给我的好朋友听，而且从今天起我要攒钱！”

“攒钱做什么？”我疑惑地问。

“小花妹妹想要一个书包，我要凭借自己的努力给她买一个书包寄过去。”儿子信誓旦旦地说。

听到这里，我感动极了。儿子的话就像最温暖的春风，让我看到那善良的种子在不断地发芽、生长。

小男孩的转变令人感到十分欣喜，由此可见，父母完全可以通过一些实际爱心活动，让男孩体会帮助他人的快感和成就感。例如：周末的时候，让儿子帮助妈妈做家务，并给予他适当的表扬或奖励；让孩子参加一些适合他年龄段的公益活动；让他照顾那些比他年龄小的伙伴……

方法二：多给男孩讲述关于乐于助人的故事

爱是一种神奇的魔力，更是一种产生奇迹的力量。每个孩子都天生具备这种魔力和力量，但也很有可能被不恰当的教育磨灭掉。因此，父母必须采用正确的方法培养男孩乐于助人的品德，而给男孩讲述历史上或者现实生活中那些鲜活的乐于助人的例子，则更容易让男孩产生共鸣，也更易让他学习和效仿。

正豪虽然是一名初一的学生，但他乐于助人的美名已经在学校和周边传扬开了。在学校，他经常主动帮助那些有困难的同学，而且时常带领大家去做一些公益、环保活动。在家里，他是一个不让父母操心的男孩，而且每天都会帮助妈妈干家务；在外边，只要是看到别人有困难，他都尽自己的力量去帮助他人，大家都说他是天生的热心肠、好孩子。但正豪却把这一切归功于父母的教育，他说："从我很小的时候，爸爸妈妈就给我讲那些乐于助人、关爱他人的故事，还给我买了很多有意思的故事书，慢慢地我学会了怎样去爱别人，同情和帮助别人。"另外，他还说父母经常带他参加一些公益活动，让他了解到世界上还有很多需要自己帮助的人，而且他通过努力可以帮助那些人解决困难。在帮助他人的过程中，他自己也体验到了前所未有的成就感和愉悦感。

第88招

让男孩时刻懂得感恩

穷养真经

如果父母有时间，不妨多带儿子参加一些慈善捐助活动或其他公益活动，让男孩在苦难面前真切感受现实的可贵，懂得珍惜现在的生活，并且学会感恩。因为感恩会让他变得更加善良，更加心胸开阔，更加珍惜美好的一切。

人们常说："生活需要一颗感恩的心来创造，一颗感恩的心需要生活来滋养。"而家庭是男孩最早接受教育的地方，孩子从父母那里得到的不仅是生命，还有怎样去爱身边的人，怎样去爱这个世界。

但是在男孩展翅高飞前，父母除了教会他如何更好地生存外，更要教会他如何带着一颗真诚、善良的心去对待他人。

一天，儿子和妈妈坐在客厅看电视，电视里正在播放解放军在地震现场救援的动人场面。画面中一位刚刚失去儿子的母亲正在失声痛哭，看电视的妈妈也被感染，眼泪忍不住落了下来。儿子不解地看着流泪的妈妈问："妈妈，你为什么哭啊？"妈妈轻擦着眼泪，动情地对儿子说："妈妈是因为刚才电视里的妈妈失去孩子而感到伤心。"儿子又问："那个妈妈为什么会失去孩子呀？"妈妈说："因为地震让那个妈妈失去了家，失去了孩子。如果妈妈失去你，也会那样伤心的。""妈妈，我不会让你伤心的。我们帮助那个妈妈找到家，找到孩子好不好？"此时，妈妈完全被儿子的一颗善心所感动。于是，她关上电视，带着儿子去给地震灾区的人们捐款了。

这位妈妈正是在用感动来教会儿子珍惜感情。心理健康专家曾表示：悲情可以促使孩子成长发展，如果人为抑制这种情绪，就会令其丧失成长的机会。其实，父母通过对孩子的悲情教育，可以帮助孩子不断完善自我，让他学会与人沟通，学会理解和帮助别人。教会男孩什么是爱，如何体会爱，以及怎样学会去爱。

那么，父母如何对男孩进行“感动教育”呢？

方法一：适当地带男孩参加慈善捐助

有这样一个故事：

一天，在贵族学校上学的小男孩回到家对正在做饭的妈妈说：“妈妈，我们学校让大家向灾区捐款。”妈妈听后从钱包里拿出5元钱给了儿子。但是小男孩觉得自己没有很好地完成老师布置的任务，因为大家捐的不是50元，就是100元。自己只捐5元钱，他觉得很丢脸，所以从那之后他一直闷闷不乐。

妈妈看出了儿子的心思，对他说：“儿子，或许你的同学家境都非常好，但我们帮助别人必须要量力而行，而且帮助别人，不一定是要在学校捐款，我们能做的还有很多。”从那之后，妈妈就经常带着儿子参加一些慈善捐助会，有时是在路边为没钱治病的小妹妹捐上5元钱，有时是为灾区人民奉献自己的一份爱心。小男孩每次跟着妈妈去捐款的时候，都会被捐款的人群所感染，他看到有的小朋友比他年龄还小，捐的钱也不多，但是他们都非常自信和快乐。

一段时间后，小男孩不再闷闷不乐，因为他知道捐款不是为了在同学面前显摆自己的富有，而是为了能为那些真正需要帮助的人奉献自己的爱心。

所以说，父母可以经常带自己的孩子去参加一些慈善捐助会，当然捐款的数额要在你的经济承受范围之内，其实让孩子捐一块钱还是一百块钱并不重要，最重要的是让孩子体验到当一个人深陷困难的时候，有那么多的人会去帮助他，而且不要任何回报，这才是最重要的。

方法二：时常推荐一些有关感恩的影片或电视节目

有一位母亲就是这样做的：

一直以来，我对儿子都爱护有加。但前一段时间发生的事情，让我感到十分心酸。有一天，我生病发烧躺在床上休息，儿子放学回来后，不但不关心我一下，反而对我抱怨说："你病了，谁给我做饭啊？真是的，你要是提前告诉我，我就可以去奶奶家吃饭了！"听到这里我伤心地哭了。

当然，我不能把造成这种现状的所有原因都归结在儿子身上，有很大原因都在我们做父母的身上。于是，为了让儿子学会"爱"人，周末我硬拉着他去电影院看了一场电影，名字叫《妈妈再爱我一次》。刚开始，儿子有些烦躁，但是慢慢地电影吸引了他，到最后他哭了，虽然他倔强地没让我看到他的眼泪，但是我知道儿子被感动了。而且从那之后，儿子对我的态度好了很多，偶尔也会关心我。从那以后每个月我都会带着儿子去看一场关于"爱"的电影。现在，儿子不但学会了关心我们，也学会了怎样更友好地对待别人。

当今社会，存在"感恩心理缺失"的孩子并不在少数。他们总是对别人要求很多，但却从不知道去回馈别人。父母要想改变孩子的这种糟糕心理，平时可以有意地让孩子观看一些关于感恩主题的电视节目和影片，以便让他们在深受感动的同时反省自己。

第89招

培养男孩孝敬长辈的优良品德

穷养真经

俗话说："百善孝为先。"孝敬父母长辈一直都是中华民族的传统美德，更是培养男孩各种品德的前提。试想一下，一个连自己长辈都不爱的男孩，他又怎么会关爱其他人，又怎么能形成健全的人格呢？

常言道："百行孝为先。"孝是一个人为人处世的根本，更是一切道德的根源。一个没有孝心的男孩即便成为多么出色的人，也不会得到人们真心的称赞和肯定。有一位妈妈谈起自己的育儿经验是这样讲述的：

我的儿子在外地上高中，就在高考前夕，最疼他的姥爷去世了。爱人说，儿子离家比较远，又马上临近高考，就不要让他回来吧。但是我毅然决定让儿子回来参加他姥爷的发丧、火化、吊唁、追悼会、下葬。儿子一次又一次地潸然泪下、泣不成声，我能感觉出来他的内心一定受到巨大的震撼，他感受到了失去亲人时是怎样的肝肠寸断。也许有很多人认为我这种做法有欠妥当，但是我觉得这种亲情重要。

这位妈妈说的一点儿都不错。我们教育孩子的最终目的，就是希望他成为一个身心健康的人。假如他只有高智商，却没有一颗关爱长辈的孝心，最终也不会成为一个受朋友、受他人推崇的堂堂正正的男人。

那么有哪些方法可以帮助父母们教育自己的男孩学会孝敬老人呢？

方法一：父母孝顺，孩子模仿

有这样一个富有深意的故事：

以前有位老人，跟他的儿子、儿媳和孙子住在一起。随着岁月的流逝，老人变得越来越老，连路都走不动了，最后变得耳聋眼花，双膝还经常不停地发抖。年迈多病的身体致使老人根本无法照料自己，所以每当他坐在餐桌前吃饭的时候，手里的汤匙总是颤颤悠悠，还常常会把菜汤撒在桌布或地上，弄得很脏，因此儿子和媳妇都嫌弃他。

在一次吃饭的时候，老人又把汤洒了一地，碗也摔碎了。这时，儿媳妇勃然大怒，指着老人的鼻子就骂："你这个老东西怎么吃的饭！天天把菜汤洒一地，还把碗都给摔碎了！整天就知道给我添乱。你难道没看到我每天有多忙吗，真想把我累死呀！"于是，从这天之后，他们不许老人上桌吃饭了。每到吃饭时，他们就把他赶到厨房的角落里，给他一只瓦盆，瓦盆里只有一点点饭菜。老人每顿饭都吃不饱，还得经常挨骂。老人伤心极了，常常一个人在厨房的角落偷偷落泪。

后来有一天，老人的手颤抖得连那只瓦盆都端不稳了，瓦盆掉到地上打碎了。儿媳妇没完没了地训斥他，老人一声不吭，只是不住地叹气。于是夫妻俩商量："这个老东西，什么都能摔碎，长此下去，咱得花多少钱给他买碗买盆呀！不如想想办法，给他找一个摔不碎的，对了，用木碗他就摔不烂了。"商量完之后，儿子就找来一块木头，开始动手做木碗。一会儿工夫，木碗就做好了。儿媳妇正想把碎木片清除出去，老人的小孙子跑了过来，开始一点点把地上的碎木片拾在了一起。老人的儿子不解地看着自己的儿子说："你这是干什么？要这些没用的碎木片做什么用？"小孙子说："我要把这些碎木片做成一只木碗，留着它，等我长大了，就把它拿出来给爸爸妈妈吃饭用。"听到这里，儿子和自己的媳妇相互对视了一会儿，先是一脸尴尬，最后竟哭了起来。他们终于明白了：自己的所作所为，儿子都是看在眼里，记在心上的。

从这之后，他们再也不嫌弃老人，渐渐地对老人好了起来。

父母的言行就是男孩模仿的一面镜子，镜子里反映出的品行是善良、友爱、孝心，男孩就会模仿父母的善良、友爱、孝心，反之亦是如此。因此，父母要教育孩子孝敬老人，就要从自身做起，做一个孝敬长辈的好榜样。

方法二：父母要与男孩建立合理的长幼有别的家庭关系

"合理的长幼有别"与平时我们所说的"封建家长制"和"一言堂"有区别，

这里的“合理”是建立在平等、民主、尊重的基础上，让孩子明白自己与父母、爷爷奶奶、姥姥姥爷的关系，知道谁是长者、谁是家庭生活的主事人，而不是自己颠倒主次，成为霸道、任性的“小皇帝”。

天磊今年刚刚6岁，在家是一个十足的“小皇帝”，爸爸妈妈和爷爷奶奶要是有一件事惹得他不高兴，他就会任性地大哭大闹。有一次，淘气的天磊把房间弄得到处都是玩具、衣服、鞋子，生气的妈妈批评了他两句，他就坐在地上大哭起来。后来，妈妈为了哄他就把他抱起来，谁知天磊竟然一巴掌打在妈妈脸上，而且还不依不饶地继续哭闹。

或许很多父母也遇到过类似的情况，甚至认为被儿子打两三下没有关系，这是因为孩子还小什么都不懂。岂不知这就是对孩子的一种过度纵容，让他无法真正了解在这个家里谁才是真正的“老大”。到最后家人的纵容和溺爱会让他变得自私、霸道、冷漠，自然也谈不上去关心他人，孝敬长辈了。

方法三：教孩子孝敬长辈从小事做起

教育男孩孝敬长辈，父母应该根据自己孩子的年龄、能力等各方面做出合理分配，具体指导和耐心训练，并加以热情鼓励。例如节假日带着孩子到爷爷奶奶、姥姥姥爷家里，让孩子有时间和老人相处在一起，增进双方的感情；平时父母要经常告诉儿子，爷爷奶奶、姥姥姥爷把爸爸妈妈抚养成人多么不容易；让儿子给长辈表演唱歌跳舞等小节目，一方面表达节日的祝福，一方面增加喜庆的气氛，等等。

生活中看来很小的事情，像让男孩给自己的爷爷奶奶拿东西吃，或者扶着爷爷奶奶上下楼梯，或者记住爷爷奶奶的名字，这些都会在孩子的心里撒下爱的种子，然后一步步地激发爱的力量，让他学会怎样孝敬长辈、关爱年长者。

第90招

培养男孩宽恕他人的美德

穷养真经

父母在教育男孩时，要告诉他每个人都有可能犯错，自己要有一颗宽恕别人的心，才能与他人相处得轻松、快乐。宽恕别人是种美德，更是一种为人处事的智慧。

某机构针对中小学生做的一次抽样问卷调查中有这样一个问题："面对过去欺负过你或严重伤害过你的人，你会怎么办？"对于这个问题，只有30%的学生表示会原谅对方，有近24%的学生表示难以原谅或者绝不原谅，剩下的学生表示原谅但不会忘记。

由此可见，能够主动原谅或宽恕别人的孩子实在太少。而事实上，宽恕别人对孩子来说是一种非常珍贵的感情，它让孩子在原谅别人过错的过程中，收获很多的东西，让自己的心胸变得更宽广。宽恕别人对于男孩个性的健康发展，尤其是情感的健康发展，以及对于男孩良好人际关系的建立有着非常重要的意义。

小斌从小就是一个篮球迷，爸爸妈妈也特别支持他打篮球，还经常给他买一些篮球方面的书籍，允许他学习结束之后看体育节目，爸爸更在他生日的时候送他一个篮球作为生日礼物。但是没过几天，小斌就气呼呼地从学校回到家里，手里拿着一个被扎扁的篮球，正是爸爸送给他的生日礼物。他恼怒地对爸爸说："张强实在太讨厌了，竟然把我的篮球弄坏了，看我明天不把他的自行车扎破。"爸爸等到儿子心情平静一点之后，说："无论张强是不是故意弄坏你的篮球，你都不应该为此报复别人，这样不但让你失去一个朋友，而且会让大家认为你很小气，更何况篮球也无法复原。所以为什么不宽恕朋友的过错呢，他可能不是有意的！”小斌想了想说：“爸爸，我刚才只是一时太生气了，其实篮球坏了我也有责任的！”“我就知道，我的儿子是一个善良、有度量的男子汉！”“那是当然了！”很快小斌的脸上又出现了笑容。

其实，富有宽恕之心的男孩往往心地善良，惹人喜爱，而且很容易为自己聚拢人气，而那些缺乏宽容心的男孩往往易走极端，性情怪诞，不能很好地处理人际关系。因此，我们应该让男孩明白，宽恕别人不但是种美德，更是巩固自己人气的最佳方式，这也是为男孩将来的人生奠定基础。

方法一：父母要做好孩子宽恕学习的榜样

宽恕的种子往往需要父母用心去播种，只有宽恕别人的父母才能培育出宽恕他人的孩子。男孩最初是从父母那里学习待人接物的方式的。父母大度宽容，遇事不斤斤计较，与邻里、同事关系融洽，孩子也会随着父母的样子处理同学之间的关系，也会变得友善宽容、乐于助人。

一天，一位年轻的妈妈带着儿子到度假村去玩，那天去游玩的孩子较多，工作人员一时疏忽，将她的儿子留在了广场。等工作人员找到孩子后，小男孩因为一个人在空旷的广场呆着受到惊吓，哭得非常伤心。一位满脸歉意的工作人员，在安慰这个四五岁的小男孩。不久，小男孩的妈妈来了，看见了自己哭得惨兮兮的儿子。这位妈妈蹲下来安慰自己的儿子，并且很理性地告诉他：“已经没事了，那个叔叔因为找不到你而非常紧张，并且十分难过，他不是故意的。现在，你应该亲亲那个叔叔的脸，安慰他一下。”孩子踮起脚尖，轻松地亲吻蹲在他身旁的工作人员的脸，并柔声告诉他：“不要害怕，已经没事了。”

父母是孩子学会宽容的最好榜样。因此要培养善良、宽容的男孩，父母必须以身作则，为儿子做好的表率，同时抓住教育机会加以引导，使男孩具有良好的心态和应对各种环境的能力，使他们拥有快乐的人生。

当然，男孩在交往过程中会经常遇到各种各样的矛盾和冲突。对男孩来讲，这能促使他们慢慢地了解“自我”与“他人”的关系，并且了解到蛮横无理和任性霸道在社会上是行不通的，渐渐地他们便会从中学会与人相处以及妥善处理问题的方法。

方法二：鼓励男孩多和他人交往

集体交往活动是培养男孩宽容之心的最佳方式。男孩只有学会怎样与人交往，才会发现每个人都有各自的优缺点，都会犯或大或小的错误，而只有学会宽恕和容忍别人的缺点和错误，才能与他人友好相处，正常交往。同时，鼓励男孩多和同伴交往，可以让他通过与他人的交往，体会宽容带来的快乐，例如称赞他人的优点、祝贺同伴的成功、帮助有困难的同学、采纳别人的合理建议等。这些都能使男孩得到友谊，分享他人的成功，并使自己获得进步。

在男孩与同伴交往的过程中，父母要特别注意引导男孩容忍比自己强的同伴、自己的竞争对手和比自己差的同伴。要让我们的孩子不嫉妒比自己强的同伴，不故意为难自己的竞争对手和不嘲弄比自己差的同伴。同时，也要让男孩向好的同伴学习，学会与竞争对手合作，帮助差同伴。

宽恕别人是种美德，更是一种为人处事的智慧，如果父母教会男孩学会宽容，那么他就掌握了跟别人交往的一种智慧，就会有一份很好的人际关系，更懂得如何快乐生活。

方法三：给男孩上一堂“宽容课”

在立辉的班上，有一个叫杨光的男生，他仗着自己力气大，常常欺负其他同学，立辉也经常被他欺负。有一天下起了大雨，立辉没有带雨伞，妈妈便开车去接他。那天杨光也没有带雨伞，看着窗外瓢泼的大雨，非常的发愁。立辉妈妈对杨光说：“外面雨下得太大了，让阿姨开车送你回家吧。”当时立辉特别不愿意，不停地给妈妈使眼神。但妈妈装作没看见，让杨光上了车，把他送回了家。当时杨光非常感动，一个劲儿地邀请立辉妈妈和立辉到他家坐坐。回到家后，立辉妈妈对立辉说：

“杨光欺负同学是不对，不过不要因为他有缺点就讨厌他，而是应该多和他友好地交往，并且帮助他改正缺点和不足。”事后，杨光再也没有欺负过立辉，还主动和立辉交上了朋友，而立辉从这件事中也认识到了宽容的重要意义。

通常来说，孩子年龄小，他们在情绪方面并不能很好地控制自己，所以有时很难做到宽恕别人的过错。所以作为父母，我们应该在恰当的时候给他们上一堂“宽容课”，让男孩明白宽容的重要性，并且学着去宽容别人。

第91招

尊重他人是必备的品德

穷养真经

尊重别人才能得到别人的尊重，善待别人才能得到别人的善待。父母不但要尊重和善待自己的男孩，更要培养男孩尊重、善待别人的美好品德。

生活中，我们常会看到这样的现象：不少男孩喜欢叫别人的外号，见到别人陷入困境会加以嘲笑，看到别人倒霉就会幸灾乐祸。男孩这样做，有时是因为想看热闹、好奇，有时是想开个玩笑，有时则只是盲目地跟着别的孩子做。他们并没有理解这样做是不尊重别人，没有意识到他们这样做会伤害别人的心灵。当出现这种情况时，我们先要平静地与孩子谈谈，然后再针对性地指出他们这样做的坏处，要让男孩设身处地体会到不受别人尊重时的感受。

当然，男孩的道德心不是天上掉下来的。他不尊重、不善待别人，可能是他没有学会尊重和善待，他可能也没有体验过被尊重、被善待，这些不正是我们家庭教育的缺陷吗？只有被尊重的人才会尊重别人，只有被善待的人才会善待别人，尊重他人也就是尊重自己，善待别人也就是善待自己。因此，父母要从小培养男孩尊重、善待他人的良好品德。

一个男孩随着父亲排队买票看马戏。排在他们前面的是一家7口，5个孩子手牵手跟在父母身后。他们叽叽喳喳谈论着马戏场里的小丑、大象。今晚必定是这些孩子最快乐的时刻。他们的父亲神气地站在最前端。售票女郎问他要多少张票，并说出了价格。这位父亲的嘴唇发抖了。显然钱不够，但他又怎能转身告诉那5个兴致勃勃的小孩，他没有足够的钱带他们看马戏！

男孩的父亲目睹了这一切，他悄悄地把手伸进口袋，把一张10元的钞票拉出来，让它掉在地上，又蹲下来，拾起钞票，拍着那位父亲的肩膀说："对不起，先生，这是从你的口袋里掉下来的！"

5个孩子的父亲当然知道原因。他深深感激有人在他绝望、心碎时帮了忙，他双手握住男孩父亲的手激动地说："谢谢您！先生，这对我全家意义重大。"

父子俩就这样花掉了身上仅有的10元。那晚，他们并没有进去看马戏，也没有钱看马戏，却收获了极大的快乐。

故事中，5个孩子的父亲固然需要钱去买票，而他更需要得到尊重，他不能在5个孩子面前丢脸。父亲深知这一点，以极其巧妙的方式帮那位父亲解除了难堪，他把尊严献给了对方。

尊重、善待他人，是一种健康的人生态度，是现代社会里最重要的人格品质。一个具有自我尊严感的男孩，应当会尊重、善待他人，尊重、善待他人的尊严与个性。不尊重、不善待他人，实际上就是不尊重自己，也不能得到他人的尊重。

方法一：父母要做孩子学习尊重、善待他人的榜样

英国著名教育家斯宾塞说过："野蛮产生野蛮，仁爱产生仁爱。"父母本身的态度，对孩子的影响十分重要。父母身体力行地尊重别人，替别人设想，孩子看在眼里，自然会学习。

生活中，父母与他人交往中的行为、态度和方法，或多或少会渗透到男孩的言行中去。不用多费口舌，他可能就会心领神会，就会模仿。例如在家庭中，父母对自己的长辈是否尊重，是否孝敬；对长辈是否使用尊称；与别人谈话时，是否放下手中的工作，微笑地注视着对方，认真聆听对方说话而不随意打断别人的发言；是否背后议论别人的短处或给人起绰号等等。如果父母时时注意，处处作表率，这种无声的教育就会影响孩子养成尊重他人的好习惯。

方法二：引导男孩欣赏和关爱他人

一位教育专家曾经谈到一个奇怪的现象：

有一次中外孩子一起测验，测验后的分数让孩子分别拿回家给各自的父母看，结果中国的父母看了孩子的成绩后，有80%表示不满意，而外国的父母则有

80%表示满意。而实际成绩怎样呢？实际上，外国孩子的成绩还不如中国孩子。

这说明了一个什么问题呢？这说明中国的父母习惯用挑剔的眼光来看待孩子，看待别人和世界。而外国的父母习惯用欣赏的眼光来看待孩子，看待别人和世界。作为父母应该用欣赏的眼光去看待自己的孩子，并教会他要发现别人的长处，并懂得真诚赞赏他人。

另外，善待他人最重要的一点就是学会关爱人。我们要让男孩懂得怎样去爱长辈，爱同学，爱老师，这也是教育的重要秘诀——爱。

方法三：培养男孩礼貌用语的习惯

奇奇是一个很不注意说话的小男孩，平时妈妈带着他出去的时候，他看到自己不喜欢的人，总是说："妈妈，这个人长得真难看！""爸爸，你看这个人真笨！"有时，他也会口无遮拦地骂自己的家人和小朋友，虽然妈妈因为他说"脏话"打了他几次，但是依然没有改掉奇奇的这个坏毛病。

可能很多父母以为，孩子自我表达意识强是一种健康行为，便允许孩子用大哭大闹或者口无遮拦的手段和语言来发泄情绪。其实，多数孩子在顶撞了父母后会感到愧疚甚至害怕，如果父母对孩子的无理行为无动于衷，渐渐地孩子就不再关心自己的行为是否影响到了别人。

因此，我们应该明确地向儿子表达"应尊重他人"的想法，要跟孩子说，"你不应该用语言去伤害别人"或"应为你说过的伤人的话道歉"等。

第92招

教男孩学会换位思考，理解他人

穷养真经

一个人如果无法站到对方的角度去思考和理解问题，很容易和别人产生误会和怨恨。所以，教会男孩学会换位思考，学会让他多站在别人的立场去想问题，一定会避免很多错误，人际关系也会顺畅很多。

换位思考是人对人的一种心理体验过程。将心比心，设身处地，是达成理解不可缺少的心理机制。它客观上要求我们将自己的内心世界，如情感体验、思维方式等与对方联系起来，站在对方的立场上体验和思考问题，从而与对方在情感上得到沟通，为增进理解奠定基础。它既是一种理解，也是一种关爱！

古往今来，从《论语》中的“己所不欲，勿施于人”到《马太福音》的“你们愿意别人怎样待你，你们也要怎样待人”，不同地域、不同种族、不同宗教、不同文化的人们，说着大意相同的话，但最终目的都是希望多站在别人的角度去看待问题。

老师很喜欢刘斌，因为他聪明、勤奋、懂事。作为组长，每次上课前他总是早早来到实验室，主动摆放实验用品，课后，他还会主动留下来整理实验室，而且上课时，他也像个“小大人”一样，组织同学认真听课，做实验。但是这天刘斌却面红耳赤地对一个平时很调皮的同学愤慨指责，正巧被老师看到。那个调皮的男孩看到老师委屈地哭着说：“老师，我没偷砝码，他冤枉我！”但刘斌坚持是他偷了。老师经过询问，认为是刘斌搞错了，但是刘斌却认为是老师故意袒护那个经常做坏事的同学。后来老师建议刘斌再仔细找找，虽然心里郁闷，但刘斌还是找了，并且在盒子里找到了丢失的砝码。不过，虽然不好意思，可刘斌还是马上又拿出“领导”似的“大男子”架势，老师试探着问他：“你回去后打算怎么做？”他脸一仰：“告诉他找到了，这次算我看错了！”这时，老师对他说：“这样的态度好吗？你能不能试着站在对方的角度考虑一下问题，假如刚才发生的事情把你们的角色对调一下，你会怎样？”刘斌锁着眉头，想了好一会儿说：“我知道了，老师，我刚才不对，是我太武断了，如果换了我是他，我会难过好久，而且，会觉得在同学面前很没面子。被人冤枉的滋味不好受，我一定找个合适的机会向他道歉并给他澄清。以后，我处理事情不会这么武断了。”老师高兴地拍了拍他的肩，说：“孩子，你能这样想我很高兴，希望你能记住今天的事，尽量在事情发生后多站在对方角度考虑问题，学会换位思考，这对你以后的人际交往很重要。今天，你的出发点是好的，你怕给学校带来损失，但是，你做事要考虑周到、仔细，找一个更好的方式去处理问题，就更好了。”

当双方产生矛盾时，如果双方都能够站在对方的角度思考问题，思考对方何以会如此行事、如此说话，就能够理解对方，从而减少很多不必要的矛盾。许多孩子只习惯于从自己的角度思考问题，而不习惯站在别人的角度思考问题，而要消除这种现象的办法就是“心理换位”。

站在父母的角度上考虑，就会理解父母的良苦用心；站在爷爷奶奶的角度上考虑，就会理解老人的那份关爱和唠叨；站在老师的角度上思考，就会理解老师的艰辛；站在同学的角度上思考，就会觉得大多数同学是可爱、可亲、可交的。所以，教男孩学会心理换位是非常必要的。

方法一：给男孩营造换位思考的环境

家庭中，有些父母不会换位思考，就会深深影响到孩子。所以，我们要学会换位思考，给儿子营造换位思考的家庭环境，从而让儿子从中得到启发和感染。

一天，夏安的妈妈下班回来后非常生气地说：“这个小刘真是岂有此理！今天公司查账，发现了一个问题，原来她把前面的一个数据弄错了。害得我后面也跟着错了，结果我们两个一起受到了单位的通报处罚，还罚了我一个月的奖金呢。”

夏安虽然听不明白，但是从妈妈的表情上，他知道妈妈受了委屈，不禁也暗暗埋怨起了妈妈口中的小刘，还小声嘟哝：“我再也不到刘阿姨家玩了，她害我妈妈生气。”

爸爸看到这种情况，坐在妈妈的身边说：“你先消消气，小刘罚了多少？”

“两个月的奖金。”

“看来小刘比你惨多了。小刘比你工作时间短吧？”

“是啊，她来单位才半年，我干了都三年多了。”

“那你是她的老师，是领导喽。”

“对，我一直带着她干。”妈妈此时脸上才露出了一点得意之色。

“那么小刘犯一点错误也是应该理解的，谁不会犯错呢？况且她损失了两个月的奖金，心里更不好受。你作为她的领导应该替她想想，虽然主要责任在她，但你这个领导也是监督不力啊。”爸爸小心地说。

妈妈沉默了一会儿说：“也对呀。下班的时候，我看小刘都哭了，我得给她打个电话。”

在电话里，妈妈安慰了小刘很长时间。放下电话，妈妈高兴了很多。

这些夏安都看在了眼里，还关心地问妈妈：“妈妈，刘阿姨还伤心吗？”

由此可见，大人的一言一行都会被孩子看在眼里，并跟着模仿，大人的换位思考也会被孩子模仿。所以，父母一定要给儿子营造一个换位思考的环境，让换位思考潜移默化地根植在儿子的心底。

方法二：教男孩体验别人的感受

平山从小跟着爷爷奶奶长大，渐渐养成了骄横、任性、自私的个性。爸爸把平山接来和自己一起住时发现了他的这些缺点。

一天，平山打扮得非常帅气，打算和爸爸妈妈到游乐场去玩。正要走的时候，邻居家的小妹妹闯了进来，要和平山玩，还没经过平山的同意就拿起沙发上的玩具摆弄起来。平山非常反感，迫不及待地夺过玩具，把小妹妹推出家门说："你快走吧，我和爸爸妈妈就要去游乐场了！"惹得小妹妹的眼泪一下子掉了下来，委屈地回家了。

在去游乐场的路上，爸爸问平山："儿子啊，如果你去小妹妹家找她玩，她不仅不让你玩她的玩具，还要把你赶走，你会高兴吗？"

"当然不高兴！"

"如果小妹妹说，早点去游乐场，早点回来，等回来后再跟你一起玩，你会怎么说？"

"我会说，你一定要早些回来哦。"

"那你再想想，刚才你把小妹妹推了出去，做得对吗？"

"不对。如果我告诉她我会早点儿回来，下午再和她玩，她就不会哭鼻子了。"平山懊恼地说。

"那我们就早点回去，你再去找小妹妹，和她一起玩，好不好？"

"好啊，我还会跟她道歉呢。"平山认真地说。

在以后的生活中，爸爸总是这样教育平山，让他体验一下别人的感受。平山也渐渐变成了一个大方、受人欢迎的孩子。

孩子是最单纯善良的，当他知道自己的一句话、一个举动伤害了别人，给别人带来烦恼的时候，他的心里也会不好受。所以我们要做的就是，让孩子充分体会到别人的不快乐，让他知道自己的言行给别人带来了怎样的伤害。这样孩子才能学会换位思考，从而懂得体谅别人、尊重别人，同时也会得到别人的尊重。

方法三：不要给孩子特殊优待

从男孩三四岁起，就要让他开始认识到自己在家庭中的位置。比如说，有了好吃的，不要只留给孩子一个人吃，可以根据家里的人数分成几份，让他知道自己的食物只是其中的一份，而不是全部，懂得与家人分享。如果爸爸妈妈舍不得吃，可以留给孩子，但是要让孩子知道这种"优待"之中有父母的自我克制和爱，并不是理所当然的。

在生活中，孩子与他人相处，由于年龄、位置、处境、角度不同，常常会有不同的心理反映和感受。如果想让孩子学会理解他人，与别人建立良好的关系，就要教孩子学会换位思考，体谅别人，这样会得到别人的尊重。否则，就会发生误解、冲突甚至对抗。

然而，现在的孩子大多数都是独生子女。很多男孩在父母的呵护下，变得很小气，总是喜欢以自我为中心，他们说出的话很容易伤害别人的自尊，他们做事总是一味从自己的利益出发。这样的孩子虽然在短时间里为自己争取到一些利益，但是往往会失去别人的尊重。

第93招

培养男孩坦荡磊落的胸怀

穷养真经

太过斤斤计较的男孩只会显得小家子气，无法赢得别人的好感和信任。因此，父母必须帮助男孩改掉斤斤计较的毛病，让他变得慷慨大方和心胸宽广起来，这样孩子才能拥有坦荡磊落的胸怀，并因此结交更多真心的朋友。

有的男孩在生活中不仅能自理，而且学习上也特别优秀，文娱活动表现也很突出，这确实让他们具备了优越感。可是，他们却都存在一个致命的缺点——心胸狭窄，容不得任何人的批评与指责或者是别人的背叛等，就像老虎的屁股摸不得，怎么劝也不听，因此周边的朋友越来越少，

“世界上最宽阔的是海洋，比海洋更宽阔的是天空，比天空更空阔的是人的心灵。”这是雨果留给我们的至理名言。懂得宽容，才不会对自私、虚伪、嫉妒、狂傲感到失望，才会用宏大的气量去感受相逢一笑泯恩仇的快乐。

有一位母亲说：

大儿子总是爱斤斤计较，和弟弟一起吃饭时，就把自己喜欢吃的菜摆在自己面前，别人多吃一口都不行。吃东西时，如果自己实在吃不下，但别人可以吃下也不会让别人吃。如果别人吃了他还会认为这个东西别人多吃了要还他一顿。真不知道拿他怎么办？

其实，男孩的很多行为习惯都是从父母那里学习来的，或者是从父母那里得到了某种暗示。虽然父母都不是计较的人，但是当孩子表现出对某个菜品的喜爱后，妈妈就跟爸爸说“你少吃点儿，孩子爱吃，别跟孩子抢”等等，尽管这本来

是爱护孩子的表现，孩子却会从中得到一种观念：我的意愿很重要，只要是我喜欢的，别人就不可以跟我抢。孩子一旦获得这种信念，自然就不会懂得谦让，也不会与人分享。

如何帮助男孩改掉斤斤计较的毛病呢？首先就要为孩子营造一个良好的共同分享的氛围。要让孩子知道什么是大家的，什么是属于他自己的，比如饭菜是大家共有的，每个人都有权利吃，不能因为他自己喜欢，就据为己有。其次，要给孩子一种感觉，他与别人分享的东西并不少有，即使分给别人一部分后自己仍然会有剩余。第三，可以有意让孩子做一些分享的行为和事情，比如让孩子给家里人分他最喜欢的水果，从长辈开始。家人一定要商量好，孩子给就一定要收下，并说谢谢并给予表扬，不要看孩子有这样懂事的举动就立刻推辞，甚至说“给你留着吧，我不吃”等等。第四，要让孩子体会到，分享不等于自己的东西被别人占有，也不等于自己失去了什么。要让孩子感觉到分享是一件开心的事情，你把东西分给别人，别人也会和你分享一些东西，这种分享也许不是实物，可能是一种感受，比如他也觉得这种东西很好吃，但却能给孩子带来快乐。

除此之外，还有其他一些方法帮助父母教育儿子：

方法一：借机教育孩子要宽容待人

漠漠借了一本《世界地理》杂志，他一下课就翻出杂志高兴地翻阅起来。不巧，同桌起身时不小心把墨水瓶碰翻，墨水洒到了杂志上，把一本精美的《世界地理》杂志涂得脏兮兮的无法继续再看了。漠漠很生气，不但让同桌赔他新的《世界地理》，还把这件事告诉了班主任老师。结果，同桌被老师批评了一顿。

当漠漠把这件事告诉妈妈的时候，妈妈严肃地对他说：“谁都有不小心犯错误的时候，如果你犯了同样的错误．你的同桌大喊大叫，让你赔，还告诉老师批评你，你舒服吗？”漠漠说：“我会很难受呗。”妈妈告诉儿子，要和气、友好地待人，不能斤斤计较，尤其是对待同学，更要大度、宽容，就像这件事，应该说没关系。这样，才能成为受同学欢迎的人，成为快乐的人。

妈妈借着这次突发事件告诉儿子如何宽容和原谅别人，如何不让自己做一个斤斤计较的人，相信孩子在妈妈的教育下，一定会渐渐理解宽容、原谅的含义，学着去宽容他人和不计较得失了。

方法二：让孩子反思自己的过失

父母可采取疏导、转移的方法来调节孩子的“不平”和“耿耿于怀”，让时间来推迟他的情感爆发。然后再进行劝导，从而使孩子可以反思自己的过失，宽容伙伴的缺点与失误行为。

一次，安白邀请他的几个同班同学到家里做手工，妈妈很高兴，特意给孩子们腾出了一个大房间。

傍晚，孩子的几个同学走后，安白告诉妈妈，他们做手工时，凡凡的手工作品总也做不好，常常把作品搞得四不像，言语中流露出埋怨的情绪。妈妈想起了去年，安白在航模比赛中忙中出乱，结果他的航模飞机一头栽到地上，影响了小组成绩，但同学们并没有责怪他，反而鼓励安慰他。

妈妈对安白提起了这件事，并问他：“如果当时同学责怪你，还能继续参加航模小组吗？”安白说：“妈妈，我懂了，我再也不埋怨同学了。”后来，安白又把这几个同学叫到家里做手工，凡凡这次做得很好。没几天，安白高兴地告诉妈妈：“我们小组这次手工创作获得表扬了。”

妈妈趁机启发安白，团结合作力量大。只有诚恳、友好地待人，才能赢得团结和合作，才能赢得胜利。

方法三：让男孩不要太计较得失

小孩子虽然功利心没有成年人强烈，但他们有一种潜在的虚荣心。例如老师表扬了别的小朋友，没有表扬他，或者妈妈对妹妹关心很多，对他关心不够。

小男孩虽然没有小女孩那样敏感，但他们有时也很爱计较得失。这时就需要父母给予适当的引导，告诉男孩有些事情根本没必要计较，而是应该尽自己最大的努力去做，即使一时得不到别人的表扬和肯定也不能放弃。

第94招

教男孩学会礼貌谦让

穷养真经

父母教会男孩谦让，并不是说让孩子不懂得竞争和上进，而是希望凭借这种谦让美德，让男孩在与他人的交往中能够更好地合作，能够为他赢取更多的赞誉和朋友的支持。

很多父母反映男孩越大越难管教了，对他们横眉冷对；春游排队上车后，争先恐后拣好位子坐，中间加座无人愿意坐；参加集体舞比赛训练你推我让，谁也不肯先上……这一切显然违背了中华民族所崇尚的尊老爱幼、互帮互助的优良传统。著名教育家叶圣陶曾说："教育就是习惯的培养。"孩子一旦染上了某种不良行为习惯，以后是很难纠正的，甚至会影响其一生。特别是低年级的孩子，让他们从小养成好习惯，将一生受益，反之，后果不敢想象。

也许是这个社会的竞争过于激烈，使得父母们都不想自己的孩子在外面吃亏，才造就了孩子今天的性格特征。俗话说："满招损，谦受益。""路要让一步，味需减三分。"要做到谦虚求学，谦逊处事，谦让待人，切忌骄傲自满，盛气凌人。君子厚德载物，雅量容人。学会谦让，是一个人立身处事最平安最快乐的方法。

小峰和邻居的几个小朋友因为玩具发生了争执。妈妈没有简单地要求小峰让着对方，而是教小峰很有礼貌地问对方："能让我玩一会吗？"并且告诉小峰，如果硬抢，小朋友是不会给他的。等小峰得到了玩具，妈妈又跟他商量："你玩一会儿，小朋友玩一会儿，大家要轮流玩，玩具也喜欢认识更多的小朋友呀。"

以后，小峰再遇上这样的事情，也是这样处理。后来，妈妈还看见过小峰指着跟他抢玩具的小朋友说："你不许这样抢，你好好说我就给你玩，你抢我就不给你玩了。"

一次，小峰想玩别人的玩具，妈妈也要求他自己去商量。可小峰回来很委屈地说："妈妈，我对小朋友好好说了，他怎么不答应呀？"妈妈笑着给他解释："小朋友就像你一样喜欢这个玩具，他想跟玩具多玩会儿，过一会儿再问问他吧。"慢慢地，小峰也能学会理解别人，学会谦让了。

当孩子们在一起争抢玩具时，许多父母都简单地以"大的孩子要让着小的孩子"、"男孩子让着女孩子"，或是说一声"对不起，没关系"就了事了。殊不知，这样会引起孩子的困惑，"为什么他做的不对，我还要让着他呢？""为什么每次都是大的让着小的呢？"久而久之他们就会对父母失去信任，有的孩子甚至用攻击性方法来处理生活中的矛盾。

对待孩子们之间的矛盾，我们必须正确面对孩子的谦让问题。父母的任务是要引导他们思考"对与错"，并了解任何游戏都是有规则的，如果违反规则，就是错误的。父母要在适时适宜的情况下，帮助犯错的孩子改正错误的行为，让他初步体验是与非。这种体验对于年幼的孩子来讲，对其今后在社会交往中处理各种问题是非常有帮助的。

方法一：给男孩讲述关于谦让的故事

宽厚谦让历来是我国的传统美德，是设身处地为别人着想的表现。要让孩子学会谦让，首先要让孩子懂得什么是谦让。因此，要让孩子收集大量的资料，通过各种途径找到相关的故事、儿歌、榜样、文章等。让孩子们集中在一个时间，大家相互交流自己收集的内容，你讲一个故事，我读一首儿歌。知道孔融让梨、一个苹果的故事；懂得宽厚谦让能促进人形成胸怀大度的高尚品德，对孩子来说，待人宽厚谦让要从小事做起。和人交往应讲信用，学会谦让，积极关心别人。让孩子通过自己的方式，寻找谦让的源头，在交流、讨论过程中，深深地把谦让品质印入脑海，融入实践。

方法二：提供谦让学习的机会

心理学研究表明，学习内容和孩子熟悉的生活背景越贴近，孩子自觉地接受知识和参与程度就越高。关注孩子的社会生活和实践时空，创设体验情境，为孩子提供参与体验的平台，目的就是为了让孩子在生活的具体实践过程中学会谦让。因此，我们要学会给孩子搭建平台，创设一定的生活情境，组织富有情趣的活动，诱发和引导孩子参与体验，在参与体验中养成谦让品格。

有一次，爸爸出差回来给两个儿子买了礼物，但是一个大一个小。爸爸是故意这样做的，他希望在分配礼物时看到两个儿子的表现。结果分礼物的时候，两个孩子都很喜欢那个大的礼物，但是只有一个。这时，只见哥哥对弟弟说："你是弟弟，这个大的玩具给你，我已经有很多玩具了，我要这个小玩具就可以了！"没想到弟弟也谦让着说："这个大的玩具给哥哥，上次妈妈已经给我买了个玩具，而且这个小玩具挺好看的。"爸爸看到兄弟俩的表现很满意，就笑着说："这两个玩具你们可以一起玩啊，可以算作你们的'共同财产'，不过你们能这么谦让，爸爸很高兴，你们都是值得我骄傲的男子汉！"两个儿子既得到了玩具又得到了称赞都非常高兴。

其实，父母完全可以从日常生活中的小事去启发和引导孩子如何学会谦让，并且提供机会让他们表现这种品质。总之，懂得谦让、待人宽厚，不仅有利于孩子的身心健康，而且能使他的人际关系更加宽松、融洽、亲密。

第十三章

责任比能力更重要

——让责任感在男孩心中扎根

父母怎样才能让男孩明白什么是责任?

信任和尊重与责任感的紧密关系是什么呢?

如何教会男孩信守承诺?

怎样帮助男孩克服找借口、撒谎的坏毛病?

……

当你准确地回答了上述问题，并且运用科学正确的方法提高了男孩的责任感时，你会发现，一个有责任感的孩子会让你省去很多的教育麻烦。

第95招

言传身教，让男孩明白什么是责任

穷养真经

父母一直以来都是男孩模仿的对象，如果父母不负责任，那么孩子受其影响，也会变得不负责任起来。因此，父母必须言传身教，注意从生活中的一点一滴让自己的男孩明白什么才是真正的责任。

责任感是一种高尚的情操，也是一个人安身立命的基础。无论是家庭还是社会团体，都喜欢那些责任心强、敢于承担的人。如果一个人没有责任意识，就不会被委以重任，也不会受到大家的欢迎。

对于男孩来说，培养他的责任心更为重要。因为男孩长大后，不仅要参加工作，还要担负起家庭的重担。如果缺乏责任心，就无法承担起自己的职责，无论是事业还是前途发展，都会受到很大的消极影响。

但是，现在很多男孩都缺乏责任意识，当他们做一件事的时候，并不是全身心地投入，稍微遇到困难就选择放弃，根本不去考虑后果。还有些男孩从小就喜欢找借口，当他们被批评的时候，只会一味地找别人的原因，而不从自己身上找原因。

那么，为什么这么多的男孩责任意识淡薄呢？这和父母的教育方式有很大关系。现在很多孩子都是独生子女，父母非常娇惯，“要星星不能给月亮”，这就让一些孩子变得自我意识非常强烈。一个人要对某事负责任，必然会有所付出，甚至还要在某些方面放弃自己的利益，但是一个自我意识强烈的人必然不愿意放弃自己的利益，所以就会变得责任意识非常淡薄。

缺乏责任意识对男孩的发展是非常不利的，一位妈妈曾经表示了自己的担忧：

我儿子今年11岁，是一个责任意识非常淡薄的孩子。前些天，老师让儿子和一名学习不太好的同学组成“互助组”，帮助那名同学。但是儿子从来没有给那名同学补过课，那名同学向他问问题，他会非常不耐烦地说：“这么简单的问题还用别人告诉吗？自己想想就想出来了。”我对儿子说：“老师让你帮助他，这是老师对你的信任，也是老师交给你的任务，你应该努力完成才对。”儿子理直气壮地说：“是他自己学习不好，关我什么事，我才不管他呢。”我劝说了儿子很多次，他就是听不进去。我儿子不仅对别人的事不关心，就是家庭内部的事也不关心，有时候家里的笤帚倒在地上，他宁可从旁边绕着走，也不肯扶起来。现在我非常担心，将来他长大了会面临很多问题，如果责任意识这么淡薄的话，又怎么能够面对那些困难呢？

这位妈妈的担心不是多余的。责任心的匮乏会让大家丧失对他的信任，事业和前途都会受到影响，所以，父母要从小培养儿子的责任感，让他成为一个有责任心、勇于承担责任的人。

有些父母认为孩子年龄小，没有能力承担太多的责任，等他们长大了，能力强了，自然就会对自己、对他人负责了。这种“树大自然直”的想法是不正确的，任何一种好习惯、好品德都不是天然生成的，都是需要培养的。所以，父母在孩子很小的时候，就应该培养他们的责任感，让他们对自己的行为负责。

方法一：让男孩明白责任心的重要性

孩子的年龄小，对“责任”两个字没有太多的概念，所以父母要让他们认识到责任心的重要性，并且给他们作出一个好榜样，通过言传身教的方式培养他们的责任意识。

一位妈妈曾经谈到这样的育子经验：

我儿子今年12岁，上小学五年级。因为他的数学成绩比较好，老师让他和一名成绩不太好的学生结成“互助组”，让儿子经常给他补补课。儿子在开始的时候还挺负责，每天都给那名学生讲解习题。但是时间一长，儿子就不耐烦了，不仅扔下那名学生不管，还向我抱怨说：“他实在太笨了，我都给他讲了两三遍，他还记不住。”我对儿子说：“老师让你帮助他，是老师非常信任你，你想一想，如果你扔下那个同学不管了，老师还会信任你吗？你看上个月爸爸获得了公司的‘先进标兵’，为什么爸爸会获奖呢？这是因为爸爸有责任心，公司下达的任务无论多难、多重都努力完成，你也应该向爸爸学习。”儿子想了想，点了点头说：“妈妈，我懂了，明天我就接着给他补课。”

方法二：鼓励男孩参与家庭事务

王建今年12岁，虽然年龄不大，但是很多时候，爸爸妈妈都把他当做大人看待。比如家里要买新家具，爸爸妈妈也要听听他的意见。前些日子，妈妈还给了他一项“权力”，那就是每逢周六周日，由他决定买什么菜、做什么饭。对于这项“权力”，王建非常看重，不仅每次都会认真考虑一番，还买了一个小小的记账本，把每次所花的钱记在上面。对于王建来说，这些都是很好的锻炼，大大增强了他的责任感。

培养男孩的责任意识，首先就要让他关心自己的事、家庭的事以及身边的事。例如当屋子非常脏乱的时候，让他收拾一下屋子；当父母生病的时候，让他替父母端端水、送送药，甚至为父母做一顿饭。孩子这些事情做得多了，就会慢慢养成习惯，责任感自然也就培养起来了。

方法三：让男孩为自己的行为负责

培养孩子的责任感，就要让他们对自己的行为负责，尤其是对自己犯下的过错负责。孩子们只有学会了对自己的行为负责，才能逐步地发展为对家庭、对他人、对集体、对社会负责。

一位父亲谈到了这样的育子经验：

上周，我6岁的儿子向朋友借了一个变形金刚来玩。那个变形金刚本来就快坏了，我儿子玩的时候又非常用力，很快就让它缺胳膊断腿，成为了一堆废塑料。我对儿子说：“你把朋友的玩具玩坏了，爸爸给你钱，你再给朋友买个新的吧。”儿子买来了一个新的变形金刚，但是我发现他一直自己玩，好几天也没有给朋友送过去。我问儿子："你怎么不把玩具给朋友送过去呢？"儿子说："他那个变形金刚早就坏了，又不全是让我一个人玩坏的。"我听出了儿子的意思，他是不想把新玩具给朋友。我对儿子说："虽然那个变形金刚已经快坏了，但是它毕竟是你玩坏的，你就应该给朋友买个新的。你想一下，如果你把朋友的玩具玩坏了就算了，朋友还愿意和你一起玩吗？他还会把玩具借给你吗？"儿子想了一会儿，虽然仍有些不愿意，但还是将那个新玩具送去朋友家了。

第96招

责任感来源于信任和尊重

穷养真经

父母对男孩的信任和尊重，对孩子来说是一种很神奇的魔力。它会让一个原本不知道责任为何物或者根本不愿负责任的男孩，在父母的信任和尊重下变得努力负责起来。

在一次亲子座谈会上，一位母亲说："我可能伤害我的儿子了！"接着她讲述了这样一件事情：

上个周末，我正在家里打扫卫生，儿子领着一群同学到家里玩，因为怕把刚拖的地踩脏了，我就没让他们进门。结果儿子晚上回家后闷闷不乐，问了好久才知道，原来同学们觉得他说话不算话，以后再也不来我们家玩了，这让儿子觉得很没面子，心里对我也有了意见。

很多父母都会觉得，让儿子衣食不愁、受到最好的教育就是爱他的表现，但是却往往忽视了男孩被信任和被尊重的需求，例如当一个男孩对家庭事务发表意见时，或者想单独做件事时，很多父母会说："你小屁孩儿知道什么啊！"孩子根本没有发言权和选择权。久而久之，他会以为很多事情和他一点儿关系都没有，他不必为此负责和努力，自然责任感也就渐渐消失了。

另外，男孩的责任心不是靠强迫就能养成的，而是一种自觉行为。如果你依靠各种强制手段逼迫儿子去完成某件事情，那样只会引发他的逆反心理，造成孩子与父母之间的误解和矛盾，导致亲子关系破裂。

所以，父母一定要给予男孩应有的尊重和信任，让他充分自由地表达自己的意见，让他自己去做决定，并且父母要鼓励和尊重孩子的这种选择。相信在父母信任与尊重的关爱下，他一定会成为一个有责任感的男子汉。

当然，给予孩子信任和尊重的过程中是需要讲求教育方法的：

方法一：用约定培养男孩的责任感

坤坤最近早晨不爱吃早餐，有时还表现得很厌烦，虽然妈妈每天变着法地为儿子做早餐，但是小家伙似乎并不领情，想吃就吃，不想吃就跑到一边玩玩具。妈妈每次都硬要求他吃完早饭再去玩或者再去看动画片，但是效果并不大，他依然是"左耳进，右耳出"。一天早晨，妈妈把儿子叫到面前，并当着坤坤爸爸的面让儿子和她拉钩，拉了钩后就一定要做到！没想到，坤坤对此很感兴趣，嘴里还哼着说："拉钩上吊，一百年不许变。"第二天早上，妈妈提醒儿子说："还记得昨天我们拉过钩吗？"这次坤坤果然很乖地吃起早饭来，晚上爸爸回来时，妈妈还当着爸爸的面表扬了坤坤。

拉钩对小孩子来说可能是个游戏,却具有良好的约束力。你会发现这样的"拉钩事件"其实也是男孩责任感的一种最初体现：和儿子约定好一件事情，然后儿子为了实现自己的承诺而为之做出努力，这就是良好责任感的开端。

方法二：信任男孩，适当地给他犯错误的机会

有一位母亲在自己的网络日志中记述了这样一件事：

儿子有一次因为好奇，竟然想要鉴定一下瓷碗究竟会不会破碎，竟然当着我的面拿起一只碗就往地上摔去。面对满地的碎片我是又好气又无奈，虽然儿子马上意识到自己的错误，以为我会责骂和惩罚他。但是我很快让自己冷静下来，只是让儿子自己清理好碎片，并且告诉他瓷器易碎的知识。后来，儿子从易碎的瓷器联想到同样易碎的镜子、玻璃杯、眼镜等，自觉地学会保护和使用它们，再也没有弄碎过任何东西。

英国教育家斯宾塞曾说过："当孩子感到被爱、被信任时，不久后奇迹就会出现在你眼前。"没错，父母对孩子的爱与信任、理解与尊重会让孩子创造出你无法想到的机会。不过，首先你要允许孩子犯错，让他在错误中成长，而不是对孩子的错误给予打骂和惩罚。

方法三：尊重男孩的意见

小男孩虽然年纪小，但他们也应有自己的权利，例如知情权、话语权、选择权等。在家庭关系中，父母应该把儿子放在一个同等的位置，学会凡事多和孩子商量，多尊重和听取他的意见。当你把孩子看成一个平等的家庭成员，并且对孩子的分析和判断能力给予肯定和赏识，那么他一定会愿意为自己的决定负责，因为这是他自己思考、努力、争取的结果。

那么父母如何真正做到把儿子当成一个平等的成员呢？首先，自然是尊重和信任孩子的意见，即使有时他的意见和建议比较幼稚和没道理，你也不要打击和嘲笑他，而是在给予信任的基础上加以引导。另外，让儿子多参与家庭事务的决策，让他真切感受对于家庭他有责任，并且应该负责，这样无形中他也会感受到父母对他的重视，做起事情来也不会浮躁和莽撞，反而会勤奋和懂事起来。

第97招

人无信不立，教男孩信守承诺

穷养真经

父母千万不要以“孩子还小”为借口，而肆意纵容男孩的失信行为。要知道，一个不信守承诺的男孩是很难获得他人的喜爱的，更何况诚信是一个人从小就应必备的优良品格，而且诚信还会帮助男孩提高他的受欢迎度。

儿子一直想买一辆玩具车，但是我和老公没有答应他。有一天，儿子对我说：“妈妈，我们班的男生都买了那种玩具车，如果你们再不给我买，他们就看不起我了。”我听得出来，儿子是在说谎，因为不可能班里的每个男生都对那种玩具车感兴趣。我对儿子说：“是这样吗？那我去问问邻居小强，是不是每个男生都买了那种玩具车。”他一听我这么说，马上改口，否定自己刚说的话。我拍了拍儿子的肩膀说：“妈妈知道你非常想买那种玩具车，但是你应该说真话，而不是骗妈妈。”儿子听了，惭愧地点了点头。

这是一位妈妈在网络上写下的教子日记，对于生活中的一件小事，她不仅没有放过，而且很好地给儿子上了一堂“诚信”课。

诚实守信是中华民族的传统美德。孔子曾经说过：“言而无信，不知其可也。”这是在告诉我们如果一个人没有诚信，就不会取得大家的信任，也就没有人愿意和他交往、合作了。随着社会的发展，社会对诚信的重视程度越来越高，诚信不仅成了一个人的名片、一个人的信誉，甚至已经成了一个人的“第二张脸”，如果一个人缺乏诚信，很难在这个社会中立足，更不用说发展了。

对于男孩来说，我们更要注重培养他们诚实守信的品质，因为自古以来，诚实守信就是评价男性的重要标准。在古代，人们用“君子一言，驷马难追”来形容大丈夫的诚实守信。到了现代，因为人际交往的日趋频繁，诚实守信更成了男性获得他人信任以及良好的人际关系的必备条件。所以，我们要重视儿子诚信的培养，把他培养成为一个诚实守信的人。

培养孩子诚实守信的品质，首先要做的就是告诉他不要撒谎。如果一个孩子在小时候就谎话连篇，他长大后很难成为一个诚实的人。所以当我们发现孩子说谎的时候，一定要重视起来，给予他们正确的指导和帮助。

方法一：父母要树立诚实守信的好榜样

“身教胜于言教”，在培养孩子的诚信方面，父母不要总是讲一些大道理，而是要以身作则，给孩子树立一个良好的榜样。通过这样的方法，更能在潜移默化中影响孩子，让他们在不知不觉中养成诚实守信的好品质。

但是在生活中，很多父母显然没有做到这一点：

妈妈答应下班回来给儿子买一个玩具，但是因为时间匆忙，妈妈忘记了。妈妈不肯承认自己的错误，而是对儿子说：“儿子，你要买的那种手枪已经卖光了，等妈妈明天再给你买吧。”

上面的生活场景都是经常发生的。我们以为孩子小，自己的言行不会影响到他们。其实，孩子的模仿能力非常强，如果他们看到成年人说谎，他们也会学着说谎，并且不再看重自己的承诺。所以，我们如果想把孩子培养成一个诚实的人，首先要做的就是自己也诚实守信，为孩子树立一个良好的榜样。

方法二：适当地满足男孩的合理需求

很多时候孩子说谎话，都是被“逼”出来的。例如某位父母对孩子要求非常高，如果孩子成绩考得不好，就会打骂孩子。在这种情况下，当孩子没考出好成绩时，只能把卷子藏起来不让父母知道，甚至自己用红笔去涂改分数。再比如一个孩子非常想买某个玩具，但是父母怎么也不同意。他为了买到这个玩具，也只能去说谎。所以，我们应该尽量满足孩子的合理要求，给他一个放松的环境。这样，他们就不会为了逃避责罚或者得到某个东西而说谎了。

方法三：对男孩进行诚实品质的教育

要想让孩子成为一个诚实守信的人，我们要让他认识到诚实的重要性，并且告诉他说谎的危害。在对孩子进行诚实品质的教育的时候，父母可以采用举事例、讲故事的方式，这样比较生动活泼，孩子也容易接受。另外，我们还要对社会上那种“诚实吃亏”的错误论调进行批判，让孩子不要受到这些错误思想的影响。

当孩子出现说谎的情况时，父母一定要严肃对待，不能让孩子把说谎养成习惯。在对待孩子说谎的问题上，父母不要打骂孩子，而要采取批评教育的方式。这样，才能从根源上让孩子改掉说谎的坏毛病。

第98招

帮男孩克服撒谎的坏毛病

穷养真经

天下几乎没有不撒谎的孩子，虽然孩子撒谎让父母很头疼，但我们不能因此就主观判定自己的男孩就是个“坏孩子”，因为孩子每一个谎言的背后都有着某种隐情。所以，父母应该找出男孩撒谎的原因，及时帮助男孩改掉这些坏毛病。

很多男孩的父母都遇到过这样的情况：儿子在自己面前经常说谎！比如，他不小心碰碎了茶杯，他就说是小狗弄的；明明放学后和同学出去踢球了，他却骗你说在校打扫卫生；他想要买一件东西没有钱，却对你说最近班里要收班费……面对这样的男孩，父母非常疑惑，我们的孩子怎么变成动画片里的“匹诺曹”了呢？

男孩说谎的确困扰着许多父母，如果你的儿子刚好在说谎时被你抓到，你千万不要发火，应该表现出惊讶、失望的神情。此外，你还要冷静下来，仔细地分析一下男孩说谎的原因。一般来说，下面的几种理由最为常见：

1. 逃避责任：很多男孩都是因为这个原因说谎的。他们以为如果没有人看见他们做坏事，就可以逃避责任。比如，他做错了事，却怕毁掉自己在父母心中的好形象，于是才说谎的。

2. 虚荣心强：为了吸引别人的注意力，便喜欢在一些真实的故事中“添油加醋”，可以理解为平时我们所说的“吹牛”。比如，有的男孩常常对别人说自己的爸爸是某某公司的董事长，自己的妈妈是某某集团的一把手等，其实，都是虚荣心在作怪，他希望别人能因为他说的话而尊重自己。

3. 报复性谎言：当男孩对父母心怀不满时，可能会通过说谎的方式向对方示威或挑衅。比如，有的男孩不喜欢父母的管教。当父母问他作业有没有完成时，他明明已经写完了却故意说没写完，以此来激怒父母。

以上种种说谎理由，男孩的父母要细心地分辨，查明自己的儿子到底属于哪一种情况。永远不要对其打骂相加，要记住，父母的职责是教育，而不是惩罚。

发现男孩说谎时，父母首先应原谅他，并且和儿子一起来讨论处理说谎问题的方式、方法，让他明白：不是别人要惩罚他，而是他自己必须对自己的谎言负责。

同时，你要对男孩表达出自己随时会给他帮助的意愿，希望他在遇到困难时学会和家人一起商量。父母只有对男孩敞开心扉，孩子最终才会坦诚相待。

方法一：父母要诚实守信，以身作则

一位经常说谎的男孩在挨父亲训斥时曾这样顶撞，他说：

“为什么要批评我爱说谎，明明你才是个谎话大王！你难道不记得了吗？这学期期末前，你和我约定过，只要我考试能拿双百，你就带我去游乐园玩。可是，我真的考了双百，你却说你工作忙，没时间，最后就没带我去；有一次，张叔叔向你借钱，明明你刚开了工资，你却对他说最近家里经济很紧张；还有一次，有人来电话找你，你却要我跟电话里的人说‘我爸爸出去了，不在家’……为什么你不说你自己，还要反过来说我呢？”

正所谓“近朱者赤，近墨者黑”，父母是孩子的偶像，要知道，你的一切言论、行动无不对孩子起着潜移默化的影响。

有时，父母为了让男孩达到某一个目标，会轻易答应他的要求。因为有父母的承诺，所以男孩会向着父母既定的目标努力前进，最终，孩子达到了父母的要求，而父母却没实现自己当初对孩子的承诺。如此一来，男孩的内心会受到巨大的打击，对父母也会失去最起码的信任，今后，男孩还会以说谎来敷衍父母或周围的人。

另外，有些父母不太注意自己的言行，在孩子面前经常有说谎的行为。殊不知，男孩的模仿能力非常强，父母的一言一行，他都会看在眼里，记在心里。日子久了，便会对孩子产生潜移默化的影响，渐渐地，男孩就会模仿父母，学会说谎。

因此，各位男孩的父母应该以身作则，用自己的日常行为，为孩子树立诚实的榜样。你想让男孩养成什么样的好习惯，形成什么样的好品格，自己就应该具备这样的习惯与品格。凡事做到一诺千金，才能使男孩改掉说谎的毛病，养成守约、诚信的好品质。

方法二：教男孩敢做敢当

日本著名学者高桥敷在《丑陋的日本人》一书中，曾记述了这样一个故事：

高桥敷曾与一对美国夫妇比邻而居。有一次，这对美国夫妇的小儿子在踢足球时，不小心踢碎了高桥先生家的门玻璃。高桥先生暗想，邻居在当天肯定会出面道歉，然而，那个闯了祸的小朋友以及他的父母在当天根本没有出现。

直到第二天早上，小男孩才出现在高桥家，他在出租车师傅的帮助下，送来了一块全新的门玻璃。他彬彬有礼地对高桥说："叔叔，对不起，昨天我不是故意打碎了您家的玻璃。当时，商店已经关门了，所以我没能及时赔偿。今天，商店一开门，我就去买了，请您收下它，并且原谅我！"高桥先生原谅了这个男孩，还由此喜欢上了他。

俗话说"好汉做事好汉当"，当男孩做错了事时，一定要让他主动去道歉，不要以找借口、说谎等形式推卸自己的责任，而应学会对自己的言行负责。

克服男孩这个坏习惯的方法是解除他说谎的理由。比如：孩子说自己生病了，不想去上学的时候，父母可以马上带他去医院检查身体；男孩弄坏东西，说是爷爷奶奶弄坏的时候，你拉上孩子及时找到爷爷奶奶问清事实的真相……如此一来，男孩在面临谎言被拆穿的情况下，便不会再为任何错误找理由、找借口，甚至随意改变事实真相。

当然，男孩的父母也要承担责任，既能让孩子安心，又是对孩子的示范。

方法三：拓展孩子的知识面，教他明辨是非

有的男孩喜欢幻想，常常将种种幻想与现实混淆起来。其实，这类"说谎"状况可以理解为孩子的一种想象。对待这类男孩，父母应该教给他明辨是非的能力。

父母在平时可以通过讲故事、看电视等机会，为男孩分析事情的对与错，说明一些做人的道理，从而让孩子了解什么是对的，什么是错的；什么是应该做的，什么是不应该做的。当他做了错事，会对别人、自己产生怎样的不良影响及后果。

教你的男孩明辨是非，不应该做的事绝对不做，不诚实的话绝对不说，当无意中做了错事，懂得道歉才是一种美德，知错就改才会成为父母眼中的好孩子。

第99招

如何让男孩信守承诺

穷养真经

男孩对自己许过的承诺一定要负责，因为对自己的承诺负责，不但是男孩有担当、有气魄的一种表现，而且体现了男孩敢作敢为、敢说敢承担的男子汉气概，这样的男孩将来必有一番作为，也更容易获得朋友的真心。

孔子曾说："人而无信，不知其可也。"意思是说信用是为人根本，不讲信用，难以在社会上立足。没错，人生活在这个世界上，就必须要和其他人打交道，而打交道的过程中自然会产生承诺，有了承诺就要学着对自己的承诺负责，否则只能成为"空口说白话"或"言而无信"的小人。

所以我们教会男孩对自己的承诺负责，就是要让他成为一个"言必信，行必果"的光明磊落的君子，成为一个恪守信用的男子汉，这样他才能交到真正的知心好友，才能成就一番大事业。

期中考前一天，英杰觉得就算再怎么复习也来不及了，于是就想偷懒不复习了。就在他要偷偷溜出门玩的时候，被姐姐撞见了。

姐姐说："这都什么时候了，你竟然还出去玩？"

英杰说："反正再怎么临时抱佛脚，我也会考不及格！"

姐姐说："你既然已经答应爸妈要好好准备这次的期中考试，就应该尽力去做，不然怎么对得起这么相信你的爸爸妈妈呢？"

"好啦！我回去念书啦！"说完，英杰就惭愧地回房间念书了。

遵守承诺无论是对孩子还是成人来说，都不是一件容易的事情，但是只要一次失信，就很难再获得别人的信任。因此无论是要求我们的儿子，还是要求我们自己，都应该养成遵守承诺的习惯。其实，父母应该为儿子遵守承诺做出好榜样，让男孩在潜移默化中感受到遵守承诺的重要。

另外，父母一定要让男孩明白，纵使他的诺言没有什么价值，也不能自食其言，因为如果不能遵守自己的诺言，那么也就没有资格期待别人兑现诺言，只有诚实守信，对自己承诺负责的人才能因此受益无穷。

方法一：引导男孩信守承诺

有一位父亲向友人这样讲起了儿子的事情：

暑假的一天，我想带儿子去公园玩，可是，儿子却拒绝了。我奇怪地问他："你不是早就想让我带你去公园玩的吗？"然后有些生气地接着说，"我今天好不容易安排出时间，你这孩子怎么又不去了？"尽管我的语气不好，儿子还是坚定地摇了摇头。

原来，儿子昨天答应学校同班的小朋友，让他来家里一起玩游戏。虽然他很想和我去公园玩，虽然小朋友可能不会来，但他不能对小朋友失信。"我约了朋友。"儿子说，"我不能说话不算数。"听了儿子的解释，我向他竖起了大拇指。

强化男孩的诚信行为是培养男孩诚信品质的一种重要的手段。因此在男孩有诚信行为的时候，父母一定要及时给予肯定和夸奖，这样能够有效强化男孩的诚信度，使诚信变成他的内在品德。

方法二：父母慎重对待孩子的许诺

诺言虽然是口头上的约定，但是同样需要慎重，尤其是父母对儿子许诺前更要慎重考虑，例如该不该对儿子许诺，能不能兑现，这种许诺对儿子来说到底好不好等等。如果你对男孩许诺了什么，那就要严格履行自己的诺言。因为孩子是单纯的，但同时也是脆弱的，如果他最信任、最亲密的父母欺骗了他，那他内心受到的伤害会很严重，甚至会对父母失望。

因此，作为父母，我们只有恪守信用，才能在儿子心中建立威信，同时也教育他对谁都不能随便承诺，一旦承诺了就要负责。因为一个人的能力是有限的，而且有些许诺容易实现，而有些很难实现，所以我们要教育男孩在答应别人之前，要慎重考虑自己有没有能力和把握做到，如果不能做到，就不要轻易许诺；即使有把握做到，也要给自己留下余地，不要大包大揽。

方法三：让男孩学会说到做到

一个外国母亲，应邀到中国家庭来做客，她带来一个7岁的儿子。中国家庭的女主人很会做饭，她笑着说：“今天我做西餐给你们吃，你们尝尝中国人做的西餐好不好吃？”那个7岁的外国男孩认为中国人做西餐肯定不好吃，所以就说：“我不吃了！”后来女主人做好了西餐，把冰淇淋端上来的时候，这个外国小男孩欣喜地看着眼前诱人的冰激凌，然后马上对自己的母亲说：“妈妈，我要吃冰淇淋。”中国妈妈本来就是按份做的，而且刚好没有小男孩的那一份，所以她有些歉意地对小男孩说：“你吃我这份吧！”没想到外国小男孩的妈妈说，“不，我的儿子他已经说过今天不吃冰淇淋，所以，他不能吃。”可是小男孩着急了，他委屈地说：“不，妈妈，我今天特别想吃冰淇淋，并且我一定要吃。”外国母亲还是不同意，结果小男孩哭闹了起来，但他的妈妈依然不同意。女主人虽然说不介意，并且帮小男孩说话，但是小男孩的母亲态度很坚决，一点缓和的余地都没有。

可能会有一些父母觉得上例的外国母亲的做法太过执拗，但外国母亲这么做只是要告诫儿子要对自己说出的话负责。因为孩子是在体验中成长的。他经历了这一次，以后就不会乱说了，因为他知道说话要算话说，出口的话要自己负责，于是渐渐地加强了他的诚信观念。

除此之外，我们还要教育男孩对别人要讲信用、负责任，答应别人的事要兑现，如果没有做到，就要诚恳地说明原由，并表示歉意。

第100招

培养男孩的家庭责任感

穷养真经

父母对于男孩总是寄托着很深的期待，希望他能成为一个真正顶天立地的男子汉。但要实现这个期待，父母首先就要让男孩学会对家庭负责、对父母负责，让他明白自己已经长大，并且能够帮助父母分担很多事情。

据相关资料显示，在家庭生活中62%的父母包揽了本应该孩子做的事情，59%的孩子不愿主动帮助父母做那些力所能及的家务活，更有73%的孩子甚至根本不知道什么是家庭责任感。有位名人曾说过："一个人要是没有热情，他将一事无成，而热情的基点正是责任感。"因此，父母培养男孩的家庭责任感意义重大。

炯炯是一个中学生，是独生子，家里经济条件也不错，养尊处优惯了的炯炯对什么事情都漠不关心，这让他的妈妈很伤心。后来，炯炯的爸爸被派往外地长期出差，临去之前，爸爸把炯炯叫到面前，郑重地对他说："你的妈妈身体不好，我走后就全靠你照顾了！记得提醒你妈妈吃药，每天晚上睡觉前请你关好门，关好窗，关好煤气……拜托你了！"没想到，正是爸爸的"拜托"让炯炯突然有一种责任感，他郑重地点了点头。

几个月后，爸爸从外地回到家里，妈妈激动地告诉他说："你走后，炯炯好像突然长大了，懂事了，对我十分关心和照顾，尽职尽责，每天都按时关好门窗，关好煤气……"

炯炯为什么变了呢？因为他从父亲那里得到了信任。这种信任使他意识到自己的重要性，唤醒了他内心深处的家庭责任感。

很多家庭里父母都习惯对男孩宠爱有加，从来不对他们“委以重任”，久而久之，男孩也就很难用自己的肩膀来承担起家庭责任了。

所以，在平时的日常生活中，父母应有意识地分派给男孩一些力所能及的劳动任务，如打扫卫生、为花草浇水等等，而且父母要尽可能地“重用”自己的儿子，要有意识地交给男孩一些任务，锻炼他独立做事的能力，要敢于把“重担”放在他肩上。当然，如果男孩遇到困难，父母可以在语言上给予他指导，但一定不能代替行动，要让男孩有机会把事情独立做完，不要老是认为儿子还太弱小，还需要庇护和娇惯，其实他已经长大了。

我们时常会听到父母们说，“我家的儿子太冷漠，不会关心人！”究其原因就是父母对男孩管太多、包办太多，除了学习家里什么事情都不让孩子干，这种行为一方面助长了男孩的懒惰行为，另一方面淡化了孩子在家庭中的责任感。

那么我们怎样把男孩培养成富有家庭责任感的强者呢？下面这些教育方法男孩父母们不妨尝试一下：

方法一：让男孩多参与家庭生活

有一对夫妻是这样培养儿子的家庭责任感的：

妈妈做好了晚饭，但是没有儿子爱吃的红烧鱼，所以小家伙很不高兴，任你怎么劝说，他就是不动筷子，急得妈妈浑身冒汗却束手无策。爸爸倒不慌不忙，慢条斯理地问道：“儿子，你知道市场上鱼卖多少钱一斤？”儿子摇摇头。爸爸又问：“儿子，你知道爸爸、妈妈一个月的工资是多少吗？”儿子又摇了摇头。

这时，爸爸就拿过来一张纸，开始认真地跟儿子算起了经济账。小男孩是小学三年级的学生，数学还算学得不错。爸爸先是告诉了儿子全家的总收入，然后又告诉了儿子每月的支出：水电费、煤气费、食宿费、交通费、生活用品费等；另外，还有每月给老人的零花钱，给家人买衣服的钱，给儿子上大学存的钱等。扣除这些开支，每个月只剩下500元，如果再加上看病的钱，可以说每个月是收支平衡。算完之后，爸爸对儿子说：“你看，如果每天都吃鱼吃肉，不计划着家里的花销，我们家负担得起吗？”听完这些，儿子的脸晴朗了许多，开始慢慢地吃了起来。

这件事情并没有就此结束，吃完饭后，爸爸和妈妈商量之后，决定让儿子“当家作主”一下，并且给了儿子20元的生活费，让他负责周末的家庭开支，不过前提是妈妈要陪着他去买菜。于是，周末的时候，儿子跟着妈妈去了菜市场，但是还没有买几样菜，钱就不够用了，他们只好打道回府。回到家之后，儿子低着头想了很久，从那之后他再也不嫌弃饭桌上没鱼，反而开始想着怎么节省开支，懂事了许多。

其实，培养男孩的责任心应该遵循这样一个规律：从自己到他人，从家庭到学校，从小事到大事，从具体到抽象。当一个男孩学会了对自己负责，对家庭负责，对他人负责，那么他也会慢慢学会对社会负责。一个具有家庭责任感和社会责任感的男人，即使他没有多么令人称羡的丰功伟业，但他一定会成为家庭的顶梁柱，社会的有用之人。

因此，作为一名家庭成员的男孩，他在家里既应该享受权利，也应该承担相应的家庭责任，所以我们应该多让男孩参与家庭生活，培养他对家庭的责任心。

方法二：让男孩分担家务

在家庭中，父母要有意识地分派给男孩一些力所能及的劳动，像拖地板、擦桌子、洗碗、长期取报、取牛奶、负责给花草浇水等，让男孩感觉到自己的行为对家庭、对父母的重要性。另外，父母在平时的生活中要多让男孩担任自己的“小助手”，帮助自己做一些力所能及的事情，从而锻炼他的责任感和能力。

其中，让男孩分担家务是他直接为家庭作出贡献的最佳机会，而且分担家务也是男孩对家庭责任、父母辛劳的体验，获得归属感、成就感，增加自己在“家庭重要性”的主要途径。同时，男孩在分担家务的过程中，也学会了一定的生活技巧，将来离开父母独立生活的他们也能很好地照顾自己。

不过，让男孩学会分担家务也是要讲求技巧的，例如在分担家务的最初几个星期里，父母可通过暗示、提醒，或者适当运用压力和通过“行为契约法”等方式让男孩做家务，最重要的是父母的考核标准要严格，如果男孩没有把某项要求的家务做好，就必须重做，或者给予适当的批评。

父母千万不要以“孩子的主要任务是学习”或者“孩子学习忙”为借口，不让孩子分担家务，这很可能会造成男孩缺乏责任感、自私、动手能力差等。